STALINS WILLKÜRJUSTIZ
GEGEN DIE DEUTSCHEN KRIEGSGEFANGENEN

STALINS WILLKÜRJUSTIZ
GEGEN DIE
DEUTSCHEN KRIEGSGEFANGENEN

Dokumentation und Analyse
von Günther Wagenlehner

Verlag der Heimkehrer

ISBN 3-9801977-3-5
verantwortlich für Umschlag und Inhalt: Dr. Günther Wagenlehner, Bonn
Satz: Jackwerth & Welker Verlag, Bonn-Bad Godesberg
Druck: Rhein-Druck, Bonn-Bad Godesberg
Fotos: Hans-Gerhard Schauen, Bonn

Inhalt

V. Öffnung der Archive

VI. Rehabilitierung

Zur Einführung

Der vorliegende Band dokumentiert das Symposium, das unter demselben Titel am 23. April 1993 in Bad Godesberg stattfand. Es könnte sich als ein denkwürdiger Tag in der europäischen Rechtsgeschichte erweisen, wie der Ehrenvorsitzende der CDU/CSU-Fraktion im Deutschen Bundestag, Dr. Alfred Dregger zum Abschluß sagte. So ist auch diese Dokumentation zu einem ungewöhnlichen Buch geworden.

Wir stellen zunächst für die Vorgeschichte die Frage: Kriegsgefangene oder Kriegsverbrecher?

Die Antwort der Juristen fällt hinsichtlich der Bewertung der sowjetischen Strafverfahren einheitlich aus. Die Verurteilung der deutschen Kriegsgefangenen in der Sowjetunion erfolgte willkürlich. Nach Schuld oder Unschuld fragten weder Vernehmungsoffiziere noch Richter.

Den Hauptteil dieser Dokumentation bilden die zahlreichen Beispiele aus der sowjetischen Verurteilungspraxis. Jeder Verurteilte hat „seinen Fall" mit eigenen Worten und in seiner Erinnerung nach einem vorgegebenen Schema geschildert. Es sind subjektiv geprägte Berichte — nach Stil und Naturell verschieden.

Daß hier die Unschuldigen zu Wort kommen, bedeutet nicht, daß es etwa in der Sowjetunion keine Verbrechen gegen die Menschlichkeit durch Schuld der deutschen Interventen und ihrer Verbündeten gegeben hätte. Dies ist wissenschaftlich erwiesen, und die deutschen Kriegsgefangenen wissen das. Ihr Vorwurf gegen die Stalin-Justiz ist, daß sie diese Verbrechen nicht mit der gebotenen Sorgfalt untersucht hat, sondern daß die sowjetischen Untersuchungsbehörden ihr Soll erfüllen wollten und sich gegenüber Schuld oder Unschuld der Opfer gleichgültig verhielten. Daß dies so war, ist heute auch in Rußland unbestritten.

Wir registrieren mit Dankbarkeit, daß die russischen Experten in den Archiven an der Aufdeckung der Wahrheit mitarbeiten und daß sie auch bei unserem Symposium dabei waren. Denn der einzige Weg, die Unschuldigen von den Schuldigen zu trennen, ist die Auswertung der Akten und die Aufdeckung der Wahrheit.

Nach dieser authentischen Darstellung „ihres Falles" suchen zuallererst die Betroffenen. Leider konnten sie in den zuständigen deutschen Archiven bis 1988 nicht suchen. Sie waren nicht freigegeben. Seit 1988 ist das möglich, und nun stellt sich heraus, daß es sich um Sekundärquellen handelt, die nicht einmal eine vollständige Übersicht aller verurteilten deutschen Kriegsgefangenen enthalten. Daher muß der nächste Schritt in Moskau getan werden. Als Gemeinschaftswerk zwischen deutschen und russischen Experten werden die Karteikarten und Akten der 30—35 000 Verurteilten aus 3,5 Millionen Kriegsgefangenen insgesamt herausgesucht. Das ist nur möglich durch die Erfahrungen von Stefan Karner und durch die Mitarbeit der russischen Fachkräfte. Nach der Öffnung der Moskauer Archive ist das möglich geworden. Die rasche Bereitstellung der benötigten finanziellen Mittel durch den Bundesinnenminister und die Mitwirkung des Verteidigungsministeriums sowie des Auswärtigen Amtes haben die Verwirklichung ermöglicht. Bis Herbst 1994 könnte diese Übersicht vorliegen.

Der letzte Schritt soll dann die Erarbeitung einer Dokumentation zur Verurteilung der deutschen Kriegsgefangenen in der Sowjetunion durch deutsche und russische Wissenschaftler unter Leitung von Alexander Fischer sein. Zur Erfassung der Einzelfälle muß dann die Bewertung und Darstellung der Lebensumstände treten.

Mit dem Symposium am 23. April und mit dieser Dokumentation haben wir ein großes Werk begonnen, das zur Geschichte der deutschen Kriegsgefangenen des Zweiten Weltkrieges gehört. Es ist dringend geboten, die Lücke in der Geschichtsschreibung zu schließen. Die Betroffenen halten es nach wie vor für falsch, daß dies nicht längst geschehen ist; denn die sowjetische Verurteilungspraxis war Unrecht. Und dieses Unrecht muß beim Namen genannt werden, muß dokumentiert werden.

Denn Opfern der sowjetischen Willkürjustiz gilt mein erster Dank dafür, daß sie sich zur Mitwirkung an unserem Symposium zur Verfügung gestellt haben. Ohne sie wäre diese Dokumentation nicht möglich gewesen.

Ein besonderer Dank gilt den Wissenschaftlern und Experten für ihre Beiträge — aus Rußland und den USA, aus Deutschland und natürlich an Stefan Karner aus Österreich.

VdH-Präsident Werner Kießling gab sofort nach dem Symposium die Anregung zu dieser Dokumentation. So schließe ich mit dem Dank an ihn, an Heinz Oppermann und an den Heimkehrerverband, insbesondere für die redaktionelle Mitarbeit an Christel Leonhardt und Horst Forner, dem Leiter der Hauptgeschäftsstelle.

Bonn, September 1993 Günther Wagenlehner

I. Die Vorgeschichte

1. Geheimsache: Kriegsgefangene

Günther Wagenlehner

Die Außenministerien in Moskau und Bonn waren sich darin einig, die deutschen Kriegsgefangenen des Zweiten Weltkrieges als Geheimsache zu behandeln. Vor allem die deutschen Außenminister hielten sonst die Versöhnungspolitik in Europa für gefährdet. Diese Geheimhaltung behinderte die Dokumentation und begünstigte Fehlinformationen und Gerüchte. Versöhnung zwischen den Feinden von einst kann nur durch Wahrheit und Offenheit wachsen. Die Öffnung der Archive in Moskau ist auch die Stunde der Kriegsgefangenen. Denn Stalins Willkürjustiz richtete sich auch gegen sie.

Anfang 1956 kam der letzte große Schub der Spätheimkehrer aus der Sowjetunion. Vom VdH und Gleichgesinnten gemahnt, beschloß die Bundesregierung, eine Dokumentation über die Kriegsgefangenschaft in Angriff zu nehmen.

Im Frühjahr 1957 konstituierte sich die „Wissenschaftliche Kommission für deutsche Kriegsgefangenengeschichte" (kurz WK genannt). Schon am 11. April 1957 trat zum erstenmal der Kriegsgefangenenbeirat beim Bundesvertriebenenministerium zusammen, von sechs Verbänden gebildet, dabei natürlich auch der VdH, damals schon vertreten durch Werner Kießling.

Der Staat sollte zahlen; aber nicht den Aufbau der Dokumentation bestimmen. Leiter der WK war Prof. Dr. Dr. Hans Koch und nach seinem unerwarteten Tode seit April 1959 Prof. Dr. Erich Maschke, selbst Spätheimkehrer des Jahres 1953. Im Jahre 1961 lagen die ersten Manuskripte vor. Autoren, die Kommission und der Beirat drängten auf Drucklegung.

Begrenzte Auflage

Prinzipiell stimmte der Haushaltsausschuß des Deutschen Bundestages am 13. März 1962 den Ausgaben für die Dokumentation der Kriegsgefangenengeschichte zu. Aber das Auswärtige Amt erhob Einspruch gegen die uneingeschränkte Verbreitung dieser Dokumentation. Die Argumente der WK, daß hier eine wissenschaftliche Arbeit unter Mitwirkung maßgeblicher ausländischer Experten vorliege, fruchteten nichts. Im März 1963 entschied der Haushaltsausschuß: „Die Freigabe der einzelnen Bände der Dokumentation zur Veröffentlichung und damit zur Drucklegung ist vom Auswärtigen Amt einzuholen."

Die ersten beiden Bände wurden begrenzt freigegeben. Um jeden weiteren Band wurde gekämpft. Vorstellungen des VdH und die öffentlichen Vorwürfe gegen das

AA führten zu etlichen Anfragen im Deutschen Bundestag. Nachdem elf Bände vorlagen, beantwortete Bundesaußenminister Willy Brandt Ende April 1969 eine solche Anfrage mit der Einschränkung, daß ab Band 3 keine Freigabe des AA erfolgen wird, um mögliche Mißverständnisse auszuschließen, „mit einer massierten Publizierung des Materials werde eine politische Absicht verfolgt". Dies hätte bei vielen Beteiligten alte Wunden aufreißen können und „wäre der auf Versöhnung gerichteten Außenpolitik der Bundesregierung nicht dienlich gewesen".

Brentano in Moskau

Müssen Außenminister so rücksichtsvoll sein? Willy Brandt klang damals, 1969, nicht sehr überzeugend. Er folgte wohl mehr der Tradition des Auswärtigen Amtes. Nachdem Adenauer das AA aus seiner Verantwortung an Heinrich von Brentano im Juni 1955 — widerwillig und zögernd — abgegeben hatte, gab es sofort Streit zwischen Kanzler und Außenminister. Während der Verhandlungen in Moskau Mitte September 1955 ging es um die Kriegsgefangenen.

Außenminister Brentano und Staatssekretär Hallstein bedrängten den Kanzler, auf keinen Fall sofort diplomatische Beziehungen mit der Sowjetunion aufzunehmen. Adenauer in seinen Erinnerungen (1953-1955, S. 546) dazu: „Nur auf ein Ehrenwort hin hinsichtlich der Kriegsgefangenen? Sie verstanden mich nicht, sie beschworen mich, meinen Entschluß zu ändern." Rücksichten auf die Alliierten, mit denen vereinbart worden war, mit der Aufnahme noch zu warten. Rücksichten auf die völkerrechtlichen Konsequenzen.

Adenauer schob die Bedenken des Außenministeriums beiseite: „Ich ließ mich nicht beirren. Ich war nicht gewillt, diese armen Menschen, die sich in russischem Gewahrsam befanden, völkerrechtlichen Erwägungen zu opfern."

Daß Konrad Adenauer mit dieser Entscheidung politischen Instinkt bewies, haben ihm die Deutschen nicht vergessen. Noch 20 Jahre später, im Jahre 1975, antwortete der repräsentative Querschnitt in Deutschland auf die Frage nach Adenauers größten Verdiensten:

1. Die Heimkehr der Kriegsgefangenen.
2. Die Aussöhnung mit Frankreich.
3. Die Wiederherstellung des deutschen Ansehens in der Welt.

Dokumentation für Behörden

Zwanzig Jahre nach der Heimkehr lagen alle 22 Bände der auch im Titel herabgestuften Dokumentation „Zur Geschichte der deutschen Kriegsgefangenen des Zweiten Weltkrieges" mit insgesamt 10 545 Seiten vor. Die Außenminister Scheel und Genscher hatten sich weiter an die Begrenzung gehalten. Es gab — nach offizieller Auskunft des Bundesministers des Inneren — 431 Empfänger der Reihe, 40 davon im Ausland. Im Inland erhielten sie Ministerien, öffentliche Bibliotheken und Archive sowie Universitäten. „Schließlich werden die Bände der WK 16 angesehenen westdeutschen Wissenschaftlern direkt ins Haus geschickt." Das waren die einzigen privaten Empfänger.

Die Standardantwort des AA blieb in allen parlamentarischen Anfragen der stereotype Hinweis auf die Interessen der Bundesrepublik Deutschland, „zu einer Versöhnungspolitik in Europa zu kommen". Offen blieb die Frage, inwieweit die Versöhnung durch die Verbreitung wissenschaftlich gesicherter Erkenntnisse über die Kriegsgefangenschaft gestört werden kann, oder ob sie nicht gerade durch die Geheimhaltung verhindert wird.

Zentrale Rechtsschutzstelle

War das Auswärtige Amt schon nicht an der Verbreitung der Kriegsgefangenendokumentation interessiert, so noch weniger an einer Dokumentation der Problemfälle, der verurteilten deutschen Kriegsgefangenen.

Prof. Maschke wies im Vorwort des ersten Bandes darauf hin, daß die WK „für alle juristischen Fragestellungen und Untersuchungen nicht zuständig ist". Anfangs war noch geplant, die Lage der Verurteilten, die sich überwiegend zur Zeit vor der Verurteilung nicht verändert hatte, in der Dokumentation mit zu erfassen. Aber auch das geschah, wenn man näher prüft, nur sehr unvollkommen. Praktisch sind die verurteilten deutschen Kriegsgefangenen in der Dokumentation der WK nicht erfaßt.

Um dieses Problem unter Kontrolle zu behalten, richtete das AA 1960 auf Beschluß der Bundesregierung eine zentrale Rechtsschutzstelle (ZRS) ein. Sie sollte die etwa 35 000 verurteilten Kriegsgefangenen aufgrund der Akten und Unterlagen personell, soziologisch und juristisch erfassen und damit eine Dokumentation erarbeiten, die auch zur Vertretung ihrer Interessen herangezogen werden kann.

Von 1967 bis 1970 war eine Arbeitsgruppe mit der Sichtung des Materials beschäftigt. Über Vorarbeiten kam sie nicht hinaus. Bundesaußenminister Walter Scheel hat die ZRS 1970 ohne erkennbare Gründe aufgelöst. Auch Prof. Maschke nannte die Gründe nicht, so sehr er sie bedauerte. Das AA hat sich dazu nie geäußert. Anfragen nach den Zusammenhängen wurden nicht beantwortet. Heute ist dieses Thema im AA tabu, vielleicht sogar peinlich.

Aktuelle Stellungnahme des Bundesministeriums aus heutiger Sicht: „Die Aufarbeitung dieses (damals) politisch wie auch juristisch brisanten Teilaspekts der Nachkriegsgeschichte hat sich seinerzeit das Auswärtige Amt vorbehalten, bei dem das diesbezügliche Aktenmaterial unter Verschluß gehalten wurde." In den achtziger Jahren hat das BMI im Kabinett gemahnt, daß nach 40 Jahren keine Bedenken mehr bestünden, die Dokumentation zur Verurteilung der Kriegsgefangenen zum Abschluß zu bringen. Außenminister Genscher ließ sich dadurch nicht beirren. 1988 wurde der Aktenbestand der ZRS an das Bundesarchiv Koblenz abgegeben. Dort wird er unter „Bundesarchiv Bestand B 305" geführt.

Die einst geheimen Akten sind nun zugänglich; aber, so das Bundesarchiv: Ein Teil wurde „in unerschlossenem Zustand vom Auswärtigen Amt hierher abgegeben".

Das Auswärtige Amt hat also nicht nur die Weisung der Adenauer-Regierung von 1960 mißachtet und die ZRS aufgelöst, sondern auch die Bearbeitung der Akten durch andere verhindert, indem sie zur Verschlußsache erklärt und 18 Jahre später ungeordnet abgegeben wurden. Und diese Mißachtung des Schicksals zehntausender verurteilter Kriegsgefangener geschah angeblich, um die Versöhnungspolitik in Europa nicht zu gefährden.

Das wird das Auswärtige Amt den Betroffenen erklären müssen. Und es wird vielleicht Verständnis für die Vorsicht nach außen erwarten dürfen; aber absolut kein Verständnis für den unverantwortlichen Umgang mit den Personalakten der unschuldig verurteilten deutschen Bürger.

„Nachhaltiges Verschweigen"

Keinerlei Dokumentation bedeutete keine Quellen, kaum Literatur und fast keine wissenschaftlichen Werke über die Verurteilung der deutschen Kriegsgefangenen.

1981 erschien das Buch von Martin Lang, „Stalins Strafjustiz gegen deutsche Soldaten" unter Nutzung der Daten von zwei Lagergemeinschaften von Spätheimkehrern. Den Wert dieses Buches beschreibt Professor Maschke im Vorwort als Schließen einer Lücke, die von der Kriegsgefangenendokumentation offengelassen worden ist.

Das trifft leider nicht zu. Diese Lücke wurde allenfalls für die Massenverurteilungen 1949/50 geschlossen. Die vorausgegangenen Einzelverurteilungen sind nicht erfaßt. Die Befragungsbasis betrifft nur einen Teil der Verurteilungen. So kann dieses Buch nicht für alle Verurteilten gelten und enthält objektive Fehler. Der gravierendste ist die Aussage, nur 3,7 Prozent seien nach dem UKAS 43 (also wegen sogenannter Kriegsverbrechen) verurteilt. Es waren erheblich mehr. Wie viele es tatsächlich waren, ist mangels einer Dokumentation nicht genau zu ermitteln.

Ein anderer Bericht von Albrecht Lehmann, „Gefangenschaft und Heimkehr", 1986, spricht von etwa 50 000 bis 60 000 Kriegsgefangenen, deren Verurteilung „zu einem großen Teil nach dem § 58 und § 59 des Strafgesetzbuches der UdSSR" erfolgt sei. Das ist in jeder Hinsicht falsch. Erstens gab es kein Strafgesetzbuch der UdSSR, sondern nur der einzelnen Republiken; die genannten Paragraphen gehören zum Strafgesetzbuch der RSFSR. Und zweitens ist der größte Teil der Kriegsgefangenen nach UKAS 43 verurteilt worden. Aber dieser wichtige Erlaß vom 19. April 1943, den schon Maurach 1950 erwähnt hat, wird von Lehmann ignoriert. Er hat sogar bezweifelt, daß es ihn überhaupt gibt.

Nachdem die Dokumentation der Verurteilung der deutschen Kriegsgefangenen infolge des Verhaltens des AA verhindert wurde, hätte sie allenfalls von den Beteiligten selbst erstellt werden können. Aber dies konnte nicht gelingen. Wer nach der Heimkehr 1955/56 noch arbeitsfähig war, mußte sich um seinen Beruf kümmern. Der Rest war dazu nicht imstande. Es fehlten die personellen und materiellen Voraussetzungen, um eine umfassende Darstellung zu leisten.

Die Informationen des VdH, der die Interessen der Heimkehrer bündelte und im HEIMKEHRER zum Ausdruck brachte, drangen über den Kreis der Betroffenen kaum hinaus. Keiner der Bundestagsabgeordneten, die alle regelmäßig den HEIMKEHRER erhalten, hat sich je dazu geäußert.

Die Medien nahmen vom Schicksal der verurteilten Kriegsgefangenen jahrzehntelang kaum Notiz. Die Betroffenen schlossen sich in Lagergemeinschaften zusammen und gewöhnten sich daran, von der Gesellschaft eigentlich vergessen zu sein.

Einzelne kämpften dagegen an. Der ebenfalls verurteilte Professor Dr. Eberhard Becker prangerte in seiner Odyssee durch die Gefangenschaft das „nachhaltige Verschweigen um den UKAS 43" an. Der HEIMKEHRER druckte diesen Teil seines Berichtes in der November-Ausgabe 1991 ab.

In ungezählten Briefen versuchten Kurt Brinkmann, Alfred Reuter und viele andere Betroffene, Licht in das Dunkel zu bringen. Ein Brief erreichte über das Bundesarchiv das Moskauer Staatsarchiv. Und dessen zuständiger Leiter schickte den erbetenen UKAS 43 im Wortlaut an Kurt Brinkmann, abgedruckt im HEIMKEHRER vom 15. Mai 1992. Bis dahin war der UKAS in Moskau geheim.

In zäher Kleinarbeit gelang es Alfred Reuter, einzelne Redakteure außerhalb der Heimkehrer-Presse für das Problem der verurteilten Kriegsgefangenen zu interessieren. Aber die offiziell geübte Geheimhaltung hatte auch ungewollte journalistische Folgen.

Die STERN-Reportage

Unter Berufung auf den Hamburger Spätheimkehrer Heinrich Meyer will der STERN in seiner Ausgabe Nr. 40 vom 24. September 1992 beweisen, daß die deutschen Kriegsgefangenen viel eher aus der Sowjetunion nach Hause gekommen wären, wenn Adenauer das DRK mit seinem Präsidenten Heinrich Weitz hätte gewähren lassen.

Der STERN widerlegt sich am Ende selbst durch seinen „Zeugen" Lew Besymenski, daß die verurteilten Kriegsgefangenen eben doch „zu politischen Gefangenen geworden" waren.

So ist es. Und politische Gefangene kann nicht das Rote Kreuz aus humanitären Gründen herausholen, sondern nur die politische Führung im Gegenzug zu politischen Zugeständnissen. Tatsächlich haben das DRK oder auch die Kirchen immer nur einzelne Kriegsgefangene freibekommen. Die größere Rückführung begann

1953 nach dem Tode Stalins, weil MWD-Chef Berija die Politik gegenüber Deutschland ändern wollte. Und sie wurde gestoppt, als Berija von seinen Führungsgenossen ausgeschaltet und liquidiert wurde.

Auch die Rückführung 1955 wurde, wie wir inzwischen aus dem Partei-Archiv der SED und jetzt PDS wissen, eingeleitet mit einem Schreiben vom 14. Juli 1955 von KP-Führer N.S. Chruschtschow an Ulbricht und Grotewohl. Der streng geheime Brief begann mit den Worten: „Wir halten den Zeitpunkt für gekommen, die Frage der deutschen Kriegsgefangenen und Zivilpersonen zu entscheiden, die in der Sowjetunion Strafen verbüßen, ..." Auch dieses Schreiben hat der HEIMKEHRER im vollen Wortlaut veröffentlicht.

Die Moskauer Archive

Das Auswärtige Amt in Bonn hat die Akten der verurteilten Kriegsgefangenen verkommen lassen. In den geheimen Archiven der Sowjetunion wurden die Akten aller sechs Millionen Kriegsgefangenen aus 25 Nationen sorgsam gehütet, am besten die Unterlagen der Antifa und der Verurteilten. Von der Auswertung der österreichischen Akten durch den Grazer Professor Karner wissen wir inzwischen, daß die sowjetische Bürokratie der deutschen in nichts nachstand. Nichts wurde weggeworfen.

Wie Marschall der Sowjetunion Viktor Kulikow bei seinem Bonn-Besuch anläßlich der dritten Deutsch-russischen Jugendwoche versprach, stehen die Archive in Moskau auch den Deutschen zur Verfügung.

Zum einen geht es um die exakte Auswertung der Daten der über 380 000 Verschollenen in den Kriegsgefangenenlagern. Diese Schicksale können durch die Anwendung der „Karner-Methode" mittels Computer besser aufgeklärt werden, weil dadurch die phonetische Schreibweise der deutschen Namen auf den richtigen Namen zurückgeführt wird. Am 7. Juli 1992 wurde in Moskau mit dem Zentralen Staatlichen Spezialarchiv Rußlands eine Vereinbarung über Datentransfer abgeschlossen, ergänzt durch eine entsprechende Vereinbarung vom 7. Oktober 1992 hinsichtlich der elf NKWD-Lager in der früheren SBZ.

Im Hinblick auf die Auswertung der Moskauer Archive für den Komplex „Verurteilte Kriegsgefangene" müßte die Bundesregierung den Fehler der Auflösung der ZRS wiedergutmachen und die Aufarbeitung geschehenen Unrechts gegenüber den Kriegsgefangenen in Angriff nehmen. Das Ziel ist die Verwirklichung der Dokumentation, die das Bundeskabinett im Jahre 1960 dem Auswärtigen Amt zur Aufgabe gemacht hat.

Die Öffnung der Moskauer Archive hat die Verurteilung der Kriegsgefangenen nach dem langen Schweigen zum Thema der Medien gemacht. Mitte Oktober 1992 wurde in Moskau offiziell ein Protokoll des Politbüros vom 5. März 1940 veröffentlicht, in dem, so der Wortlaut der Presseverlautbarung vom 14. Oktober 1992, „über die 21 857 Polen faktisch das Todesurteil ausgesprochen wurde".

Aber für die Verbrechen Stalins bei Katyn wurden ungezählte deutsche Kriegsgefangene verurteilt und hingerichtet — für ein Verbrechen, das sie objektiv gar nicht begangen haben können.

Katyn war überall in den Lagern. Und der Heimkehrerverband wird mit Hilfe der betroffenen Kameraden dafür sorgen, daß Stalins Willkürjustiz gegen die deutschen Kriegsgefangenen weltweit bekannt wird.

Wir werden selbst für unser Recht auf Dokumentation und Verlautbarung kämpfen, aber wir sollten die Verantwortlichen auch nicht aus ihrer Pflicht entlassen.

Aus: Heimkehrer, Dez. '92

2. Der Erlaß des Präsidiums des Obersten Sowjets vom 28.9.1955 und seine Hintergründe

Nach dem Besuch von Bundeskanzler Konrad Adenauer Mitte September 1955 in Moskau lösten die Sowjetführer das ihm gegebene Versprechen der Rückkehr der deutschen Kriegsgefangenen ein.

Aber der Erlaß vom 28.9.1955 nennt als Ansucher für diese Heimkehr nicht nur die Bundesregierung, sondern noch vor ihr den Präsidenten und die Regierung der DDR. Was es wirklich mit diesem „Ansuchen“ für eine Bewandtnis hat, lag bis vor kurzem in den Geheimarchiven der SED. Wir drucken nach dem Wortlaut des Erlasses das STRENG GEHEIME Schreiben von Nikita Chruschtschow, Sekretär des ZK der KPdSU vom 14.7.1955 (vgl. ND, 7./8.7.1990). Die Antwort ist bisher unbekannt.

Im Präsidium des Obersten Sowjet der UdSSR.

Das Präsidium des Obersten Sowjet der UdSSR hat das Ansuchen des Präsidenten und der Regierung der Deutschen Demokratischen Republik vom 27. Juli d.J. und das Ansuchen der Regierung der Bundesrepublik Deutschland über die vorzeitige Entlassung und Rückführung deutscher Bürger in die Heimat, die eine Bestrafung für Verbrechen büßen, welche diese an Völkern der Sowjetunion während des Krieges begangen haben, geprüft.

Nach Beendigung der Repatriierung deutscher Kriegsgefangener nach Deutschland verblieben auf dem Territorium der Sowjetunion am 1. September d.J. 9 626 ehemalige deutsche Kriegsgefangene und deutsche Bürger, die von sowjetischen Gerichten wegen von ihnen begangenen Verbrechen verurteilt worden waren. Mit Rücksicht darauf, daß seit Kriegsende mehr als 10 Jahre vergangen sind und die Kriegsverbrecher, die wegen ihrer Verbrechen verurteilt worden waren, bereits einen beachtlichen Teil des Strafmaßes verbüßt haben, hat das Präsidium der Obersten Sowjets der UdSSR beschlossen:

1. *Vorzeitig 8 877 deutsche Bürger aus einer weiteren Strafverbüßung zu entlassen und diese je nach Wohnort in die Deutsche Demokratische Republik und die Bundesrepublik Deutschland zu repatriieren.*
2. *749 deutsche Bürger, als Kriegsverbrecher, je nach dem Wohnsitz der Bürger, entsprechend der Regierung der Deutschen Demokratischen Republik und der Bundesrepublik Deutschland zur Verfügung zu stellen, soweit das Präsidium des Obersten Sowjet der UdSSR es als unmöglich ersehen hat, die genannten Personen von der Verbüßung der Bestrafung im Hinblick auf die besondere Schwere der von ihnen begangenen Verbrechen gegen das Sowjetvolk zu befreien.*

„Prawda“, 29. September 1955

(Aus: „Neues Deutschland“ vom 7./8.7.1990)

Bisher geheimes Dokument gibt Auskunft über die Entlassung deutscher Kriegsgefangener 1955

Als Chruschtschow den Zeitpunkt für gekommen hielt ...

Im Parteiarchiv der PDS hat Dr. Wilfriede Otto, Historikerin am Institut für Geschichte der Arbeiterbewegung, ein Dokument ausgegraben, das Aufschluß über die Entscheidungsfindung in der Führung der KPdSU zur Freilassung in der Sowjetunion „festgehaltener“ Spezialisten und Deportierter gibt. Da viele unserer Leser fragten, wem nun das Verdienst an der Rückkehr zahlreicher Deutscher 1955 in die DDR bzw. die BRD gebührt, Konrad Adenauer oder Otto Grotewohl, veröffentlichen wir das bislang unter Verschluß gehaltene Dokument. Auf der Geschichtsseite vom 24./25. März 1990 haben wir Notizen Grotewohls von einem Gespräch mit Molotow publiziert, das im Dezember 1954 über die Rückkehr von in der Sowjetunion inhaftierten Deutschen geführt worden ist.

Zu den „Zivilpersonen“, die Chruschtschow in seinem Brief erwähnt, gehörten auch deutsche Hitlergegner, die in den dreißiger Jahren in die Sowjetunion emigriert waren, sowie nach 1945 zu Unrecht verurteilte Kommunisten, Sozialdemokraten und andere Antifaschisten. Für sie mußte eine gemeinsame, stillschweigende Entlassung mit deutschen Kriegsgefangenen und -verbrechern, besonders erniedrigend gewesen sein.

Streng geheim
An das
Zentralkomitee der Sozialistischen
Einheitspartei Deutschlands,
Genossen Ulbricht
Genossen Grotewohl

Wir halten den Zeitpunkt für gekommen, die Frage der deutschen Kriegsgefangenen und Zivilpersonen zu entscheiden, die in der Sowjetunion Strafen verbüßen, wobei wir der Meinung sind, daß ein solcher Schritt der weiteren Festigung der freundschaftlichen Beziehungen zwischen unseren Völkern dienlich sein wird.

Wir berücksichtigen dabei, daß die Frage der Kriegsgefangenen zweifellos bei den Verhandlungen mit Adenauer über die Herstellung diplomatischer Beziehungen zwischen der UdSSR und der Deutschen Bundesrepublik aufgeworfen werden wird. Deshalb möchten wir diese Frage mit Ihnen vor den Verhandlungen mit Adenauer erörtern.

Nach unserer Meinung wäre es zweckmäßig, diejenigen in der UdSSR Strafen verbüßenden deutschen Kriegsgefangenen und Zivilpersonen, die ihren Wohnsitz in der DDR haben, den Behörden der DDR, und diejenigen Kriegsgefangenen und Zivilpersonen, die ihren Wohnsitz in Westdeutschland haben, den Behörden der Bundesrepublik Deutschland zu übergeben.

In diesem Zusammenhang beabsichtigen wir:

1. Während der bevorstehenden Verhandlungen mit dem Kanzler Adenauer über die Herstellung diplomatischer Beziehungen zwischen der UdSSR und der Deutschen Bundesrepublik zu erklären, daß die Frage der ehemaligen Kriegsgefangenen, die für ihre gegen das Sowjetvolk begangenen Verbrechen Strafen verbüßen, von den zuständigen sowjetischen Instanzen geprüft wird und eine günstige Entscheidung dieser Frage zu erwarten ist.

2. Nach einem erfolgreichen Abschluß der Verhandlungen mit der Regierung der Deutschen Bundesrepublik beabsichtigen wir, 5.614 deutsche Bürger, darunter 3.708 Kriegsgefangene, 1.906 Zivilpersonen und 180 Generale der ehemaligen Hitlerarmee von der weiteren Strafverbüßung zu befreien und sie entsprechend ihrem Wohnsitz nach der DDR oder nach Westdeutschland zu repatriieren.

3. Wir halten es für erforderlich, 3.917 Personen (2.728 Kriegsgefangene und 1.189 Zivilpersonen) in Anbetracht der Schwere der von ihnen auf dem Gebiet der UdSSR verübten Verbrechen entsprechend ihrem Wohnsitz den Behörden der DDR oder Westdeutschlands als Kriegsverbrecher zu übergeben.

4. Es ist vorgesehen, als abschließenden Akt einen Erlaß des Präsidiums des Obersten Sowjets der UdSSR über die Freilassung und Repatriierung der deutschen Kriegsgefangenen und Zivilpersonen, die in der UdSSR Strafen verbüßen, zu veröffentlichen, worin festgestellt werden soll, daß die Freilassung entsprechend eines Ersuchens der Regierung der DDR und der Regierung der Deutschen Bundesrepublik erfolgt.

Wir bitten um Ihre Meinung zu den von uns vorgesehenen Maßnahmen gegenüber den deutschen Kriegsgefangenen und Zivilpersonen, die in der UdSSR Strafen verbüßen.

Mit kommunistischem Gruß

gez. N. Chruschtschow
Sekretär des ZK der KPdSU
14. Juli 1955

3. Kriegsgefangene oder Kriegsverbrecher?

Günther Wagenlehner

Mit dieser Frage aus sowjetischer Sicht befaßte sich im Oktober 1990 das offizielle Organ des sowjetischen Außenministeriums SOWJETUNION HEUTE und fragte: Waren die rund 10 000 deutschen Kriegsgefangenen, die nach dem Adenauer-Besuch 1955/56 nach Haus geschickt wurden, Kriegsverbrecher? „Eindeutig: Nein", lautete die Antwort des Sowjethistorikers. Darüber solle offen geredet werden, „solange diese Generation noch lebt". Aber die Rehabilitierung, schloß die Redaktion, würde an der Staatsanwaltschaft der UdSSR scheitern. Außerdem warten da noch viele Sowjetbürger.

Der VdH als Sachwalter der Kriegsgefangenen ist da anderer Meinung. 45 Jahre nach dem II. Weltkrieg, in einer Ära von 156 neuen Kriegen mit Millionen weiterer Kriegsgefangener ist es an der Zeit, das Unrecht an den deutschen und sowjetischen Kriegsgefangenen wiedergutzumachen. Alle Strafverfahren in der Sowjetunion hatten eins gemeinsam: Es gab in diesen Prozessen keine ordentliche Gerichte. Mit dieser Begründung ist die politische Rehabilitierung ohne Nachprüfung der einzelnen Urteile möglich. Präsident Gorbatschow hat dem Bundeskanzler versprochen, daß er darüber nachdenken will. Der Heimkehrerverband appelliert an Sie, Herr Präsident: Rehabilitieren Sie die verurteilten Kriegsgefangenen! Auch das gehört zur Perestroika und zum neuen Denken in der Außenpolitik.

Sondergerichte

Die aneinandergereihten Schicksale sind belegbar. Sie stehen für die verschiedenen Gruppen der verurteilten Kriegsgefangenen. Martin Lang hat das in seinem Buch „Stalins Strafjustiz gegen deutsche Soldaten" in mühsamer Kleinarbeit herausgefunden. Pauschal wurden 1949/50 zu je 25 Jahren Zwangsarbeit verurteilt:

- alle Angehörigen des Ic-Dienstes und der Abwehr nach § 58,6 (Spionage) des russischen Strafgesetzbuches;

- alle Angehörigen der Waffen-SS, der Polizei, der Feldgendarmerie, des Generalstabes und höherer Stäbe, Intendanten, Feldgeistliche, Kommandeure ohne Einzelbeschuldigung als „Kriegsverbrecher" nach dem UKAS vom 19. April 1943.

Die Verhandlung dauerte wenige Minuten. Die Urteile waren bereits zu Prozeßbeginn ausgefertigt. In Einzelfällen wurden Übersetzungen ausgehändigt. Ein Beispiel davon mit grotesken Fehlern ist in unserer Dokumentation enthalten.

Nach Aussagen der Betroffenen in verschiedenen Lagern gab es ab November 1949 große Verhaftungswellen. Jedesmal erschien zu Beginn ein Sonderbeauftragter aus dem Justizministerium in Moskau.

Was die Opfer dieser Willkürjustiz schon damals vermutet haben, wurde jetzt von der SOWJETUNION HEUTE in ihrer Oktober-Ausgabe 1990 eindeutig bestätigt: Es gab seit Frühjahr 1948 Weisungen aus Moskau, die Verfahren gegen deutsche Kriegsgefangene mit Urteilen wegen „Kriegsverbrechen" abzuschließen.

Bis April 1948 waren 1 112 Personen als „Kriegsverbrecher" verurteilt. Außenminister Molotow verlangte mehr. Sein damaliger Stellvertreter Wyschinski forderte die pauschale Verurteilung und in einem Zusatzschreiben vom 18. November 1949, inzwischen als Außenminister, an die Spezialkommission der zuständigen Ressorts, daß die deutschen Kriegsgefangenen bestimmter Kategorien „wie üblich" zu 25 Jahren Straflager zu verurteilen sind, „unabhängig vom Dienstrang und unabhängig davon, ob der einzelne Verbrechen verübt habe oder nicht".

Aus den Akten ist ersichtlich, daß sich anfangs sogar die Vertreter des Innenministeriums weigerten; aber letztlich setzte sich Wyschinski mit der Autorität Stalins im Rücken durch. Der Sowjethistoriker Lew Besymenski, einer der besten Kenner der Materie, urteilt:

„Schließlich existierte ein Automatismus des damaligen Systems, und wenn befohlen wurde, Kriegsverbrecher zu finden, so wurden sie gefunden ... Das Strafmaß ‚25 Jahre' wurde wie eine Schablone gehandhabt. Es wurden praktisch die nichtöffentlichen Gerichtsverfahren gegen sowjetische Bürger kopiert, in denen die Vorwürfe und Einwände der Seiten nicht erörtert wurden und des öfteren auch das konkrete Delikt selbst fehlte".

Eine Verurteilung zu 25 Jahren Zwangsarbeit — ohne konkreten Tatbestand, ein Gerichtsverfahren ohne Ankläger und Verteidiger — das waren die Prozesse in der Sowjetunion gegen die sowjetischen und deutschen Kriegsgefangenen, gegen die einen als „Vaterlandsverräter" und gegen die anderen als „Kriegsverbrecher".

Das Gemeinsame dieser „Strafprozesse" waren die Sonder- oder auch Militärgerichte in geschlossener Sitzung ohne Vertreter der Anklage und Verteidigung. In keinem einzigen Fall gab es ein ordentliches Gerichtsverfahren.

Deshalb weigert sich die Sowjetunion beharrlich, die Akten und Urteile der bestraften deutschen Kriegsgefangenen — auch in den Fällen der 947 „Schwerstverbrecher" — herauszugeben, weil sie keiner Prüfung durch Juristen in einem Rechtsstaat standhalten würden. In Anbetracht der seit 1988 in der Sowjetunion festgelegten Normen des „sozialistischen Rechtsstaates" befinden sich diese Verfahren der Stalin-Justiz auch nicht im Einklang mit der heutigen sowjetischen Rechtsauffassung.

Kein Schuldbewußtsein

Da den verurteilten Kriegsgefangenen entweder gar keine Straftat zur Last gelegt worden war oder sie die behauptete nicht begangen hatten, konnte sich nach der

Verurteilung keinerlei Bewußtsein einer „Schuld“ einstellen. Wie soll ein Soldat „einsehen“, daß eine Strafe von 25 Jahren Zwangsarbeit zurecht besteht, weil er angeblich die „internationale Bourgeoisie“ unterstützt habe, Agitation oder Spionage gegen die Sowjetunion begangen oder einen ihm unbekannten UKAS übertreten hätte. Das harte Urteil wurde mit einer Mischung aus ungläubigen Staunen, Lethargie und Erwartung aufgenommen.

In einer Art stillschweigender Übereinkunft des Unbehagens gedachten offenbar auch die Nachfolger Stalins, das Problem der „Kriegsverbrecher“ durch politischen Tausch loszuwerden. Der Einladung Anfang Juni 1955 an Kanzler Adenauer folgte am 14. Juli 1955 der streng geheime Brief Chruschtschows an Ulbricht und Grotewohl (in unserer Dokumentation auf Seite 17), die Sowjetführung sei entschlossen, die verurteilten Kriegsgefangenen nach Hause zu schicken. Wenn die DDR diesen Triumph nicht allein Adenauer gönnen wolle, müsse sie vorher intervenieren. (In einem Schreiben vom 23. Dezember 1990 hat die Ostberliner Archivarin die Echtheit des Originalschreibens bestätigt.)

Entsprechend der außenpolitischen Strategie nennt der Erlaß des Präsidiums des Obersten Sowjets der UdSSR (nach Prawda vom 29. September 1955, in unserer Dokumentation auf Seite 16) beide deutsche Regierungen als Bittsteller für die „vorzeitige Entlassung und Rückführung“ der 9 626 „ehemaligen deutschen Kriegsgefangenen und deutschen Bürgern“, die am 1. September 1955 als Verurteilte noch in der Sowjetunion verblieben sind. Die Begründung, die „Kriegsverbrecher“ hätten bereits einen beachtlichen Teil des Strafmaßes verbüßt, ist erstaunlich: Das waren zumeist sechs Jahre von 25, nie mehr als zehn. Die Sowjetführung wußte offenbar genau, welchen Charakter diese Pauschalurteile hatten.

Rehabilitierung?

Zwar gibt es kein Beispiel, daß ein verurteilter Kriegsgefangener in der Sowjetunion zur weiteren Verbüßung der Strafe festgehalten worden wäre; aber die meisten wollten sich mit dem Urteil wegen eines Verbrechens, das sie nie begangen haben, nicht abfinden. Verbandsstufen des VdH, Lagergemeinschaften wie WAS und Stalingrad und viele „Einzelkämpfer“ wandten sich mit Eingaben an Bundesregierung, Einzelressorts und Parlament; Verschleppte aus der DDR auch an Regierung und Volkskammer der DDR, verbunden mit Forderungen nach Wiedergutmachung des erlittenen Unrechts.

Die Interessen der Antragsteller, ob früh oder später verurteilt, ob aus der DDR oder Bundesrepublik stammend, ob Soldat gewesen oder verschleppter Zivilist — sind unterschiedlich artikuliert. Die angeschriebenen Behörden fühlen sich teilweise überfordert und auch nicht im Bilde. So wirken die Antworten von Referatsleitern oder Unterabteilungsleitern eher abweisend und wenig erfolgversprechend. Kurt Brinkmann, fühlt sich von den angeschriebenen Bonner Behörden nicht gut behandelt: „Hier bestätigt sich mein allgemeiner Eindruck, daß wir 'draußen vor der Tür' sind“ schreibt er an den VdH-Präsidenten, mit dem er ständigen Kontakt hält.

Dieser Ausspruch der Resignation erfolgte gleichzeitig mit dem größten Erfolg, den ein einzelner mit Briefen überhaupt erringen kann: Kurt Brinkmanns Brief an die SOWJETUNION HEUTE wurde in Nummer 10/90 abgedruckt (vgl. unsere Dokumentation auf dieser Seite) und fand dort volle Unterstützung: „Alle im Brief von Kurt Brinkmann genannten Thesen in bezug auf die Prozesse von 1948 bis 1950 müssen als richtig anerkannt werden."

Noch nie hat sich eine offizielle Sowjetpublikation so verständnisvoll und einfühlend mit dem Problem der verurteilten deutschen Kriegsgefangenen befaßt. Vor neun Jahren nannte die gleiche Zeitschrift die westdeutschen Darstellungen „Verzerrungen und Entstellungen". Die Sowjetagenturen TASS und NOWOSTI waren in den 70er Jahren über die 22bändige Kriegsgefangenen-Dokumentation regelmäßig hergefallen. Heute scheut sich die Sowjetpresse nicht, auch die Frage der Rehabilitierung der deutschen Kriegsverurteilten offen anzusprechen.

Aus: Heimkehrer, Jan. 1991

Aus: „Sowjetunion heute" Nr. 10, Oktober 1990

„Im Interesse einer weiteren Aussöhnung"

Unser Leser Kurt Brinkmann aus Osterholz-Scharmbeck schrieb der Redaktion einen Brief, in dem es heißt:

Ich bin ein ehemaliger deutscher Kriegsgefangener, der als solcher nahezu zehn Jahre in der Sowjetunion gelebt hat. 1948 wurde ich gemeinsam mit anderen ehemaligen deutschen Soldaten in Minsk vom dortigen Militärtribunal zu 25 Jahren Arbeits- und Besserungslager auf dem Territorium der Sowjetunion verurteilt. Dem Urteilsspruch waren zwei Jahre Aufenthalt im Gefängnis Nr. 1 der belorussischen Hauptstadt vorausgegangen, ihm folgten zwei Jahre in einem Straflager in Workuta und weitere Jahre Zwangsaufenthalt im einstigen Stalingrad und in Asbest am ostwärtigen Rand des Mittleren Ural...

Ich bin einer von nahezu 27 000 ehemaligen kriegsgefangenen deutschen Soldaten, die in der Sowjetunion in den Jahren 1948 bis 1950 auf Geheiß Stalins zu schweren Kriegsverbrechern erklärt und mit Höchststrafen belegt wurden. Es mag sein, daß einige der Verurteilten tatsächlich schuldig — persönlich schuldig — waren, die weit überwiegende Masse war es gewiß nicht ... Zahlreiche Verurteilungen stützten sich in den ersten Nachkriegsjahren ausschließlich auf die Zugehörigkeit zu einer Einheit oder Organisation oder auch nur auf eine bloße Schuldvermutung. Die sogenannten Kriegsverbrecherprozesse in der Sowjetunion waren meistens gerichtliche Schnellverfahren, die den Angeklagten keine Chance zur Verteidigung ließen ... „Geständnisse" waren nicht selten durch Drohungen und Folterungen erzwungen. Die Verfahren ... waren — so wie ich sie erlebt habe — ein Hohn auf jegliches Recht. Auch das Strafmaß ... war absurd. Als Einheitsstrafmaß wurde weit überwiegend zu 25jähriger Lagerhaft verurteilt. Darüber hinaus hatte das Rechtsmittel der sogenannten Kassationsbeschwerde — nach meiner Kenntnis — niemals Erfolg.

Und ich denke, daß man mit Recht und vielfach begründet von Stalins Straf- und Rachejustiz gegen die ehemaligen deutschen Soldaten in den ersten Nachkriegsjahren sprechen darf ... Darum meine ich, daß hierher auch die Forderung nach einer Revision der während der Stalin-Ära ergangenen Unrechtsurteile gegen deutsche Soldaten gehört. Dies um so mehr, weil heute unbestritten sein dürfte, daß bis in die fünfziger Jahre von der sowjetischen Justiz vielfach gegen die eigenen gesetzlichen Bestimmungen (hier: Strafgesetzbuch der Russischen Föderation) verstoßen wurde ... Es erscheint mir auch heute unbestritten zu sein, daß den seinerzeit gegen die deutschen Soldaten ergangenen Urteilen keineswegs rechtliche Normen nach internationalen Maßstäben zugrunde lagen.

Dabei möchte ich sehr gerne auch sagen, daß von den Verantwortlichen in der Sowjetunion nach Stalins Tod die gegen uns ergangenen Unrechtsurteile einem humanitären Denken untergeordnet wurden, wenn diese Humanität auch von einem politischen Kalkül mitbestimmt war. Gleichwohl möchte ich dankbar anerkennen, daß die Freigabe der deutschen Kriegsverurteilten durch die Sowjetunion Mitte der fünfziger Jahre ein dunkles Kapitel der Nachkriegszeit beendet und damit in erheblichem Maße dazu beigetragen hat, Groll und Bitterkeit in unserem Volk abzubauen ...

Darüber hinaus meine ich, daß es 45 Jahre nach Kriegsende und im Zeichen der Erneuerung durch Glasnost und Perestroika in Ihrem Lande an der Zeit ist, Unrechtsurteile aufzuheben und die Betroffenen zu rehabilitieren ... Daneben bitte ich Sie nicht zuletzt, die von mir angesprochenen Gedanken auch im Interesse einer weiteren Aussöhnung zwischen dem sowjetischen und dem deutschen Volk aufzugreifen und Ihnen nachzugehen ..."

II. Das Symposium am 23. April 1993 in Bad Godesberg

1. Eröffnungsansprache des Schirmherrn des Symposiums VdH-Präsident Werner Kießling

und Grußwort des Bundeskanzlers

Auf Initiative des unter Stalin verurteilten deutschen Kriegsgefangenen Günther Wagenlehner findet heute das Symposium „Stalins Willkürjustiz gegen die deutschen Kriegsgefangenen“ statt, zu dem ich Sie alle sehr herzlich begrüße.

Ich danke Dr. Wagenlehner, daß er als ruheloser Einzelkämpfer sich an die Spitze seiner Kameraden gestellt hat, um das Unrecht der stalinistischen Willkürjustiz zum ersten Mal öffentlich in einem solchen Symposium zu dokumentieren. Ich danke ihm, daß er mir als Präsidenten des Verbandes der Heimkehrer, Kriegsgefangenen und Vermißtenangehörigen Deutschlands die Schirmherrschaft angeboten hat, um damit zugleich klarzustellen, daß die Annullierung der stalinischen Unrechtsurteile von jeher Sache des Verbandes der Heimkehrer Deutschlands war, dem Günther Wagenlehner seit seiner Heimkehr Ende 1955 angehört.

Vor der legendären Reise von Bundeskanzler Dr. Konrad Adenauer, im September 1955 nach Moskau, hatte ich mehrfach Gelegenheit, mit ihm über dieses Thema zu sprechen. Das erste Heimkehrer-Deutschlandtreffen gab ihm im Juni 1955 mit 150 000 Kundgebungsteilnehmern den notwendigen Rückenwind. Eine Delegation von Müttern und Frauen von in der Sowjetunion verurteilten Kriegsgefangenen, die er wenige Tage vor seinem Abflug empfing, beeindruckte ihn sehr.

Als die Verurteilten heimkamen, wurden sie vom deutschen Volk jubelnd empfangen. Die Bundesrepublik Deutschland erkannte die Urteile nicht an. Nur einzelne der Heimkehrer mußten sich vor deutschen Gerichten wegen Straftaten verantworten.

Seit dieser Zeit ist der VdH nicht müde geworden, immer wieder auf die Dokumentation sowohl der Prozesse gegen die deutschen Kriegsgefangenen in westlichem wie auch in östlichem Gewahrsam zu dringen. Immer wieder stellten sich außenpolitische Rücksichtsnahmen entgegen, die wir nicht erkennen und auch nicht anerkennen konnten. Im Westen war die Verteidigung der angeklagten deutschen Kriegsgefangenen durch die von der Bundesrepublik Deutschland gestellten Anwälte als Schutzmacht gemäß der Genfer Konventionen möglich. Im Osten gab es keine dem Völkerrecht entsprechenden gerichtlichen Verhandlungen. Die Urteile waren fertig vorbereitet und wurden vollstreckt. Einen Zugang zu den Unterlagen hatten wir vor 1989 nicht.

Jede Begegnung des Bundeskanzlers mit Präsident Gorbatschow wurde vom Verband der Heimkehrer genutzt, um den Bundeskanzler immer wieder vorher an die

Prominente Teilnehmerin: Gudrun Weyel, MdB, Vorsitzende des Parlamentarischen Beirates des VdH, mit Werner Kießling

Notwendigkeit der Annullierung der Stalin'schen Unrechtsurteile gegen die deutschen Kriegsgefangenen zu erinnern. Ich habe viele Gespräche mit Helmut Kohl darüber führen können, den ich 1988 auf seiner Moskau-Reise begleiten durfte, wo ich die erste Gelegenheit fand, auch mit dem damaligen Vorsitzenden des Sowjetischen Veteranenkomitees, Marschall Silantjew, über das Thema der Verurteilten zu sprechen. Das fand verständlicherweise zunächst wenig Gegenliebe, änderte sich aber von Monat zu Monat. Unsere gemeinsame Antwort waren die Deutsch-sowjetischen Jugendwochen, denen Silantjew zustimmte und die — analog zu den Deutsch-französischen Jugendwochen seit 28 Jahren — nun seit 1991 im Rahmen des politischen Bildungsprogramms des VdH jährlich im Wechsel zwischen Deutschland und Rußland stattfinden. Daß die zweite Deutsch-sowjetische Jugendwoche in Moskau ausgerechnet in die Putschwoche fiel, konnte niemand ahnen. Sie wurde so zu einer unvorhergesehenen Prüfung unserer aufrichtigen Zusammenarbeit, die sich als haltbar erwies.

Wir hatten jedoch nie nur an die eigenen Kriegsgefangenen in der UdSSR gedacht, sondern auch an die notwendige Rehabilitierung der sowjetischen Kriegsgefangenen, die aus deutscher Kriegsgefangenschaft zurückkehrten und einer gnadenlosen kollektiven Diffamierung und Bestrafung ausgesetzt waren. Wir haben auch hier einen Durchbruch erreicht, indem wir bei der Bildung eines russischen Kriegsgefangenenkomitees im Rahmen des Kriegsveteranenkomitees in Moskau Hilfe leisten konnten. Wie revolutionär, geradezu stürmisch dieses Umdenken voranging, wurde in zwei Ereignissen sichtbar:

1. Anläßlich der 40-Jahrfeier des Verbandes der Heimkehrer Deutschlands im Oktober 1990 im Berliner Reichstag sprach der Marschall der Sowjetunion Kulikow zu den deutschen Heimkehrern. Ein Mann, der den Reichstag 1945 mit erobert hatte.

2. Marschall Kulikow begleitete 1992 in einer Militärmaschine die Teilnehmer der dritten Deutsch-russischen Jugendwoche, unter denen sich zum ersten Mal fünf sowjetische Kriegsgefangene befanden, nach Deutschland. Das war ein Zeichen für die ehemaligen sowjetischen Kriegsgefangenen, nun wieder aufrechtzugehen und die gesellschaftliche Bedrückung abzuwerfen.

Seit der ersten Moskau-Reise war ich mit Bundeskanzler Helmut Kohl in ständiger Verbindung über unser Anliegen einer Deutsch-russischen Erklärung zur Verurteilung der Kriegsgefangenen. Der Bundeskanzler hat mir mehrfach dazu geschrieben. Diese Schreiben wurden im „Heimkehrer" abgedruckt. Das Versprechen des Kanzlers lautete: „Ich werde mich persönlich dafür einsetzen, daß diese Frage in unseren weiteren politischen Gesprächen mit der sowjetischen Führung auf der Tagesordnung bleibt."

Der Bundeskanzler hat Wort gehalten. Das Ergebnis ist die Gemeinsame Erklärung von Bundeskanzler Kohl und Präsident Jelzin über die Rehabilitierung unschuldig Verfolgter vom 16. Dezember 1992, zu der der Bundeskanzler vor der Presse in Moskau zusätzlich erklärte:

„... Diese moralische Rehabilitierung schließt aus deutscher Sicht sowohl zu Unrecht verurteilte deutsche Kriegsgefangene sowie auch Opfer sowjetischer Militärtribunals in der früheren Sowjetischen Besatzungszone ein."

Das heutige Symposium ist durch die Gemeinsame Erklärung von Moskau nicht überholt. Es findet statt, um durch Zeitzeugen zu dokumentieren, daß dieser Erklärung nicht nur politische, sondern auch völkerrechtliche Bedeutung zukommt und um zugleich Jelzin und Kohl Dank zu sagen.

Ich wünsche der Veranstaltung einen guten Verlauf und dem Präsidialrat des Verbandes der Heimkehrer Deutschlands und Initiator dieses Symposiums, Dr. Günther Wagenlehner, bei der Leitung eine glückliche Hand. Ich darf ihm das Wort übergeben.

BUNDESREPUBLIK DEUTSCHLAND

DER BUNDESKANZLER

Grußwort

Ich grüße alle Teilnehmer des Symposiums des Verbandes der Heimkehrer, Kriegsgefangenen und Vermißtenangehörigen Deutschlands zum Thema „Stalins Willkürjustiz gegen die deutschen Kriegsgefangenen“ am 23. April 1993 in Bonn.

Die Öffnung der sowjetischen Archive hat auch der breiten Öffentlichkeit die erschütternden Beweise von Stalins Willkürjustiz gegenüber den deutschen Kriegsgefangenen drastisch vor Augen geführt. Damit ist — wenn auch spät — die Wahrheit ans Licht gekommen.

Die von mir geführte Bundesregierung hat sich schon früh und mit großer Beharrlichkeit dafür eingesetzt, daß den deutschen Kriegsgefangenen Gerechtigkeit widerfährt. Es hat lange gedauert, aber der Erfolg hat unseren Bemühungen recht gegeben.

Durch meine gemeinsame Erklärung mit Präsident Jelzin vom Dezember letzten Jahres sind alle zu Unrecht verurteilten und unschuldig Verfolgten politisch und moralisch rehabilitiert. Darüber hinaus wird sichergestellt, daß individuelle Rehabilitierungsbegehren nunmehr beschleunigt in Einzelverfahren verfolgt werden können.

Wahrheit und Gerechtigkeit sind wichtige Voraussetzungen für die von mir angestrebte vollständige Aussöhnung zwischen dem deutschen Volk und den Völkern Rußlands. Die Bundesregierung wird sich mit allem Nachdruck dafür einsetzen, daß bei diesem für die deutsch-russischen Beziehungen wichtigen Anliegen weitere Fortschritte möglich werden.

Ich wünsche Ihrer Veranstaltung einen erfolgreichen Verlauf und allen Teilnehmern gute und bereichernde Gespräche.

Mit freundlichen Grüßen

2. Programm mit Erläuterungen

Anfang November 1992 beschlossen Präsidium und Verbandsausschuß des VdH auf Vorschlag von Präsidialrat Dr. Wagenlehner, das Symposium STALINS WILLKÜRJUSTIZ GEGEN DIE DEUTSCHEN KRIEGSGEFANGENEN am 23. April 1993 in Bonn-Bad Godesberg durchzuführen und Dr. Wagenlehner mit der Leitung zu beauftragen.

DER HEIMKEHRER veröffentlichte in der Dezember-Ausgabe 1992 den Aufruf von Präsidium und Verbandsausschuß:

Aufruf von Präsidium und Verbandsausschuß

Was 30 000 deutsche Kriegsgefangene erlitten und daher genau wußten, wird seit kurzem durch die Öffnung der Sowjetarchive von Fall zu Fall der Weltöffentlichkeit offenbar:

Die Urteile gegen die deutschen Kriegsgefangenen in der Sowjetunion nach 1945 waren reine Willkürjustiz.

Ein besonders krasses Beispiel ist KATYN:

Nach 1945 wurden ungezählte deutsche Offiziere und Soldaten wegen angeblicher „Ermordung polnischer Offiziere" zum Tode oder zu 25 Jahren Zwangsarbeit verurteilt.

Aber am 14. Oktober 1992 bekannte der Pressesprecher des Präsidenten der Russischen Föderation: „Der erbarmungslose Mord an Tausenden polnischer Offiziere, Beamten, Großgrundbesitzer und Priester im Frühling 1940 wurde auf direkte Anweisung der Spitze der Kommunistischen Partei der Sowjetunion durchgeführt."

Als wichtigstes Beweisstück wurde der Öffentlichkeit ein streng geheimes Dokument übergeben: „Das Protokoll der Sitzung des Politbüros vom 5. März 1940, auf der über die 21 857 Polen faktisch das Todesurteil ausgesprochen wurde". Das Protokoll wurde von Stalin, Molotow, Mikojan, Kaganowitsch, Kalinin und anderen Mitgliedern des Politbüros abgezeichnet. Allen Generalsekretären der KPdSU nach Stalin, Chruschtschow, Breschnew, Andropow, Tschernenko und auch Gorbatschow war dieses Protokoll und damit der wahre Sachverhalt bekannt. Und alle kommunistischen Führer haben die wahren Mörder gedeckt und ließen weiterhin die Deutschen, die unschuldig verurteilt worden waren, als die Mörder gelten.

Katyn war überall in den Kriegsgefangenenlagern. In zahllosen weiteren Fällen mußten deutsche Kriegsgefangene für Untaten büßen, die sie nie begangen haben.

Es ist höchste Zeit, diesen Betrug Stalins und seiner Genossen aufzudecken und zugleich das Verbrechen an den unschuldig verurteilten Kriegsgefangenen zu sühnen.

Daher veranstaltet der Verband der Heimkehrer, Kriegsgefangenen und Vermißtenangehörigen e.V. (VdH) am 23. April 1993 in Bonn ein

Symposium*) zum Thema:

Stalins Willkürjustiz gegen die deutschen Kriegsgefangenen.

Die bisher zum Teil geheimgehaltenen Weisungen und Erlasse des sowjetischen Diktators werden der Öffentlichkeit vorgelegt. Die verurteilten Kriegsgefangenen und die Angehörigen der Toten werden ihre erschütternden Berichte erstatten. Russische, deutsche, österreichische Historiker und Archivare werden das System der geheimen Sowjetarchive erklären und die Geheimnisse offenlegen. Namhafte deutsche und internationale Wissenschaftler, Politiker und Journalisten werden über die Konsequenzen diskutieren.

*) Wer seinen Beitrag zu dieser Veranstaltung leisten will und kann, wende sich bitte unverzüglich an die VdH-Hauptgeschäftsstelle, Konstantinstr. 17, W-5300 Bonn 2, z.Hd. Präsidialrat Dr. Günther Wagenlehner.

In wenigen Wochen hatten zahlreiche verurteilte Kriegsgefangene ihren Bericht vorgelegt und auf die Erfordernisse des Symposiums zugeschnitten. Damit waren die Beweise für die sowjetische Verurteilungspraxis zusammengetragen. Im Symposium wurden sie nur kurz vorgetragen, zum großen Teil von Schülerinnen des Amos Comenius Gymnasiums Bad Godesberg und Studenten unter der Leitung von Frau Annette Niefindt, Lehrerin und Leiterin der Theatergruppe.

Im übrigen hat sich das Programm seit den ersten Einladungen nur durch Krankheit oder höhere Gewalt verändert. Die eingeladenen Wissenschaftler, Politiker und Journalisten kamen, insbesondere unsere Freunde aus Rußland.

Symposium
am 23. April 1993 in der STADTHALLE BAD GODESBERG — Kleiner Saal
Verband der Heimkehrer, Kriegsgefangenen und Vermißtenangehörigen Deutschlands e.V.

Programm

STALINS WILLKÜRJUSTIZ GEGEN DIE DEUTSCHEN KRIEGSGEFANGENEN

09.00 Uhr ERÖFFNUNG Werner Kießling, VdH-Präsident und Schirmherr des Symposiums

09.10 Uhr	EINFÜHRUNG Dr. Günther Wagenlehner, AEJ-Generalsekretär, Leiter des Symposiums
09.20 Uhr	I. Teil: DIE PROZESSE GEGEN DIE DEUTSCHEN KRIEGSGEFANGENEN IN DER UdSSR Moderation: Ehrhardt Imelmann, Köln Referenten: Nikita W. Petrov, Wissenschaftliches Zentrum MEMORIAL, Moskau Prof. Dr. Friedrich-Christian Schroeder, Universität Regensburg Prof. Dr. Martin Fincke, Universität Passau Dokumentarfilm: DIE KATYN-LÜGE (Ausschnitte) Einleitung: Bengt von zur Mühlen, CHRONOS-Film Berlin
11.00 Uhr	II. Teil: DIE SOWJETISCHE VERURTEILUNGSPRAXIS 60 typische Fälle sowjetischer Willkürjustiz aus der Stalin-Ära vorgetragen von den verurteilten Kriegsgefangenen oder nach ihren Berichten von Sprechern Moderation: Dr. Günther Wagenlehner, Bonn
13.00 Uhr	Mittagessen im Restaurant der STADTHALLE
14.00 Uhr	III. Teil: DIE ÖFFNUNG DER MOSKAUER ARCHIVE Dokumentarfilm zur Arbeit in den Moskauer Archiven Referenten: Prof. Dr. Stefan Karner, Universität Graz Vladimir Tarosov, ROSKOMARCHIV, Leiter der Auslandsabteilung, Moskau ArchOR Dr. Henke, Bundesarchiv Koblenz, zum Thema: Die Quellenlage in den deutschen Archiven
15.00 Uhr	IV. Teil DIE KONSEQUENZEN: REHABILITIERUNG UND DOKUMENTATION Moderation: Gerhard Löwenthal, Wiesbaden Referenten: Alexander Kopylov, Vorsitzender der Kommission des Obersten Sowjets der Russischen Föderation für Rehabilitierung der Opfer politischer Gewalt, Moskau Nikita Petrov, Wissenschaftliches Zentrum MEMORIAL, Moskau Col. Thomas Royals, USAF (Ret.), Präsident International Institute for Prisoners of War, Brooklyn, New York Brigadegeneral Dr. G. Roth, Amtschef des Militärgeschichtlichen Forschungsamtes der Bundeswehr, Freiburg Dr. Eckehard Schober, Auswärtiges Amt, Bonn Prof. Dr. Alexander Fischer, Universität Bonn
16.30 Uhr	SCHLUSSWORTE Dr. Alfred Dregger, MdB, Ehrenvorsitzender der CDU/CSU-Fraktion des Deutschen Bundestages, Bonn Dr. Günther Wagenlehner, Bonn

Blick in den Plenarsaal des Symposiums

3. Einführung

Günther Wagenlehner

Im Oktober 1990 stellte der sowjetische Historiker Lew Besymenski in der offiziellen Zeitschrift SOWJETUNION HEUTE die entscheidende Frage: „Kriegsverbrecher oder Kriegsgefangene?"

Er kam aus sowjetischer Sicht anhand der Akten zu der bemerkenswerten Feststellung, daß die Mehrzahl der verurteilten deutschen Kriegsgefangenen keine Kriegsverbrecher im Sinne der Anklagen waren. Wenn die Ressentiments zwischen Deutschen und Russen überwunden werden sollen, so Besymenski, müsse über dieses Problem offen gesprochen werden, „solange diese Generation noch lebt".

Wir, die wir zu dieser Generation und zu diesen Opfern einer Willkürjustiz gehören, meinen das auch. Und daher veranstalten wir dieses Symposium: STALINS WILLKÜRJUSTIZ GEGEN DIE DEUTSCHEN KRIEGSGEFANGENEN.

Es gehört nach unserer Auffassung zu den Aufgaben des Verbandes der Heimkehrer. Und wir sind dem Präsidium und dem Verbandsausschuß des VdH dankbar, daß sie im November 1992 einstimmig meinem Vorschlag zugestimmt haben.

Den deutschen Kriegsgefangenen, die das Pech hatten, 1949/50 noch in den sowjetischen Lagern zu sein, ist doppeltes Unrecht widerfahren: Damals waren sie entweder schon vom Strudel der Verurteilung erfaßt oder wurden noch in der Massenverurteilung abgeurteilt und jahrelang in der Sowjetunion festgehalten.

Dann kamen sie endlich 1955/56 dank der Einsicht der Nachfolger Stalins, die von Konrad Adenauer entschlossen genutzt wurde, nach Hause zurück, begeistert als Spätestheimkehrer von der gesamten Bevölkerung begrüßt. Und da hielt es staatsmännische Klugheit des deutschen Außenministeriums für besser, das Schicksal der Verurteilung zur Geheimsache zu erklären.

Aus der 22bändigen Dokumentation der Kriegsgefangenschaft wurden die verurteilten deutschen Kriegsgefangenen bewußt ausgeklammert, wie der Herausgeber im Vorwort festgestellt hat.

Keine Dokumentation — das bedeutet keine Quellen und keine wissenschaftlichen Publikationen. Erst in den 80er Jahren hat sich die Einsicht durchgesetzt, daß die Wahrheit nicht unterdrückt werden sollte. Die Verschlußsachen von einst sind seit 1988 im Bundesarchiv zugänglich. Wer das in den Medien anders behauptet, dem sei empfohlen, in Koblenz nachzuschauen. Er wird dort finden, was er sucht.

Wir waren immer der Meinung, daß die deutschen Archive viel früher hätten geöffnet werden müssen. Ich habe im Auftrag des Heimkehrerverbandes seit Jahren für diese Öffnung gekämpft und für die Erklärung zur Rehabilitierung der unschuldig

Verurteilten. Und es war für mich der zweite Höhepunkt meines Lebens — nach der Heimkehr im Oktober 1955, als ich am 16. Dezember 1992 in Moskau dabei sein konnte, wie die Gemeinsame Erklärung von Bundeskanzler und von Präsident Jelzin abgegeben wurde.

Nach dem Tadel für die frühere Geheimhaltung des Auswärtigen Amtes muß nun auch die Anerkennung folgen: Ohne die systematische Vorarbeit im Auswärtigen Amt hätten wir dieses Ziel nicht erreicht. Aus der Sicht der zu Unrecht verurteilten deutschen Kriegsgefangenen ist die Bundesregierung Helmut Kohl die erste Regierung seit Adenauer, die sich gezielt und mit Erfolg unserer Sache angenommen hat. Dafür gebührt ihr unser Dank — ohne Rücksicht auf die parteipolitischen Prioritäten.

Dieses Symposium wurde erst möglich durch den radikalen Wandel in Ost und West. Nicht nur die westdeutschen Archive, sondern auch noch viel mehr die russischen Archive geben ihre sorgsam gehüteten Geheimnisse preis: Der Mord von Katyn wird nun denen angelastet, die ihn tatsächlich begangen haben. Zweifel über die Prozesse gegen die deutschen Kriegsgefangenen führten zu objektiven Berichten in den russischen Medien und zu Rehabilitierungen.

Und wir haben sehr schnell einen ganz wichtigen Punkt begriffen: Die gemeinsame Geschichte im Guten wie im Bösen der Deutschen und Russen kann nur gemeinsam bewältigt werden. Ein Symposium über Stalins Willkürjustiz kann nur zusammen mit Repräsentanten aus Rußland verwirklicht werden. Wir danken Ihnen, verehrte Gäste aus Moskau, für Ihre Mitwirkung.

Und damit schulden wir Ihnen eine Klarstellung: Unsere Behauptung, daß in der Stalin-Ära gegen deutsche Kriegsgefangene Willkürjustiz geübt worden ist, bedeutet keine Exkulpierung der Deutschen insgesamt. Wir wissen, daß in der Sowjetunion Verbrechen verübt worden sind. Wir wissen auch, daß deutsche Soldaten daran beteiligt waren, die zur Rechenschaft gezogen werden mußten. Jeder Verbrecher soll für sein Verbrechen büßen.

Unser Vorwurf der Willkür besagt, es ist nach 1945 in der Sowjetunion eben nicht mit der gebotenen Sorgfalt und nach rechtsstaatlichen Verfahren vorgegangen worden, um die Schuldigen an Kriegsverbrechen zu finden und zu bestrafen. Und wir haben heute zu untersuchen, warum es so häufig die Falschen getroffen hat.

Die Wahrheit können wir nur finden, wenn die Personalakten in den Moskauer Archiven in die Auswertung einbezogen werden. Dies haben wir vor. Und wir sind dem Präsidenten des VdH, Werner Kießling, besonders dankbar, daß er Anfang Januar 1993 die Initiative gegenüber dem Bundesinnenminister ergriffen hat, um diese Auswertung in Moskau sofort in Angriff zu nehmen.

So ergibt sich hier ein sinnvoller Zusammenhang: Das Symposium ist der Auftakt für die wissenschaftliche Untersuchung des Problems der Verurteilung deutscher Kriegsgefangener in der Sowjetunion. Wir werden dadurch die Maßstäbe und Voraussetzungen gewinnen für die Auswertung der Archive.

Der nächste Schritt ist die Arbeit in den Moskauer Archiven. Wir hoffen auf die endgültige Zustimmung des Deutschen Bundestages zum Nachtragshaushalt 1993 im Mai. Dann könnten wir im Juni 1993 bereits beginnen und diese Auswertung bis 1994 abschließen. Ohne die Auswertung der Moskauer Akten ist keine Dokumentation zur Verurteilung der Kriegsgefangenen möglich, weil wir in den deutschen Archiven keine quantitative und tatsächliche Erfassung verwirklichen können.

Auch über die Erarbeitung einer umfangreichen Dokumentation einschließlich der Bewertung der Fakten und Zahlen soll heute gesprochen werden. Denn dies ist letztlich das Ziel unserer Bemühungen, diese Lücke in der Geschichtsschreibung zu schließen, die uns selber betrifft. Und ich hoffe, daß wir eine Lösung finden werden.

Die Erwartungen der heute noch übrig gebliebenen Spätestheimkehrer sind nicht einheitlich: Soll man die Einzelrehabilitierung beantragen oder wird dadurch nachträglich das Urteil von damals gebilligt? Sollen die moralische Rehabilitierung oder die rechtliche oder die Dokumentation oder aber die finanzielle Entschädigung für verlorene Jahre im Vordergrund stehen?

Wie immer auch die Prioritäten gesetzt werden; in einem Punkt sind sich alle Teilnehmer hier einig: Haß und Feindschaft haben keinen Platz in unserem Denken.

Das ist die Richtschnur dieses Treffens und unseres Handelns: Unser Symposium ist der Wahrheit verpflichtet. Sie wollen wir finden und beweisen, weil nur auf der Wahrheit die Aussöhnung zwischen Deutschen und Russen gedeihen kann, die wir für eine bessere Zukunft so nachdrücklich wollen.

VdH-Präsidialrat Dr. Günther Wagenlehner am Rednerpult

4. Ehrengäste des Symposiums

Inland

Gudrun Weyel, MdB, Vorsitzende des Parl. Beirats des VdH
Dr. Alfred Dregger, MdB, Ehrenvorsitzender der CDU/CSU-Fraktion
Ulrich Heinrich, MdB, Mitglied im Parl. Beirat des VdH
Dr. med. Hans-Heinrich Knaape, MdB, Mitgl. im Parl. Beirat des VdH
Dr. Drutschmann, Kommissariat der deutschen Bischöfe, Köln
Dr. Günther Reichert, Präsident Bundeszentrale für politische Bildung
Oleg J. Krassnitzkij, Botschaft der Russischen Föderation, Bonn
Hans-Otto Weber, Präsident VDK, Kassel
Oberst a.D. Aulicke, Generalsekretär VDK, Kassel
Alexander Schilg, Generalsekretär REICHSBUND der Kriegs- und Wehrdienstopfer
Klaus Mittermeier, Leiter DRK-Suchdienst München
Peter Gerhardt, Stv. Leiter Deutsche Dienststelle (WASt), Berlin
Eugen Hammer, BDKK
E. Malitz, Bund Deutscher Hirnbeschädigter, Bonn
Kapitän zur See a.D. Kurt Diggins, Deutscher Marinebund
General a.D. E. Grumer, Arbeitsgemeinschaft für Kameradenwerke und Traditionsverbände
General a.D. G. Brugmann, Arbeitsgemeinschaft
Ministerialdirektor a.D. Bude, BMI Bonn
Prof. Dr. Boris Meissner, Präsident Göttinger Arbeitskreis, Köln
Brigadegeneral Winfried Vogel, Streitkräfteamt Bonn
General a.D. Walter Windisch, Bonn
General a.D. Paul Peters, Bad Neuenahr
Generalarzt a.D. Dr. Horst Hennig, Köln
Dr. Wolfgang Imle, Ehrenpräsident VdH
Präsidium des VdH
Verbandsausschuß des VdH und die Vorsitzenden der 16 Landesverbände

Ausland

Luxembourg	Guy de Muyser, Botschafter a.D. Luxembourg René Didier, Staatsminister und Präsident Prof. Paul Dostart, Luxembourg René Rodesch, Präsident der Elternvereinigung der Zwangsrekrutiertenvereinigung Jean Rodesch, Luxembourg
Frankreich	Jean Thuet, Fédération d'Action Régional Mulhouse Yves Duran, Orléans
Belgien	Guido J. de Latte, Ninove, Assoc. Belge des familles de disparus

Schweiz	Guy von Dardel, Satigeny
Schweden	Karl Persson, Stocksund Matthias Björnestedt, Danderyd H.G. Wellmann, President UNITED
Österreich	Oskar Preissler, Wien, Bundesobmann HVÖ Walther Groß, Brigadier i.R., Zwettl-NÖ
Niederlande	Dr. P.H. Kamphuis, Military History Section Royal Netherlands Army, Den Haag
USA	Col. Thomas Royals, President International Institute for Prisoners of War, Booklyn, N.Y.

III. Die juristische Bewertung der Strafverfahren

1. Die sowjetischen Rechtsgrundlagen

Die Verurteilung der deutschen Kriegsgefangenen in der Sowjetunion stützte sich fast ausschließlich auf Rechtsquellen des sowjetischen Strafrechts. Seine Grundsätze wurden am 31.10.1924 erlassen mit Gültigkeit für die gesamte UdSSR. Die einzelnen Republiken erließen danach die entsprechenden Gesetze mit nur geringen Textabweichungen. Das einschlägige Gesetz der RSFSR datiert vom 22.11.1926. Für die Verurteilung der Kriegsgefangenen handelt es sich hauptsächlich um den Artikel 58 mit 14 Unterziffern.

Abgesehen von anderen Artikeln, die gelegentlich herangezogen wurden, bedienten sich die sowjetischen Militärgerichte sehr häufig für die Verurteilung der Kriegsgefangenen des DEKRETES des Präsidiums des Obersten Sowjets der UdSSR vom 19. April 1943, der sogenannte UKAS 43.

Der Wortlaut des Artikels 58 war bekannt; der Text des UKAS 43 dagegen nicht. Unsere Veröffentlichung des Artikels 58 basiert auf der Darstellung in der Kriegsgefangenendokumentation, Bd. V/1, S. 151-155.

Der Abdruck des Dekretes vom 19. April 1943 „über Maßnahmen zur Bestrafung der deutschen faschistischen Übeltäter, schuldig der Tötung und Mißhandlung der sowjetischen Zivilbevölkerung und der gefangenen Rotarmisten, der Spione, der Verräter der Heimat unter den Sowjetbürgern und deren Mithelfern“ folgt der Kopie des (übersetzten) Originaldokuments, wie es am 2. April 1992 von der russischen Archivverwaltung an Kurt Brinkmann geschickt worden ist.

Bis heute besteht in Deutschland keine Klarheit über die Frage, wie groß der Anteil der nach Art. 58 oder UKAS 43 Verurteilten unter den deutschen Kriegsgefangenen ist. Martin Lang („Stalins Strafjustiz gegen deutsche Soldaten“, Herford 1981) bezieht sich auf Erhebungen einzelner Lagergemeinschaften und kommt auf ein Verhältnis von 65 % Verurteilten nach Art. 58 und nur 3,7 % nach UKAS 43. Die Lagergemeinschaft Workuta-Asbest-Stalingrad (WAS) hat bei 2 500 Verurteilten 72 % nach UKAS 43 und 28 % nach Art. 58 ermittelt (nach Waldemar Menge, München am 25.1.1993).

Aufschluß über die tatsächlichen Zahlen werden wir erst erhalten, wenn die Archive in Moskau ausgewertet werden.

Die Tatbestände des Art. 58 StGB/RSFSR

58/1

als gegenrevolutionär gilt jede Handlung, die auf den Sturz, die Unterhöhlung oder die Schwächung der Herrschaft der Räte der Arbeiter und Bauern und der von ihnen auf Grund der Verfassung der Union der SSR, der Unionsrepubliken und autonomen Republiken oder auf die Unterhöhlung oder Schwächung der äußeren Sicherheit der Union der SSR und der grundlegenden wirtschaftlichen, politischen und nationalen Errungenschaften der proletarischen Revolution gerichtet sind.

Kraft der internationalen Solidarität der Interessen aller Werktätigen gelten Handlungen gleicher Art als gegenrevolutionär auch dann, wenn sie gegen einen anderen — der Union der SSR nicht angehörenden — Staat der Werktätigen gerichtet sind.

58/1a-1d — Vaterlandsverrat, Flucht ins Ausland

1a Vaterlandsverrat, d.h. Handlungen, begangen von Bürgern der UdSSR zum Nachteil der militärischen Macht der UdSSR, ihrer staatlichen Unabhängigkeit oder der Unantastbarkeit ihres Gebiets, wie Spionage, Preisgabe eines militärischen oder Staatsgeheimnisses, Überlaufen zum Feind, Flucht ins Ausland, wird bestraft —
mit der schwersten Kriminalstrafe — Erschießung, verbunden mit Konfiskation des gesamten Vermögens, bei Vorliegen mildernder Umstände — mit zehn Jahren Freiheitsentziehung, verbunden mit Konfiskation des gesamten Vermögens.

1b Die gleichen Handlungen werden, wenn von einer Militärperson begangen, mit der schwersten Kriminalstrafe — Erschießen, verbunden mit Konfiskation des gesamten Vermögens, bestraft.

1c Flieht eine Militärperson ins Ausland, so werden die volljährigen Mitglieder einer Familie, sofern sie die Vorbereitung oder Begehung des Verrats in irgend einer Weise gefördert oder davon zwar gewußt, die Behörden aber nicht in Kenntnis gesetzt haben, bestraft —
mit Freiheitsentziehung von fünf bis zu zehn Jahren, verbunden mit der Konfiskation des gesamten Vermögens.
Die übrigen volljährigen Mitglieder der Familie des Verräters, die mit ihm zusammengelebt haben oder zur Zeit der Begehung des Verbrechens von ihm unterhalten worden sind — werden ihrer Wahlrechte für verlustig erklärt und auf fünf Jahre in entlegene Bezirke Sibiriens verschickt.

1d Unterläßt es eine Militärperson, von einem in Vorbereitung befindlichen oder vollendeten Verrat Anzeige zu erstatten, so zieht dies nach sich —
Freiheitsentziehung von zehn Jahren.
Wird eine solche Unterlassung von sonstigen Bürgern (Nichtmilitärpersonen) begangen, so wird gemäß Art. 58/12 verfolgt.

58/2 — Aufstand, Aggression von Banden —

Bewaffneter Aufstand oder Eindringen von bewaffneten Banden in das Sowjetgebiet in gegenrevolutionärer Absicht, Ergreifung der zentralen oder örtlichen Gewalt in der gleichen und insbesondere der Absicht, von der Union der SSR und der einzelnen Unionsrepublik irgend einen ihrer Gebietsteile gewaltsam abzutrennen oder die

von der Union der SSR mit ausländischen Staaten abgeschlosssenen Verträge aufzuheben, ziehen nach sich —
die schwerste Maßnahme des sozialen Schutzes — Erschießung oder Erklärung zum Feind der Werktätigen, verbunden mit Vermögenskonfiskation, Aberkennung der Staatsangehörigkeit der Unionsrepublik und damit der Staatsangehörigkeit der Union der SSR und dauernder Verweisung aus dem Gebiet der Union der SSR; bei Vorliegen mildernder Umstände ist Herabsetzung bis zu Freiheitsentziehung nicht unter drei Jahren, verbunden mit völliger oder teilweiser Vermögenskonfiskation zulässig.

58/3 — Konspiration, Kollaboration —

Unterhaltung von Beziehungen zu einem ausländischen Staat oder zu einzelnen Vertretern desselben in gegenrevolutionärer Absicht oder Vorschubleistung jeder Art zugunsten eines ausländischen Staates, der sich mit der Union der SSR im Zustand des Krieges, der bewaffneten Intervention oder Blockade befindet, ziehen nach sich — wie die in Art. 58/2 dieses Gesetzbuches bezeichneten Maßnahmen des sozialen Schutzes.

58/4 — Unterstützung der internationalen Bourgeoisie —

Jegliche Art der Unterstützung des Teiles der internationalen Bourgeoisie, der die Gleichberechtigung des das kapitalistische System ablösenden kommunistischen Systems nicht anerkennt und seinen Sturz erstrebt, oder der sozialen Gruppen und Organisationen, die unter dem Einfluß dieser Bourgeoisie stehen oder unmittelbar von ihr organisiert sind, bei Ausübung der der Union der SSR feindlichen Tätigkeit, zieht nach sich —
Freiheitsentziehung nicht unter drei Jahren, verbunden mit völliger oder teilweiser Vermögenskonfiskation; bei Vorliegen besonders erschwerender Umstände: Erhöhung bis zur schwersten Maßnahme des sozialen Schutzes — Erschießung oder Erklärung zum Feind der Werktätigen, verbunden mit der Aberkennung der Staatsangehörigkeit der Unionsrepubliken und damit der Staatsangehörigkeit der Union der SSR, dauernder Verweisung aus dem Gebiet der Union der SSR und Vermögenskonfiskation.

58/5 — Konspiration zur Herbeiführung von Krieg oder sonstigen unfreundlichen Akten —

Veranlassung eines fremden Staates oder irgendwelcher in ihm bestehender sozialer Gruppen im Wege der Konspiration mit ihren Vertretern, durch Benutzung falscher Urkunden oder auf sonstige Weise zu einer Kriegserklärung, einer bewaffneten Einmischung in die Angelegenheiten der Union der SSR oder zu sonstigen unfreundlichen Akten, insbesondere Blockade, Beschlagnahme von Staatseigentum der Union der SSR oder der Unionsrepubliken, Abbruch der diplomatischen Beziehungen; Bruch der mit der Union der SSR geschlossenen Verträge und dgl. zieht nach sich —
die in Art. 58/2 dieses Gesetzbuches bezeichneten Maßnahmen des sozialen Schutzes.

58/6 — Spionage —

Spionage, d.h. Weitergabe, Entwendung oder zwecks Weitergabe vorgenommene Sammlung von Nachrichten, die sich ihrem Inhalt nach als ein besonders schutzwürdiges Staatsgeheimnis darstellen, zugunsten ausländischer Staaten, gegenrevolutionärer Organisationen oder Privatpersonen, zieht nach sich —
Freiheitsentziehung nicht unter drei Jahren, verbunden mit völliger oder teilweiser Vermögenskonfiskation; in den Fällen jedoch, in denen die Spionage besonders schwere Nachteile für die Interessen der Union der SSR herbeigeführt hat oder hätte herbeiführen können: Erhöhung bis zur schwersten Maßnahme des sozialen Schutzes — Erschießung oder Erklärung zum Feind der Werktätigen, verbunden mit der Aberkennung der Staatsangehörigkeit der Union der SSR, dauernder Verweisung aus dem Gebiet der Union der SSR und Vermögenskonfiskation.
Weitergabe, Entwendung oder zwecks Weitergabe vorgenommene Sammlung von wirtschaftlichen Nachrichten, die sich ihrem Inhalt nach als ein besonders schutzwürdiges Staatsgeheimnis nicht darstellen, aber gemäß einem ausdrücklichen gesetzlichen Verbot oder der Verfügung des Leiters einer Behörde, Anstalt oder Unternehmung der Bekanntgabe entzogen sind, zugunsten der oben bezeichneten Organisationen und Personen, sei es entgeltlich, sei es unentgeltlich, ziehen nach sich —
Freiheitsentziehung bis zu drei Jahren.

58/7 — Unterhöhlung der sowjetischen Wirtschaft durch Mißbrauch von Einrichtungen oder Beeinträchtigung in gegenrevolutionärer Absicht —

Unterhöhlung der staatlichen Industrie, des staatlichen Verkehrswesens, Handels-, Geldverkehrs- oder Kreditsystems sowie des Genossenschaftswesens, begangen in gegenrevolutionärer Absicht durch mißbräuchliche Benutzung staatlicher Behörden oder Unternehmen oder durch Beeinträchtigung ihrer normalen Tätigkeit sowie mißbräuchliche Benutzung staatlicher Behörden oder Unternehmen oder die Beeinträchtigung ihrer Tätigkeit, begangen im Interesse der ehemaligen Eigentümer oder interessierter kapitalistischer Organisationen, ziehen nach sich —
die in Art. 58/2 dieses Gesetzbuches bezeichneten Maßnahmen des sozialen Schutzes.

58/8 — Terroristische Handlungen gegen sowjetische Staatsdiener oder Funktionäre —

Begehung terroristischer Handlungen gegen Vertreter der Sowjetmacht oder Funktionäre revolutionärer Organisationen der Arbeiter und Bauern sowie Teilnahme auch einer gegenrevolutionären Organisation nicht angehöriger Personen an der Ausführung solcher Handlungen ziehen nach sich —
die in Art. 58/2 dieses Gesetzbuches bezeichneten Maßnahmen des sozialen Schutzes.

58/9 — Diversion —

In gegenrevolutionärer Absicht mittels Sprengung, Brandstiftung oder auf andere Weise begangene Zerstörung oder Beschädigung von Eisenbahnen oder sonstigen

Verkehrswegen und -mitteln, von nationalen Nachrichtenmitteln, Wasserleitungen, öffentlichen Depots oder sonstigen zum staatlichen oder öffentlichen Vermögen gehörenden Anlagen zieht nach sich —
die in Art. 58/2 dieses Gesetzbuches bezeichneten Maßnahmen des sozialen Schutzes.

58/10 — Gegenrevolutionäre Propaganda oder Agitation —

Propaganda oder Agitation, die zu Sturz, Unterhöhlung oder Schwächung der Sowjetherrschaft oder zu Begehung einzelner gegenrevolutionärer Verbrechen (Art. 58/2 — 58/9 dieses Gesetzbuches) auffordern sowie Verbreitung, Herstellung oder Aufbewahrung von Schriften gleichen Inhalts ziehen nach sich —
Freiheitsentziehung nicht unter sechs Monaten.
Werden die gleichen Handlungen bei Massenaufruhr, unter Ausnutzung religiöser oder nationaler Vorurteile der Massen, während des Krieges oder an Orten, über die der Kriegszustand verhängt ist, begangen, so ziehen sie nach sich —
die in Art. 58/2 dieses Gesetzbuches bezeichneten Maßnahmen des sozialen Schutzes.

58/11 — Organisieren von gegenrevolutionären Verbrechen oder Teilnahme an entsprechenden Organisationen —

Auf die Vorbereitung oder Begehung der in diesem Kapitel vorgesehenen Verbrechen gerichtete organisatorische Tätigkeit jeglicher Art sowie Teilnahme an einer Organisation, die zur Vorbereitung oder Begehung eines in diesem Kapitel vorgesehenen Verbrechens gebildet worden ist, ziehen nach sich —
die in den entsprechenden Artikeln dieses Kapitels genannten Maßnahmen des sozialen Schutzes.

58/12 — Nichtanzeigen gegenrevolutionärer Verbrechen —

Nichtanzeige eines in Vorbereitung befindlichen oder vollendeten gegenrevolutionären Verbrechens, von dem man auf glaubwürdige Weise Kenntnis erlangt hat, zieht nach sich —
Freiheitsentziehung nicht unter sechs Monaten.

58/13 — Gegenrevolutionäre Tätigkeit während der Zarenzeit oder im Bürgerkrieg —

Aktive Handlungen und aktiver Kampf gegen die Arbeiterklasse und die revolutionäre Bewegung, ausgeführt auf verantwortlichem Posten oder im Geheimdienst (Agentur) während des zaristischen Regimes oder bei gegenrevolutionären Regierungen während des Bürgerkriegs ziehen nach sich —
die in Art. 58/2 dieses Gesetzbuches bezeichneten Maßnahmen des sozialen Schutzes.

58/14 — Gegenrevolutionäre Sabotage —

Gegenrevolutionäre Sabotage, d.h. bewußte Nichterfüllung bestimmter Verpflichtungen oder deren vorsätzlich unzulängliche Erfüllung in der speziellen Absicht,

die Macht der Regierung und das Funktionieren des Staatsapparates zu beeinträchtigen, zieht nach sich —
Freiheitsentziehung nicht unter einem Jahr, verbunden mit völliger oder teilweiser Vermögenskonfiskation; bei Vorliegen besonders erschwerdender Umstände: Erhöhung bis zur schwersten Maßnahme des sozialen Schutzes — Erschießung, verbunden mit Vermögenskonfiskation.

Der UKAS 43

Nicht für die Presse

Erlaß des Präsidiums des Obersten Sowjets

Über Maßnahmen zur Bestrafung der deutsch-faschistischen Übeltäter, die der Ermordung und Mißhandlung der sowjetischen Zivilbevölkerung und der gefangenen Rotarmisten schuldig sind, sowie der Spione und Vaterlandsverräter unter den Sowjetbürgern und deren Helfershelfern.

In den durch die Rote Armee von den deutsch-faschistischen Eroberern befreiten Städten und Dörfern wurde eine Vielzahl von Tatsachen unerhörter Brutalitäten und ungeheuerlicher Gewalttaten entdeckt, die von den deutschen, italienischen, rumänischen, ungarischen und finnischen faschistischen Scheusalen, von den Hitleragenten und auch von den Spionen und Vaterlandsverrätern unter den Sowjetbürgern an der friedlichen sowjetischen Bevölkerung und an den gefangenen Rotarmisten verübt wurden. Viele Tausende und Abertausende von unschuldigen Frauen, Kindern, alten Menschen und gefangenen Rotarmisten wurden grausam zu Tode gequält, erhängt, erschossen, lebendig verbrannt auf Befehl von Kommandeuren der Wehrmacht und des Gendarmeriekorps der Hitlerarmee, von Gestapokommandeuren, Bürgermeistern und Militärkommandanten von Städten und Dörfern, von Leitern der Kriegsgefangenenlager und anderen Vertretern der faschistischen Machthaber.

Unterdessen werden gegenüber all diesen Verbrechern, die für die Bluttaten an der friedlichen sowjetischen Bevölkerung und den gefangenen Rotarmisten die Schuld tragen und auch gegenüber ihren Helfershelfern aus der örtlichen Bevölkerung, zur Zeit Vergeltungsmaßnahmen ergriffen, die ganz offensichtlich den von ihnen verübten Missetaten nicht entsprechen.

Unter Berücksichtigung dessen, daß die Ausschreitungen und Gewaltakte an wehrlosen sowjetischen Bürgern und gefangenen Rotarmisten und Verrat am Vaterland die schändlichsten und schwersten Verbrechen, die abscheulichsten Missetaten sind, beschließt das Präsidium des Obersten Sowjet der UdSSR:

1. Anzuordnen, daß die deutschen, italienischen, rumänischen, ungarischen und finnischen Verbrecher, die der Mordtaten und Mißhandlungen an der Zivilbevölkerung und gefangener Rotarmisten überführt wurden und auch Spione und Vater-

landsverräter unter den Sowjetbürgern mit der Todesstrafe durch Erhängen bestraft werden.

2. Die Helfershelfer aus der örtlichen Bevölkerung, die der Beihilfe zu Verbrechen und zur Verübung von Untaten und Gewalttätigkeiten an der zivilen Bevölkerung und gefangenen Rotarmisten überführt wurden, werden mit Verbannung und Strafarbeit von 15 bis 20 Jahren bestraft.

3. Mit den Untersuchungsverfahren gegen die an Untaten und Gewalttätigkeiten gegenüber der friedlichen sowjetischen Bevölkerung und den gefangenen Rotarmisten schuldigen faschistischen Verbrecher und auch gegen Spione und Vaterlandsverräter unter den Sowjetbürgern und deren Helfershelfer aus der örtlichen Bevölkerung werden Kriegsfeldgerichte beauftragt, die bei den Divisionen der Feldarmee zu bilden sind. Sie werden folgendermaßen zusammengesetzt: Vorsitzender des Divisionskriegsfeldgerichts (Vorsitzender des Gerichts), Leiter der Sonderabteilung der Division und Stellvertretender Divisionskommandeur als Politoffizier (Mitglieder des Gerichts) mit der Beteiligung des Staatsanwaltes der Division.

4. Die Urteile der Divisionskriegsfeldgerichte werden vom Divisionskommandeur bestätigt und unverzüglich vollstreckt.

5. Die Vollstreckung der Urteile der Kriegsfeldgerichte bei den Divisionen — das Erhängen der zum Tode Verurteilten — ist öffentlich durchzuführen, in Anwesenheit des Volkes. Die Leichen der Gehängten sind im Laufe von einigen Tagen auf dem Galgen zu belassen, damit alle wissen, wie der bestraft wird und was für eine Vergeltung jenen erwartet, der Gewalttätigkeiten und Untaten an der zivilen Bevölkerung verübt und der sein Vaterland verrät.

Vorsitzender des Präsidiums
des Obersten Sowjets der UdSSR
M. Kalinin

Sekretär des Präsidiums
des Obersten Sowjets der UdSSR
A. Gorkin

Unterschrift A. Gorkin, 22. April

Moskau, Kreml
19. April 1943

2. Gesprächsrunde am 23. April 1993: Die Prozesse gegen die deutschen Kriegsgefangenen in der UdSSR

Diskussionsleiter Ehrhardt Imelmann:

Wir kommen zum ersten Teil dieses Symposiums, das sich jetzt unter der großen Überschrift den spezielleren Themen zuwendet. Unsere Aufgabe ist es, über die Prozesse gegen die Kriegsgefangenen in der UdSSR zu reden. Die Referenten, die mit mir hier am Tisch sitzen, haben eine Aufgabe, die klar beschrieben und begrenzt ist. Sie sind durch ihre fachliche Qualität, ihre fachliche Arbeit, insbesondere was die juristische Seite des Themas angeht, hoch qualifiziert, und ich darf Ihnen die drei Herren vorstellen:

Als erster, aus Moskau eingetroffen, Herr Nikita V. Petrov. Er kommt von der Organisation MEMORIAL, und zwar vom wissenschaftlichen Forschungs- und Bildungszentrum MEMORIAL in Moskau. Dort ist er Koordinator des wissenschaftlichen Programms der deutschen Kriegsgefangenen in den stalinistischen Lagern von 41 bis 56. Diese Arbeit richtet ihr besonders Augenmerk auf die Probleme der gerichtlichen Verfolgung deutscher Kriegsgefangener und deren Aburteilung und auch die Sammlung von Daten verurteilter Kriegsgefangener, um Licht in die Schicksale von ungeklärten Schicksalen von deutschen Gefangenen zu bringen, die den Tod fanden oder die vollends verschwunden sind. Er wird in russisch sein Referat halten. Und Herr Wagenlehner hat, wie für alles Gute in dieser Veranstaltung auch dafür gesorgt, daß wir eine Übersetzung des russischsprachigen Textes bekommen werden.

An meiner rechten Seite begrüße ich Herrn Dr. jur. Christian Schroeder, Professor für Strafrecht und Strafprozeßrecht und Osteuroparecht an der Universität in Regensburg. Er ist zugleich Direktor des Instituts für Ostrecht in München. Schüler des als herausragend bekannten Professor Reinhard Maurach, der sich mit den einschlägigen Problemen von der juristischen Seite ja sehr umfassend und intensiv beschäftigt hat. Herr Professor Schroeder ist Verfasser des Kommentars zum sowjetrussischem Strafrecht, und er hat im letzten Jahr das sowjetische Recht über 74 Jahre in einer großen Arbeit behandelt.

Zu seiner Rechten begrüße ich Herrn Prof. Dr. jur. Martin Fincke. Professor Fincke kommt von der Universität in Passau. Seine Fachgebiete sind ebenfalls Strafrecht, Strafprozeßrecht und Ostrecht. In seinen Veröffentlichungen hat er sich als Kenner des Sowjetrechts ausgewiesen, z.B. durch Arbeiten zur Überprüfung rechtskräftiger Strafurteile im Sowjetrecht. Er ist der Verfasser eines Kommentars zur Sowjetischen Verfassung und derzeit tätig auch an der Reform der Kriminaljustiz in Rußland. Ein immenses Gebiet, und seine Kenntnisse werden uns hier zur Klärung der anstehenden Fragen sicherlich helfen können.

Wie ich sagte, ist unser Thema klar beschrieben und begrenzt. Die Prozesse gegen die deutschen Kriegsgefangenen in der UdSSR. Begrenzt, denn das Gesamtthema die historischen Ereignisse und Erlebnisse der Kriegsgefangenen im Zweiten Weltkrieg sind unermeßlich. Die Gesamtzahl — man muß sich das immer mal wieder vor Augen halten — wird mit 35 Millionen angegeben. Etwa 7 Millionen deutsche Kriegsgefangene befanden sich nach Kriegsende im Gewahrsam der Westmächte. Während des Krieges gab es ca. 5,7 Millionen gefangene Soldaten der Sowjetarmee in deutscher Hand. Mehr als 3 Millionen haben diese Gefangenschaft nicht überlebt. 3 Millionen, mehr als 3 Millionen deutscher Soldaten waren in russischer Kriegsgefangenschaft.

Mehr als 1 Million sind aus dieser nicht zurückgekehrt. Das alles sind nüchterne Zahlen, hinter denen schwere, beklagenswerte Schicksale vieler, vieler Menschen stehen. Wir sind uns dessen sehr bewußt, und gerade die Kriegsteilnehmer des Zweiten Weltkrieges und die durch Gefangenschaft Betroffenen werden diese Erlebnisse niemals aus ihrem Gedächtnis streichen können.

Nun zu unserem Thema. Ich darf als ersten Herrn Professor Schroeder das Wort geben und ihn bitten, zu dem Thema Prozesse gegen die deutschen Kriegsgefangenen unter rechtlicher Sicht das Wort zu ergreifen.

Erste Gesprächsrunde des Symposiums: Prof. Schroeder (links), daneben der Gesprächsleiter, Ehrhardt Imelmann, Nikita Petrov und Dr. Wagenlehner sowie Werner Kießling.

3. Die Prozesse aus rechtlicher Sicht

Friedrich-Christian Schroeder

Mein Kontakt zum Verband der Heimkehrer entstand vor etwa zwei Jahren, als ich gebeten wurde, einige Informationen über den berüchtigten UKAS 43 zu geben, der seinerzeit nur aus Andeutungen in Fußnoten bekannt war. Ich habe durch eine Zusammenstellung dieser Fußnoten den Inhalt weitgehend rekonstruieren können. Wie Sie wissen, ist dieser Erlaß inzwischen publiziert und allen zugänglich, auch in deutscher Fassung. Es entspann sich dann sehr schnell eine Diskussion über die Problematik einer Rehabilitierung oder einer Annullierung der Urteile oder einer öffentlichen Ehrenerklärung der Bundesregierung. Ich habe damals die Auffassung vertreten, daß es m.E. am allerwichtigsten sei, zunächst einmal die Dinge historisch zu dokumentieren und die Erlebnisse der damaligen Zeit festzuhalten, ehe sie von den Betroffenen mit ins Grab genommen werden. Ich habe daher angeregt, in einem wissenschaftlichen Symposium die Vorgänge zu diskutieren und festzuhalten, woraus dann diese Veranstaltung entstanden ist.

Es wurde schon erwähnt, daß ich Schüler von Reinhart Maurach bin, dem wohl besten Kenner des sowjetischen Strafrechts. Reinhart Maurach hat bereits in den ersten Jahren nach dem Kriege Informationen über Rechtswidrigkeiten bei den Prozessen gegen deutsche Kriegsgefangene in der Sowjetunion erhalten und sie zu einem umfassenden Gutachten für das Deutsche Rote Kreuz ausgebaut, das damals bereits frühzeitig auf alle wesentlichen Mängel dieser Prozesse eingegangen ist. Spätere Berichte konnten dieses Bild nur bestätigen, und es hat sich dabei der schon damals von Maurach ermittelte Grundeindruck gefestigt, daß diese Verfahren an sehr vielen Stellen jeder rechtsstaatlichen Ausgestaltung ermangelten.

Versuchen wir wissenschaftlich, die Ansatzpunkte für Rechtswidrigkeiten dieser Prozesse festzuhalten, so unterscheiden wir Juristen bekanntlich zwischen dem materiellen Strafrecht, also der Grundlage, auf der die Bestrafung erfolgt, und der Ausgestaltung des Strafverfahrens selber. Hier zeigt sich, daß bereits die sowjetischen Straftatbestände, die damals angewandt wurden, eine erhebliche Unschärfe — eine gegenüber unserem Recht ungewohnte Unschärfe — aufweisen. So gab (und gibt!) es etwa den Straftatbestand der Sabotage, der einfach als Durchkreuzung der wirtschaftlichen Tätigkeit definiert wird, worunter dann von der Lahmlegung von Betrieben bis zum Nickerchen während der Arbeit eigentlich alles fallen kann. Es gab ferner das Organisationsverbrechen, das in weitestem Umfang die Zugehörigkeit zu Organisationen und Vereinigungen mit kriminellen Zielen unter Strafe stellte.

Ein zweiter sehr wichtiger Mangel dieser Prozesse bestand darin, daß die anerkannten Rechtfertigungsgründe, die die Haager Landkriegsverordnungen für Kriegshandlungen vorsehen, nicht berücksichtigt und als völlig inexistent behandelt wurden. Dadurch kam es zu völlig absurden Ausgestaltungen. Natürlich — das, was Soldaten im Krieg treiben, fällt unter Straftatbestände. Es fällt unter Sachbeschädigung, wenn etwas zerschossen wird; es fällt unter Tötung. Um diese ganzen Dinge aus dem Strafrecht herauszuhalten, gibt es in den Haager Landkriegsverordnungen die entsprechenden Rechtfertigungsgründe; wenn diese nicht anerkannt werden, dann bildet der Krieg natürlich eine Kette von Straftaten. Vor allen Dingen aus der Nichtanwendung dieser Rechtfertigungsgründe ergab sich der eigenartige Charakter der Prozesse: daß Kriegshandlungen wie normale Straftaten behandelt wurden. So wurden etwa Sprengungen als Diversion nach § 58/9 des russischen Strafgesetzbuchs behandelt. Ein sehr hoher Anteil der Verurteilungen entfällt auf Spionage, indem sämtliche Aufklärungstätigkeiten, die im Rahmen der deutschen Truppen als normaler Bestandteil der Kriegsführung vorgenommen wurden, nachträglich als Spionage gegen die Sowjetunion gewertet wurden — eine völlig absurde Konstruktion! Nach der Schätzung von Lang entfallen etwa 42 % alle Verurteilungen bei diesen Prozessen auf sogenannte Spionage. Jede Gefangenenvernehmung durch Mitglieder von Aufklärungsabteilungen, die Tätigkeit von Funk- und Fernmeldern fielen unter Spionage. Es wurden später in den Gefangenenlagern Unmutsäußerungen oder in einem Fall sogar die Lektüre eines Werkes von Kant als antisowjetische Agitation und Propaganda nach Artikel 58/10 des russischen Strafgesetzbuchs verurteilt. Das Eindringen in die Sowjetunion durch die deutschen Truppen wurde als das Eindringen aggressiver Banden nach § 58/2 des russischen Strafgesetzbuchs beurteilt; immerhin sind 3,6 % aller Verurteilten auf diese Weise abgeurteilt worden.

War also schon die Grundlage, auf der die Verurteilungen erfolgten, sehr fragwürdig, so steigerten die Verfahren, in denen es zur Verurteilung kam, die Unrechtmäßigkeit noch ganz erheblich. Der Hauptpunkt ist die Entziehung des Rechts auf Verteidigung. Verteidiger wurden nur in 14 % aller Fälle zugelassen, wobei man das nicht mit normalen Verhältnissen vergleichen kann, denn es ging ja hier immer um Höchststrafen, also um schwerste Straftaten, bei denen in jedem rechtsstaatlichen Verfahren dem Angeklagten ein Verteidiger zur Verfügung gestellt werden muß. Ein ganz erheblicher Mangel waren die Übersetzungen. Es fehlten fähige Dolmetscher. Es gab aber auch ausgesprochene „gerissene" Dolmetscher, wie Maurach sie bezeichnete, die gewissermaßen im Auftrage der Staatsanwaltschaft dabei mitwirkten, die Angeklagten hereinzulegen und auf fragwürdige Geständnisse festzunageln. Wenn diese Dinge nicht zum Erfolg führten, dann kam es in erheblichem Umfang zu Geständniserpressungen. Man hat etwa 63 % aller Verfahren geschätzt, bei denen es zu Geständniserpressungen kam: Von Schlägen bis zur Verbringung in Stehzellen, zur Durst- und Kältefolter, und auch die bekannte sowjetische Technik der Fließbandfolter, der „Konvejer", wurde angewendet: das sind pausenlose Verhöre, die nach moderner Folterforschung zu den schlimmsten Formen der Folter gehören, obwohl sie äußerlich eigentlich unscheinbar sind.

Ein weiterer Beschwerdepunkt gegen diese Verfahren war die weitgehende, ja die fast völlige Ablehnung von Beweisanträgen der Angeklagten. 97,7 % aller Beweisanträge wurden abgelehnt. Das heißt: über die Anträge des Angeklagten wurde einfach hinweggegangen. Dem stand auf der Gegenseite eine Möglichkeit des sowjetischen Strafprozeßrechts gegenüber (übrigens: inwieweit das nun ein Sonderrecht gegen deutsche Kriegsgefangene war oder inwieweit das dem damaligen Stand des sowjetischen Strafrechts, daß heißt, was auch Sowjetbürger erleiden mußten, entsprach, das ist ein eigener Gesichtspunkt, aber wir können nicht alles auf einmal erledigen): Der Nichtberücksichtigung von Beweisanträgen des Angeklagten stand auf der anderen Seite gegenüber, daß das Gericht in seinem Urteil Beweismittel verwerten konnte, die in der Hauptverhandlung überhaupt nicht erörtert wurden. Viele Verurteilte lasen zum ersten Mal im Urteil — wenn sie überhaupt ein schriftliches ausgehändigt bekamen — von Vernehmungen, Zeugen, Protokollen und dergleichen, zu denen sie sich in dem Verfahren überhaupt nicht hatten äußern können. Dem entspricht es, daß diese Verfahren, obwohl es dabei in aller Regel um eine Strafe von 25 Jahren Zwangsarbeit ging, in wenigen Minuten erfolgten. Die Zahl der Freisprüche war nach alledem minimal.

Diese Prozeßwidrigkeiten erfuhren meines Erachtens noch eine Steigerung in den Prozessen von 1949 und 1950. Es erfolgte ja damals eine statistisch bemerkenswerte Steigerung: nachdem bis etwa 1948 rund 20 % aller Kriegsgefangenen verurteilt wurden, schnellte die Zahl im Jahre 1949 auf 60 % empor. Das drängt natürlich den Argwohn auf, daß es hier nicht darum ging, einen Rückstand an Straftaten zu beseitigen, sondern daß es darum ging, Sollzahlen zu erfüllen und Faustpfänder in die Hand zu bekommen für mögliche, sich abzeichnende Verhandlungen. Es war ja die Zeit, in der die Bundesregierung gegründet wurde, wo es sich abzeichnete, daß man in der Deutschlandpolitik gewisse Verhandlungsobjekte haben mußte. Das Ganze belegt diese Prozesse natürlich von vornherein mit dem starken Makel, daß es hier überhaupt nicht mehr darum ging, Recht zu sprechen, wenn auch in pervertierter Form, sondern: daß hier die Verfahren nur noch als Vorwand dazu dienen sollten, gewissen Verpflichtungen zur Rückführung von normalen Kriegsgefangenen nicht mehr nachkommen zu müssen, indem man sie als Kriegsverbrecher abstempelte.

Alles das belegt diese Verfahren, über die wir heute sprechen wollen, mit einem solchen Makel, daß ich in dem Schriftwechsel mit verschiedenen Mitgliedern Ihres Verbandes die Frage aufgeworfen habe, ob man gegen solches Unrecht überhaupt um eine Rehabilitierung nachsuchen sollte: Weil man meines Erachtens diesen Verfahren das Unrecht so auf die Stirn geschrieben steht, daß man ihnen vielleicht mit solchen Anträgen geradezu noch eine gewisse nachträgliche Scheinlegitimierung gibt. Andererseits kann man natürlich dieses Bemühen um die Rehabilitierung auch als eine Hand zur Versöhnung ansehen, die nach Osten ausgestreckt wird, indem man gemeinsam diese Dinge aufarbeiten möchte.

Sicher kann man nun abschließend die Frage stellen: Wie ist es denn den sowjetischen Kriegsgefangenen in Deutschland ergangen? Das wissen wir alle. Das ist ein trauriges Kapitel. Aber wir haben gerade in den letzten Jahren gelernt, daß das Unrecht nicht gegeneinander aufrechenbar ist. Es bringt nichts, mit dem Hinweis auf andere Untaten die Diskussion um die eigenen vom Tisch zu fegen, aber auch umgekehrt! Die Dinge müssen historisch aufgearbeitet werden, und wir Juristen werden natürlich immer dann ganz besonders hellhörig, wenn es nicht um einfache Vernichtungsmaßnahmen geht, sondern wenn das Recht, dem wir dienen, dazu mißbraucht wurde, Unrecht zu begehen. Und das scheint mir bei diesen Prozessen in starkem Maße der Fall gewesen zu sein.

Erhardt Imelmann

Herr Professor Schroeder, ich danke Ihnen sehr (starker Beifall). Sie haben eingangs unserer Gesprächsrunde deutliche Akzente aus der Sicht des Strafrechts gesetzt und damit eine Plattform geschaffen für die Betrachtungsweise unseres Referenten aus der Sowjetunion. Umso interessanter ist es, nun als Fortsetzung Professor Fincke zu lauschen, der uns aus der rechtlichen Perspektive die gegenwärtige Situation angreift, um darzulegen, wie ich hoffe, auch welche Möglichkeiten es gibt, die unrechtsmäßigen Geschehnisse aufzuarbeiten und letztlich aus der Welt zu schaffen. Darf ich Sie bitten, Herr Professor Fincke?

Prof. Dr. Friedrich-Christian Schroeder bei seinem Vortrag

4. Prinzipielle Widersprüche

Martin Fincke

Schon Herr Schroeder hat kurz darauf hingewiesen, daß auch die Russen unter der Pervertierung des sowjetischen Strafprozesses zu leiden hatten und Herr Petrov hat noch wesentlich deutlicher den Finger darauf gelegt, daß die Kriegsgefangenenprozesse ausgerechnet in die Zeit des Stalinismus fielen. Herr Schroeder hat zu Recht gesagt, eigentlich wäre das ein eigenes Kapitel und ist deswegen nicht näher darauf eingegangen.

Ich finde aber, hier ist doch der Anlaß und auch das Publikum, ganz besonders hierauf den Nachdruck zu legen. Ich bin nun zuletzt gefragt worden, inwieweit nun überhaupt das Recht insbesondere das Strafrecht in der Lage ist, zur Bewältigung dessen beizutragen, was da vor uns steht und was auch heute vor uns steht. Und da fragt man sich sofort, was denn Recht ist, wenn es hierzu etwas beitragen soll. Was es für eine Bedeutung hat, daß wenigstens nach außen hin rechtliche, strafrechtliche und gar strafprozessuale Formen dafür herhalten mußten, um das zu leisten, was man vielleicht eher, jedenfalls ab 1949, als Massenrekrutierung für Langzeitsklaven bezeichneten könnte.

Was hat das für eine Bedeutung, daß dafür strafprozessuale Mittel benutzt worden sind? Ich finde, daß die Situation sowohl im grundsätzlich theoretischen als auch in den ganz praktischen Fragen der sogenannten Rehabilitation sehr widersprüchlich sind: Auf der einen Seite geht es und ging es jedenfalls nicht um die Antwort des Rechts auf den Angriffskrieg und die unvorstellbaren Verbrechen die Deutsche auf sowjetischem Territorium begangen haben.

Ich vermisse diese rechtliche Antwort bis heute. Es hat sicher in vielen Fällen eine strafrechtliche Verfolgung von Nazigewaltverbrechen und auch deutscher Kriegsverbrechen stattgefunden, die den Namen Strafprozeß irgendwie verdienen. Das hat es gegeben. Aber doch nicht in dem Ausmaß, daß man sagen könnte, das war die Antwort des Rechts auf das was geschehen ist.

Übrigens gilt dasselbe auch für den Mißbrauch des Strafprozesses zu ganz anderen Zielen, das heißt, die Strafverfolgten, die schuldig sind der Verbrechen an den eigenen sowjetischen Landsleuten wie auch an Deutschen und anderen. Diese Verfolgung hat bis heute nicht stattgefunden, das heißt eben keine strafrechtliche Aufarbeitung des Stalinismus bis heute.

Wollen wir überhaupt, daß das Recht einen Beitrag dazu leistet? Das ist die Frage. Also wieder die Frage nach dem Recht, die freiwillig im Fall der Sowjetunion und das muß man ja immer im Auge behalten, insbesondere gerade zu der Zeit, als die Prozesse stattfanden. Immer wieder der Hinweis auf die ideologische Rechtfertigung.

Prof. Dr. Martin Fincke, neben ihm (am Fenster) Bengt von zur Mühlen, der Leiter von CHRONOS-Dokumentarfilm

Hier fangen schon die Widersprüche an. In der scheinbar so monolithisch gefestigten ideologischen Basis fangen die Widersprüche ganz massiv an. Das ist einmal das Denken, das viel älter ist als die kommunistische Revolution. Auf der einen Seite also — verstärkt durch den Stalinismus — das Gefühl, wir bilden eine Rechtsgemeinschaft. Wir, daß heißt, die Sowjetbürger.

Auf der anderen Seite stehen die Imperialisten und die Kapitalisten. Auf diese Art von Sowjetpatriotismus ist die Einführung der Heimat, der „Rodina" in das Strafrecht zurückzuführen.

Diese merkwürdige Aufteilung, daß sich mancher Straftaten eben nur Sowjetbürger schuldig machen könnten, insbesondere des Vaterlandverrats im Bereich der hier relevanten konterrevolutionären politischen Straftaten.

Auf der anderen Seite der Widerspruch dagegen, daß man deutsche Kriegsgefangene auch jedenfalls nach materiellem Wehrstrafrecht beurteilt hat, als ob sie Angehörige der eigenen Armee gewesen wären, daß man auch in formeller gerichtsverfassungsrechtlicher und strafprozessualer Hinsicht Militärstrafrecht angewandt hat. Daß man sie also beurteilt hat nach dem Artikel 58 im materiellem Strafrecht, im politischem Strafrecht, das allerdings nicht der militärstrafrechtliche Teil heißt, als Konterrevolutionäre, das heißt, nicht als Angehörige einer Armee im klassischem Sinn mit der man sich im Krieg befindet oder befand, sondern als Verbrecher an der Idee der Revolution. Das heißt, eigentlich nicht „als die da“, sondern als „wir“. Das ist ein merkwürdiger Widerspruch.

Ferner kommt der Widerspruch, der schon auf Lenin zurückzuführenden Einteilung des Strafrechts oder überhaupt des Sinns von Strafrecht zwischen Freund und Feind. Wobei gesagt wird, das Strafrecht als Mittel zur Bekämpfung der Konterrevolution ist natürlich von völlig anderer Natur als das Strafrecht als Mittel zur Anpassung sozial nicht integrierter Personen oder noch nicht sozial integrierter Personen im allgemeinen.

Man hat selbstverständlich das Feindstrafrecht gegen die deutschen Kriegsgefangenen angewandt, daß heißt, es ging überhaupt nicht darum, Morde, Räubereien, Sachbeschädigungen und so weiter zu verfolgen. Wenn das überhaupt geschehen ist. Eine solche Subsumtion von Straftaten Deutscher, die sie als Soldaten begangen haben, dann war das doch allenfalls eine verschwindende Ausnahme. Verurteilt worden ist also nach dem Feindstrafrecht, wobei der Feind nicht der ausländische Feind ist, sondern der Feind der Konterrevolutionär. Auch wieder als ob darin ein Stück Verrat stecke. Nun muß man sich vorstellen, daß dieses Strafrecht nicht zum Zwecke hat, Gerechtigkeit herauszustellen. Dieses Feindstrafrecht ist schon von seiner Konzeption her irgendein Ausgleich für Schuld, schon gar nicht die Umerziehung zu einem wertvolleren Mitglied der Gesellschaft, sondern es war ein Mittel des Kampfes — eine Fortsetzung des Krieges mit anderen Mitteln.

So ist es von der ideologischen Grundlage hergesehen. Ich möchte nicht sagen, daß das unbedingt im Vordergrund der praktischen Ziele gestanden hätte. Aber es war die Basis für die Anwendung solcher Tatbestände. Auch für das Phänomen des Angriffskrieges.

Und außerdem hat Professor Maurach vor allem von Anfang an darauf hingewiesen, daß die Basis all dieser Prozesse ja eigentlich nicht die Aufarbeitung von Auswüchsen, das heißt, von Verbrechen im Rahmen eines an sich hergebrachten Krieges sei, sondern die rechtliche Basis der Fortsetzung von Kämpfen im Rahmen eines als Weltbürgerkrieg aufgefaßten Auseinandersetzung. Als einer totalen Auseinandersetzung ohne rechtliche Kategorien.

Wenn man sich das vor Augen führt, heißt das, es ging gar nicht um die Verwirklichung von Recht mit rechtlichen Mitteln. Warum wurde also überhaupt das Strafrecht bemüht. Warum wurde überhaupt in geradezu gespenstischer Art und Weise akribisch Akten geführt nach Formblättern. Warum wurde versucht die Gefangenen einzuteilen nach den Ziffern des Artikels 58 oder 59 oder sonst was. Die anderen nach anderen Ziffern. Es sind ja formblattmäßig geradezu bestimmte Kategorien gebildet worden mit einer Zuteilung, bei der es auf den Einzelfall gar nicht so sehr ankam und auf der anderen Seite sollte das ja auch gar nicht Recht sein. Hat man denn dieses Mantels einer so offensichtlichen Scheinverrechtlichung überhaupt bedurft?

Nun möchte ich auf den zweiten Punkt kommen. Die gleiche Frage stellt sich nämlich keineswegs nur bei den deutschen Kriegsgefangenen, sondern auch bei der Bekämpfung der sogenannten inneren Konterrevolution. Und es geht noch viel weiter. Es geht bis in die in Dissidenten-Verfolgungen der sechziger und siebziger Jahre. Und es geht teilweise bis in die Praxis des Strafprozesses hier und heute nach Perestroika und nach Jelzin. Damit meine ich, worin besteht eigentlich der Unterschied in dem Leiden verurteilter deutscher Kriegsgefangener und den Leiden der Sowjetmenschen?

Es geht hier um Schicksale. Das heißt soviel Schicksal, daß man sich fragt, was ist der Unterschied zwischen einem Vulkanausbruch und dem, was deutsche Kriegsgefangene oder auch Sowjetbürger erlitten haben. Es geht soweit, daß man bis heute in Rußland und nicht nur in Rußland, auf die drüben, als die, die aus dem Gulag stammen, hinschaut als die Armen und nicht wie auf Straftäter. Sie hat dieses Schicksal erreicht. Und das sind ja weiß Gott wahnsinnig viele. Ein ganz erheblicher Prozentsatz der gesamten Bevölkerung.

Manche nehmen für sich in Anspruch, an den Augen ablesen zu können, wer dort war. Und wer die heutigen Verhältnisse, auch in den sogenannten Arbeitsbesserungskolonien oder an sonstigen Orten zum Vollzug der Freiheitsstrafe kennt, insbesondere auch die Untersuchungshaftanstalten in Rußland und überhaupt in der früheren Sowjetunion, dem werden die Berichte von Kriegsgefangenen gar nicht so unbekannt vorkommen. Da steckt soviel Wirklichkeit noch heute drin, daß man die Situation darin sofort wiedererkennt und den Geschmack auf der Zunge hat.

Zwischenfrage:

Sie haben mit dem Begriff der Scheinverrechtlichung, den ich sehr treffend finde, deutlich gemacht, wie Sie das betrachten. Nun haben wir es ja mit einer Realität von Prozeßergebnissen zu tun, wenn diese auch scheinrechtlich zustande gekommen sind. Haben Sie denn aus Ihren eindrucksvollen Darlegungen auch einen Hinweis, einen Leitfaden dafür, wie man dem am besten entgegentreten kann, oder sollte man von dem Scheinrecht ausgehen, darauf mehr oder weniger verzichten? Und sich mit Generalklauseln oder Erklärungen politischen Gewichts begnügen. Was da in die Welt gekommen ist als Schicksal begreifen?

Prof. Fincke

Auf der einen Seite sind wir nun einmal Deutsche, und wenn wir hier Aussagen machen, dann nicht nur als Juristen, sondern auch als Vertreter einer gewachsenen

Rechtskultur und deswegen kann sich eine solche Forderung unterscheiden von einer innerrussischen Forderung zur Rehabilitierung von Opfern der sogenannten Repression. Ich meine, daß wir immer auch vielleicht unbewußt ein erzieherisches Ziel haben. Wenn wir jetzt Aktionen fordern, dann doch unterschwellig auch mit dem Anspruch, es soll mal Rechtsstaat vorgeführt werden. Es soll sozusagen den Kollegen drüben etwas beigebracht werden.

Ich glaube, wenn man sich dieses Elementes bewußt wird, kann man eher sagen, was soll's? Das ist doch nicht in diesem Moment, in diesem Zusammenhang unsere Aufgabe. Die Rehabilitierung hat ja angefangen mit einer massenweisen Aufarbeitung in der zweiten Hälfte der fünfziger Jahre durch das sogenannte Aufsichtsverfahren. Das heißt, die Revision rechtskräftiger Strafurteile wurde zu einer Massenerscheinung in dem auch bei den Gerichten des mittleren Levels Gerichtspräsidien eingerichtet worden sind, die nun rechtskräftige Urteile revidieren sollten und das auch massenweise getan haben.

Das hat die Deutschen nicht erfaßt. Die waren von vornherein nicht berücksichtigt. Und nun scheint bei der neuen Rehabilitierungswelle, die mit dem Gesetz 1991 angefangen hat, doch in erster Linie die Rede wieder von den Organen die Rede zu sein, die nicht primär die Deutschen verurteilt haben. Es geht um die Komitees oder die Trojka, keineswegs etwa allein um die Militärtribunale. Und auch hier vermisse ich als westlicher Jurist den Anlaß zur Strafverfolgung der Täter von einst, also der damaligen Juristen, die ja als Richter, oder als Untersuchungsführer usw.

Das ist vorgesehen im Gesetz von 1991, aber das hätte gar nicht reingeschrieben werden müssen, weil es selbstverständlich ist. In der Strafgesetzordnung steht, daß alle Straftäter verfolgt werden müssen, natürlich auch die. Das ist eine deutsche Reaktion, das heißt, eine westliche Reaktion.

Der Ruf nach Rehabilitierung ist, finde ich, typisch russisch. Ich kenne einen Fall, daß einer, dem die Rehabilitierung verweigert worden ist, Selbstmord begangen hat. Das war in Georgien. Es gibt andere Fälle, die jetzt immer mehr anhängig werden, bei denen die Rehabilitierung verweigert worden ist, ohne jeden materiellen Anspruch auf Entschädigung. Einfach nur Aufhebung des Urteils. Selbst dann, wenn jedermann weiß und in allen Medien publiziert wird, wie solche Urteile zustande gekommen sind, gibt es so belastende Wirkungen, daß für Sowjetbürger die Rehabilitierung geradezu existentielle Bedeutung hat.

Nun fällt es mir natürlich ungeheuer schwer, und es ist auch überhaupt nicht meine Aufgabe als Jurist, Gefühle der verurteilten deutschen Kriegsgefangenen zu analysieren. Ich meine, daß es ist nicht unserer Rechtskultur entspricht, ein Verfahren zu eskalieren, das kein bestimmtes manifestes Ziel hat wie etwa das der Entschädigung oder umgekehrt der Bestrafung der an der Verurteilung beteiligten Amtspersonen. Also Gerechtigkeit wird nach unserem Verständnis dadurch hergestellt, daß Straftäter verurteilt werden und das wären also die an den Prozessen Beteiligten oder daß ein Opfer, soweit das eben möglich ist, wenigstens einen materiellen Ausgleich erhält.

Ich meine, daß der Strafprozeß zum Zwecke der Rehabilitierung des moralischen Verlusts, den ein unschuldig Verurteilter erlitten hat, nicht unserer Rechtstradition entspricht. Da könnte man natürlich viel darüber sagen, aber es würde in russischen Ohren ganz sicher auf viel Verständnis stoßen, weil das der eigenen Gefühlslage entspricht.

Wenn die Forderung stärker erhoben würde, doch auch uns in die Rehabilitierungsbemühungen einzuschließen, die im Moment laufen, möchte ich davor warnen. Rußland hat im Moment jedenfalls andere Sorgen, was die Überlastung der Gerichte angeht mit dem Aufsichtsverfahren, das heißt, der einzelnen aufsichtlichen Überprüfung von Einzelurteilen ist das natürlich wegen der ungeheueren Masse gar nicht in absehbarer Zeit zu bewältigen. Es würde Kräfte binden, Kräfte die übrigens auch juristisch noch gar nicht so gut ausgebildet sind. Ich halte das ganz einfach nicht für praktikabel.

Ehrhardt Imelmann:

Ich danke Herrn Professor Fincke für seine außerordentlich aufschlußreichen Ausführungen (Beifall).

Und nun übergebe ich das Wort an unseren Gast aus Moskau, Herrn Nikita Petrov, Leiter des Forschungsprojektes „Die deutschen Kriegsgefangenen in den stalinistischen Lagern während der Jahre 1941—1956“ des wissenschaftlichen Zentrums MEMORIAL. Herr Petrov wird die Theorie der Prozesse gegen die Kriegsgefangenen nicht umfassend behandeln, sondern im wesentlichen eine Fallstudie vortragen: „Die deutschen Generäle vor Stalins Gerichten“. Hier handelt es sich um Zahlen und Fakten einer überschaubaren Gruppe, darüberhinaus aber auch um Zahlen aus den einzelnen Bereichen. Der Bericht über die Generäle bedeutet nicht, daß die anderen Soldaten nicht bearbeitet würden. Hier ist aber besonders deutlich, wie willkürlich die Verfahrensweise war: Nicht vorrangig die persönliche Schuld aus sowjetischer Sicht sollte — wie es heißt — nach einem Grundsatzbefehl Berija's für die Verurteilung entscheidend sein, sondern die Einstellung zum Kommunismus und zur Sowjetunion. Deutlicher läßt sich die Willkürjustiz Stalins nicht zeigen.

5. Auftrag und Aufgaben der NKWD-Bevollmächtigten

Nikita Petrov

Gegen Ende des II. Weltkrieges stieg die Anzahl von Soldaten und Offizieren deutscher Armeen, die gefangengenommen wurden. Es waren Tausende und Abertausende. Allein in der Zeit vom 1.1.1944 bis 1.1.1945 gerieten 745 585 Soldaten und Offiziere der Armeen, die gegen die UdSSR kämpften, in sowjetische Gefangenschaft. Viele von ihnen wurden von der Stalin-Regierung in Lagern und Gefängnissen bis 1955/56 gefangengehalten. Viele Generäle und Offiziere wurden verurteilt. Sogar jetzt wagt keiner in Rußland eindeutig zu sagen, ob diese Urteile begründet waren, ob die Gerichtsverhandlungen gegen Deutsche gerecht und unvoreingenommen waren. Die Stereotypen der Vergangenheit sind noch stark. Wir wollen aber versuchen festzustellen, aus welchen Gründen deutsche Generäle und Offiziere 10 bis 12 Jahre in sowjetischer Gefangenschaft verbringen mußten.

Nachdem die sowjetischen Truppen die eigenen Grenzen überschritten hatten, erhielt das Problem der Kriegsgefangenschaft einen anderen Charakter im Kontext der Stalin-Bestrafungspolitik. Die Bevölkerung der Länder, die von der Roten Armee besetzt wurden, erfuhr Repressalien, die nicht nur die betraf, die gegen die UdSSR kämpften, sondern auch viele Menschen verschiedenen Alters und Bevölkerungsschichten, die damals nicht in der Armee waren. Sie sowie auch die Kriegsgefangenen wurden festgenommen und interniert.

Das war der Beginn einer Operation breiten Ausmaßes, die mit dem Befehl des NKWD Nr. 0015 vom 11.1.1945, unterschrieben von Berija, eingeleitet wurde. Dieser Befehl bestimmte die NKWD-Bevollmächtigten für die folgenden Fronten der Roten Armee:

1. Baltische Front:	Tkatschenko
2. Baltische Front:	Kubatkin
1. Belorussische Front:	Serov
2. Belorussische Front:	Zanava
3. Belorussische Front:	Abakumov
1. Ukrainische Front:	Meschik
4. Ukrainische Front:	Selivanovskij

Die Bevollmächtigten hatten die Aufgabe, ,,das Hinterland der kämpfenden Roten Armee vor feindlichen Elementen zu sichern" und im Zuge der Vorwärtsbewegungen der Roten Armee, ,,die notwendigen NKWD-Maßnahmen durchzuführen, die zur Feststellung und Verhaftung von Spionage- und Subversivagenten der deutschen Spionageorgane führen sowie die Feststellung und Verhaftung von Terroristen, Mitgliedern verschiedener feindlicher Organisationen und Banditen, unabhängig von deren Nationalitäten und Staatsangehörigkeiten". Jedem Bevollmächtigten standen 150 ,,erfahrene Tschekisten" zur Verfügung.

Stellvertreter der Bevollmächtigten waren die Leiter der Kontraagentur ,,SMERSCH" (Tod den Spionen) und die Befehlshaber der NKWD-Einheiten zur Sicherung des Hinterlandes der entsprechenden Fronten. Außerdem unterstanden den Bevollmächtigten zusätzliche Einheiten der Grenztruppen und der Armee des Innenministeriums

Der gleiche Befehl schrieb vor, ,,zusätzliche Lager zur Aufnahme feindlicher Elemente zur Verfügung zu stellen". Dadurch wird das Ausmaß der bevorstehenden Operationen deutlich.

Bald darauf erschien der NKWD-Befehl Nr. 0061 vom 6.2.1945, der aufgrund der Verfügung des Staatlichen Verteidigungskomitees 7467 c vom 3.2.1945, die Aufgaben der Bevollmächtigten präzisierte.

Alle Männer deutscher Nationalität bis zu einem Alter von 70 Jahren, die waffen- und arbeitstauglich waren, mußten eingezogen werden. Dazu wurden Sammelpunkte geschaffen. Der Mobilisierungsbefehl wurde bekanntgegeben. Über die Meldungen wurde Buch geführt, und es wurde kontrolliert. Deutsche, die in der Armee oder im Volkssturm gedient hatten, wurden in die Kontroll- und Filtrationslager geschickt. Die übrigen wurden in die Arbeitsbataillone unter Bewachung eingezogen. Diejenigen, die sich der Mobilisierung entzogen, sollten vor ein Militärtribunal gestellt werden. Harte Strafen sollten gegen die Personen angewandt werden, bis zur Vernichtung am Tatort, die wegen Terror- und Subversivakten überführt wurden.

Mit dem NKWD-Befehl Nr. 00315 vom 18.4.1945 wurde schließlich der Personenkreis festgelegt, der auf dem von der Roten Armee besetzten Territorium festzunehmen war. Außer den erwähnten ,,Spionen und Diversanten" gehörten dazu:

— aktive NSDAP-Mitglieder
— Gau-, Stadt- und Kreisleiter der faschistischen Jugendorganisationen
— Gestapo, SD-Mitarbeiter sowie Mitarbeiter anderer Straforgane
— Gau-, Stadt- und Kreisleiter der Behörden sowie Redakteure der Zeitungen und Zeitschriften und Autoren antisowjetischer Publikationen
— kommandierende und politische Offiziere sowie Soldaten der feindlichen Armee und der militärischen Organisationen ,,Volkssturm", ,,SS" und ,,SA" sowie das Personal von Gefängnissen, Konzentrationslagern, Militärkommandanturen, der Militärstaatsanwaltschaft und der Gerichte.

Die Festgenommenen wurden in die NKWD-Lager geschickt. Im Unterschied zu den früheren Befehlen schrieb dieser Befehl vor, ,,die Verschickung von Personen in die UdSSR zu stoppen, die im Zuge der Säuberung des Hinterlandes der agierenden Roten Armee festgenommen wurden". Dagegen wurde aber beschlossen, daß der ,,Abtransport in die UdSSR von einigen Festgenommenen, die ein operatives Interesse darstellten", mit NKWD-Genehmigung möglich sei. Zur Aufnahme der Festgenommenen wurde den NKWD-Bevollmächtigten an den Fronten vorgeschrieben, eine notwendige Anzahl von Gefängnissen und Lagern zu organisieren. Dieser Befehl war eigentlich der Anfang für die Gründung von speziellen NKWD-Lagern in Ost-Deutschland. Sie wurden erst 1950 abgeschafft.

Die o.a. NKWD-Befehle Nr. 0015, 0061 und 00315 bedeuten in der Praxis, daß sogar Offiziere und Generäle, die pensioniert waren, nicht damit rechnen konnten, daß sie in Ruhe gelassen und daß sie nicht in ein Lager gebracht werden. Das Ergebnis der Ausführung dieser Befehle wurde festgehalten in dem „Bericht über die Säuberung des Hinterlandes der Fronten von feindlichen Elementen und Anzahl der Kriegsgefangenen" (2).

Die Bilanz dieses Berichts weist aus, daß insgesamt auf allen Fronten 422 449 Personen verhaftet wurden. Darunter waren 122 392 Kriegsgefangene und 66 109 Landesverräter, Soldaten der russischen Befreiungsarmee (Wlassow) und Kollaborateure. Der Bericht enthält auch Angaben über die Verhaftung von Russen, Polen, Tschechen und und anderen, mit einer ausführlichen Beschreibung der Kategorien der Verhafteten. Für viele deutsche Generäle war das der Anfang ihres Weges in die Gefangenschaft. Besonders betroffen waren die Generäle , die bis zum Mai 1945 schon im Ruhestand waren und das Unglück hatten, in der Ostzone zu leben. Trotz ihres hohen Alters wurden sie auch in den Kriegsgefangenenlagern eingesperrt.

1945 herrschte in den NKWD-Lagern Hochbetrieb. Tausende mußten überprüft und „umgedreht" werden. Der Volkskommissar für Inneres, Kruglov, erhielt regelmäßig Angaben über die Überprüfung von Inhaftierten. Dazu folgendes Beispiel (3):

„Bericht über die Filtration von inhaftierten Deutschen, Stand 10. Juni 1945".

Insgesamt in Lagern (GUPWI, GULAG und andere): 101 778. Davon überprüft lt. Anordnung: 15 490. Davon wiederum verblieben in Internierungslagern: 5 024. Die anderen wurden entweder in Kriegsgefangenenlager verlegt oder zur Mobilisierung in die Arbeitsbataillone überstellt oder entlassen und zum Wohnort verschickt. Einen Monat später, in dem Bericht vom 10.7.1945, wird die Anzahl der Inhaftierten mit 84 768 angegeben (4).

Im Laufe der Zeit wird die Zahl der verhafteten und überprüften Personen zwar kleiner, aber nichtsdestoweniger sind die NKWD-Lager in der Sowjetzone, gegründet laut Befehl 00315 vom 18.4.1945, auch 1947 voll und in Betrieb. Am 9.11.1947 berichtete der KGB-Minister Abakumov Stalin und dem ZK-Sekretär Kuznezov, daß in den speziellen Lagern in Deutschland 60 580 Deutsche inhaftiert waren, die auf eine vereinfachte Weise verhaftet worden waren und schlägt vor, bis zu 20 000 davon zu entlassen, weil es für die keine Anhaltspunkte über eine verbrecherische Tätigkeit gibt sowie Greise, Frauen mit Kindern, Halbwüchsige, Invaliden und Schwerkranke.

In der Zwischenzeit füllen sich die Kriegsgefangenenlager in der UdSSR. Im Juni 1946 unterrichtete Innenminister Kruglov Stalin, Berija und Molotov davon, daß es in den Lagern des Innenministeriums, in Lazaretten und Arbeitskommandos 1 579 729 Kriegsgefangene deutscher und anderer Natioanlitäten gab. Darunter waren 353 Generäle, 6 470 leitende Offiziere und 77 706 Unteroffiziere. 1 190 662 werden zu Arbeiten, inklusive zu Arbeiten in den Lagern, eingesetzt. Die übrigen haben ihre Arbeitsfähigkeit verloren, „für immer oder für längere Zeit". „Es gibt

150 000 Personen, bei denen die Wiederherstellung der Arbeitskraft eine beträchtliche Zeit in Anspruch nehmen und viele Unkosten verursachen wird". In diesem Zusammenhang hält es Kruglov für zweckmäßig, alle langfristig arbeitsunfähigen Kriegsgefangenen deutscher und westlicher Nationalitäten — Unteroffiziere und Soldaten sowie Dienstgrade bis zum Hauptmann — in die Heimat zurückzuschicken, insgesamt bis zu 150 000 Personen. Dies würde ermöglichen, laut Kruglov, die Ernährungsnormen für die restlichen Kriegsgefangenen um 15 % zu erhöhen.

Neben den Problemen der Arbeitsunfähigkeit war Kruglov auch über die hohe Sterblichkeitsrate bei den deutschen Kriegsgefangenen beunruhigt. Allein in der Zeit vom 1.5.1946 bis zum 1.6.1946, d.h. in einem Monat, sind 4 390 Deutsche gestorben. Kruglov hoffte, daß dieser Wert durch die Entlassung in die Heimat sinken würde.

Generäle und leitende Offiziere sollten aber weiter festgehalten werden. Ihre Entlassung war für die Jahre 1948/49 vorgesehen. Zu diesem Zeitpunkt war ein Teil der Generäle schon verurteilt. Sie wurden schuldiggesprochen nach dem Erlaß des Obersten Sowjet vom 19.4.1943 „Über die Strafen für die deutsch-faschistischen Bestien" Die Gerichtsprozesse gegen die deutschen Kriegsgefangenen wurden vorbereitet aufgrund der Materialien der „Außerordentlichen Untersuchungskommission zur Feststellung und Untersuchung von Greueltaten der deutsch-faschistischen Besatzer und deren Mittäter", die schon am 2.11.1942 gegründet wurde. Viele der Prozesse gegen die Deutschen fanden 1946/47 statt. Es waren Schauprozesse, und sie wurden unter großem Menschenauflauf durchgeführt. Auch die Presse berichtete darüber. In der Regel inszenierten die Gerichte und Militärtribunale Gruppenprozesse, bei denen außer den deutschen Angeklagten auch russische Kollaborateure vertreten waren, d.h. die Helfershelfer der Besatzer. Bei diesen Prozessen wurden Todesurteile ausgesprochen, die später auf öffentlichen Plätzen und unter Anwesenheit vieler Menschen durch den Strang vollzogen wurden. Die Welle der Prozesse ebbte 1948 ab. Die Mehrheit der deutschen Generäle war zu diesem Zeitpunkt in den Kriegsgefangenenlagern. Nur ein kleiner Teil verblieb in den KGB-Gefängnissen, wo gegen sie Untersuchungen durchgeführt wurden. Man kann davon ausgehen, daß die Sowjetregierung 1948 zu der Schlußfolgerung kam, die Verurteilung deutscher Generäle und Offiziere sei ein gesetzlicher Grund zur Verhinderung ihrer Rückkehr in die Heimat. Besonders aktuell wäre das in bezug auf Personen, die gegen die UdSSR illoyal oder gar feindlich gestimmt waren.

Quellennachweis:

(1): Militärhistorische Zeitschrift Nr. 9, 1990, S. 40
(2): Staat. Archiv der Russ. Föderation, Fond 3401 c, Block 1, Einh. 2226, S. 113-121
(3): Ebenda, F. 9401 c, Block 1, Einh. 2226, S. 112
(4): Fond 9401 c, Bl. 1, Einh. 2226, S. 169
(5): Zentrales Operatives Archiv des Ministeriums für die Staatssicherheit der Russ. Föderation, Fond 40 c, Bl. 22, S. 17
(6): Archiv der Russ. Föd., Fond 9401 c, Bl. 2, Einh. 137, S. 310-313
(7): Archiv der Russ. Föd., Fond 9401 c, Bl. 2, Einh. 137, S. 372-377.

6. Schlußworte

Ehrhardt Imelmann:

Ich danke Herrn Petrov für seine Ausführungen, aus denen wir gesehen haben, daß wir es keinesfalls mit einer klaren Situation auf seiten Rußlands und der anderen GUS-Staaten zu tun haben, sondern daß man dort noch sehr intensiv damit beschäftigt ist, zum Teil erst gerade beginnend, das große Feld dieses Geschehens aufzuarbeiten; und zwar sowohl auf die eigenen betroffenen Menschen, die Landsleute, wie auch auf die Betroffenen, wie es die deutschen Kriegsgefangenen seinerzeit waren.

Es ist deutlich, daß der Veranstalter sehr gut beraten war, Sie an diesen Tisch zu bitten, denn Sie haben die Dringlichkeit der Probleme aus diesem Raum in die russische Wirklichkeit der Gegenwart gestellt und deutlich gemacht, daß es sich nicht um isolierte Fragen, sondern um die Grundlagen rechtlichen Denkens in der früheren Sowjetunion heute handelt.

Erlauben Sie, daß wir den Bogen zurück zum Anfang schlagen und zu den vielleicht etwas nüchtern anmutenden Fragen kommen, wie man aus der Sicht des Rechts die Position des unrechtmäßig Behandelten anpacken kann.

Und ich möchte Herrn Professor Schroeder bitten, dort einzusteigen und dann zugleich das Schlußwort für diese Gesprächsrunde zu übernehmen. Ich danke Ihnen.

Friedrich-Christian Schroeder

Ich hatte selber in meinem Einführungsbeitrag darauf hingewiesen, daß sich das strafprozessuale Schicksal der Kriegsgefangenen wenig von dem der Sowjetbürger unterscheidet. Aber in den Ausführungen von Herrn Fincke war mir das doch etwas zu sehr in eine allgemeine Schicksalsmetaphysik eingebettet. Und ich meine auch, der Vergleich mit dem Vulkanausbruch ist eindrucksvoll, aber doch etwas suggestiv, denn wir sagen ja auch normalerweise von einem Verbrecher nicht, der ist halt ausgebrochen wie ein Vulkan und da kann man genauso wenig machen. Sondern wir legen an Menschen andere Maßstäbe an als an Vulkane. Und deswegen meine ich: nach der interessanten rechtssoziologischen und philosophischen Durchdringung der Materie, die Sie geboten haben, müssen wir nun doch dazu zurückkommen, daß wir die Dinge in ihrer ganzen Unrechtmäßigkeit beim Namen nennen. Und es ist auch ein anerkannter Grundsatz, daß Staaten sich für das Unrecht, das sie Angehörigen fremder Völker zugefügt haben, in stärkerem Maße verantwortlich fühlen, als für das, das sie ihren eigenen Staatsangehörigen zugefügt haben. Das zeigt sich ja auch bei der Auseinandersetzung um das Dritte Reich sehr deutlich. Also wir müssen dazu zurückkommen, und es führt meines Erachtens kein Weg daran vorbei, diese Dinge als schweres Unrecht anzusehen.

Herr Fincke hat die interessante Frage aufgeworfen, warum man eigentlich überhaupt den Mantel des Rechts gesucht hat. Und vielleicht klang dabei auch so ein bißchen an, daß es eigentlich geradezu rührend von den Russen war und eine gewisse Anerkennung des Rechts, daß sie immerhin den Weg des Rechts gesucht haben, so daß wir darin eine Verständigungsbasis haben. Beide erkannten wir das Recht an. Aber man muß dabei berücksichtigen, daß dem eine völlige Umformung der Auffassung vom Recht zugrunde lag, die von Stalin vollzogen war. Es herrschte ja in der Sowjetunion nach der Revolution lange Zeit die Vorstellung vor, das Recht sei überhaupt etwas Bourgeoises und man könne es dort gar nicht gebrauchen. Das Recht müsse absterben. Und dann hat Stalin die Wende vollzogen und gesagt: Wir brauchen das Recht, aber als Waffe. Das war Stalins Schlachtruf: das Recht als Waffe. Eine ungeheuere Pervertierung der Rechtsidee. Nicht das Recht als ausgleichs- und friedensstiftendes Moment, wie wir es sehen, sondern das Recht als Waffe. Und interessanterweise sind die Rechtsphilosophen, die nach der Revolution gesagt hatten, das Recht müsse jetzt absterben, weil es ein Herrschaftsinstrument sei, verurteilt worden, zum Tode verurteilt worden wegen Sabotage, weil sie dem Sowjetstaat diese Waffe des Rechts aus der Hand geschlagen hätten. Dieser Erziehungsprozeß hatte, als die Kriegsverbrecherprozesse stattfanden, schon zwanzig Jahre lang in den Hirnen gearbeitet. Die Richter und der ganze Rechtsstab sahen das Recht als Waffe an, von dem man in dieser Form Gebrauch machen konnte, und das ist meines Erachtens eine Perversion des Rechts von historischem Ausmaß, die hier festgestellt werden muß und an der es nichts zu deuteln gibt.

Sehr zu Recht hat Herr Fincke Skepsis an der ganzen Problematik der Rehabilitierung vorgebracht. In der Tat ist der Ausdruck Rehabilitierung ausgerechnet von Stalin erfunden worden, weil er periodenweise immer wieder Reuebekenntnisse ablegte und erklärte: beim nächsten Mal machen wir es besser. Aber nach wenigen Jahren war das vergessen, und es setzten die alten Grausamkeiten wieder ein. So hatte Stalin dann auch Ende der dreißiger Jahre den Begriff der Rehabilitierung eingeführt, um seine eigenen Untaten wieder in etwas milderem Licht erscheinen zu lassen. Mich stört an dem Begriff der Rehabilitierung vor allen Dingen, daß er eine Kontinuität zu dem Vorgänger herstellt. Man „rehabilitiert" in einem Rechtssystem, wo einmal etwas schiefgelaufen ist, wo einmal ein Urteil schiefgegangen ist. Aber ich verlange nicht eine Rehabilitierung von dem Nachfolger eines Systems, der mit seinem Vorgänger geistig und ideologisch nichts gemein hat. Der Gedanke der Rehabilitierung zielt eigentlich darauf, den Vorgänger auf die Ebene der Gleichberechtigung hochzuheben und zu sagen: Eigentlich war das Rechtssystem nur etwas schiefgelaufen; das kann jetzt wieder beseitigt werden. Man stelle sich nur einmal vor, die Nachkommen der Geschwister Scholl würden einen Antrag auf Rehabilitierung stellen. Das ist eine absurde Vorstellung. So ein Urteil hängt man sich als Ehrenurkunde an die Wand, und wenn Sie sich vorstellen, daß Sie es eigentlich bei einer Rehabilitierung wieder abliefern müßten — es wird dann eingezogen als nicht geschehen —, dann würden Sie sicher sagen: Dann behalte ich doch lieber dieses Urteil, als eine Art Ehrenbrief. Das ist aber sicher ein psychologisch ungeheuer schwieriges Feld. Wir haben genau die gleiche Problematik jetzt bei dem SED-Unrecht, wo auch die Betroffenen ein großes Gewicht darauflegen, eine Rehabilitierung zu erlangen. Ich habe mit vielen Betroffenen gesprochen, die sagen: Meine

Enkel sollen einmal wissen, daß ich unschuldig war. Meines Erachtens ist dieses Wissen den Enkeln zu vermitteln nicht Aufgabe der Justiz, sondern Aufgabe der Geschichtsforschung und Aufgabe eines solchen Symposiums, wie wir es heute hier abhalten.

IV. Die sowjetische Verurteilungspraxis

Nach Kriegsende standen die sowjetischen Sieger unter dem Eindruck der großen Opfer, die Volk und Armee für diesen Sieg gebracht hatten. Die Greueltaten der faschistischen Aggressoren sollten bestraft werden. Das war die gemeinsame Überzeugung der Alliierten im Krieg gegen Hitler. Und das entsprach auch den abgeschlossenen Verträgen untereinander.

Typisch für diese Grundeinstellung ist der folgende Auszug einer Publikation von Prof. B. S. Utevski aus dem Allunionsinstitut für Juristische Wissenschaften des Justizministeriums der UdSSR (1946):

Gerichtsprozesse über die Greueltaten der deutsch-faschistischen Besatzer auf dem Territorium der UdSSR und der Nürnberger Prozesse.

Der 2. Weltkrieg, der kaltblütig und planmäßig von dem Hitler-Deutschland vorbereitet und entfesselt wurde, war ein ungewöhnlicher Krieg. Er war ungewöhnlich seinem blutigen Charakter nach, den ihm Deutschland verliehen hatte, der Anzahl der Menschenopfer nach und den Nöten nach für die ganze Menschheit, deren Schuld mit aller Last das faschistische Deutschland zu tragen hat.

Dieser Krieg war aber ein ungewöhnlicher Krieg ausgehend von den verbrecherischen Aufgaben, die Deutschland im Zuge der Ausarbeitung von Kriegsplänen sich gestellt hatte, ausgehend von den verbrecherischen Methoden der Kriegsführung, die von der Hitlerregierung sorgfältig überlegt und vorbereitet wurden, sowie von dem Oberkommando der deutschen Armee und von den zahlreichen Hitlerorganisationen.

Das Benehmen der Hitler-Besatzer auf dem provisorisch besetzten Territorium war äußerst verbrecherisch vom ersten bis zum letzten Tag. Im November 1941 hat Genosse Stalin vor der ganzen Welt die schweren Verbrechen enthüllt, die von den Hitler-Armeen auf dem provisorisch besetzten sowjetischen Territorium begangen wurden. „Die deutsch-faschistischen Besatzer plündern unser Land, sie zerstören die durch die Arbeit von Arbeitern, Bauern und der Intelligenz gebauten Städte und Dörfer. Die Hitler-Horden morden und vergewaltigen die friedlichen Bürger unseres Landes, ohne Gnade für Frauen, Kinder und Greise. Unsere Brüder in den von den Deutschen besetzten Regionen unseres Landes stöhnen unter dem Joch der deutschen Besatzer."

Eine Charakteristik der Aufgaben, die sich während des Krieges die Hitler-Regierung und die deutsche Armee gestellt hatten, gab in seiner Note v. 6. Januar 1942 der Volkskommissar des Auswärtigen, Genosse V.M. Molotow: „Die Hitler-Armee führt keinen gewöhnlichen Krieg, sondern einen Raubkrieg, der zum Ziel die Vernichtung von allen friedliebenden Völker hat, die der verbrecherischen Bestrebung der deutschen Faschisten zur Herrschaft über den anderen Völkern und zur Weltherrschaft im Wege stehen."

Schreckliche Greueltaten, die von der Hitler-Armee in allen von ihr provisorisch besetzten Gebieten verübt wurden, riefen Empörung der ganzen friedliebenden Menschheit hervor. Das elementäre Gerechtigkeitsgefühl forderte die Heranziehung der Bösewichte zur Verantwortung für ihre Verbrechen.

In seiner Rede am 6. Nov. 1942 sagte Genosse Stalin, indem er von den Schuldigen an Greueltaten in den besetzten Gebieten sprach, „Diese Henker müssen wissen, daß sie sich der Verantwortung für ihre Verbrechen nicht entziehen können und daß sie der strafenden Hand dieser geknechteten Völker nicht entgehen werden."

Aus den russischen Akten geht hervor, daß im Jahre 1945/46 200 und 1947 717 Prozesse stattfanden. Bis April 1948 wurden nach sowjetischen Erhebungen 1 112 Deutsche als „Kriegsverbrecher" verurteilt.

Darunter waren auch Kriegsgefangene. Wieviele, wissen wir nicht. Das muß erst noch ermittelt werden. Und dazu brauchen wir die Moskauer Akten. Wir wissen aus den vorliegenden Beispielen, daß die Verfahren nicht nach rechtsstaatlichen Grundsätzen durchgeführt wurden.

1. Katyn und die Folgen

Eine besondere Rolle in den sowjetischen Schauprozessen der ersten Zeit nach dem Kriege spielte Katyn. Stalin wollte unbedingt die Anklage gegen Deutschland durch Verurteilungen in der Sowjetunion stützen. So fanden zahlreiche Prozesse im Bereiche Minsk-Katyn statt, in denen deutsche Kriegsgefangene wegen Verbrechen an kriegsgefangenen Rotarmisten oder Polen und Zivilisten zum Tode oder zu langjährigen Freiheitsstrafen verurteilt wurden. Nicht immer wurde Katyn ausdrücklich erwähnt; aber jeder wußte, worum es ging.

Bengt von zur Mühlen, der mit seiner Einführung zum Film „Katyn — die Geschichte einer Lüge" an dem Symposium am 23. April 1993 mitwirkte, hat zahlreiche Fakten und Dokumente zusammengetragen. Wir bringen seine Einführung zum Film und eine Zusammenstellung der wichtigsten Prozesse.

Katyn — Die Geschichte einer Lüge

Als vor 50 Jahren am 13. April 1943 Radio Berlin eine Meldung über die Entdeckung der Massengräber polnischer Offiziere im Wald von Katyn veröffentlichte, ist das für die Weltöffentlichkeit ein Schock, denn man klagt die Sowjetunion an, 15 000 Menschen ermordet zu haben.

Für Joseph Goebbels ist „Katyn" eine propagandistische Bombe von unschätzbarem Wert. Er schickt die toten polnischen Soldaten für das nationalsozialistische Deutschland an die Front.

Es beginnt eine Propagandaschlacht zwischen Berlin, Moskau und London, denn die Alliierten Stalins halten bis zum Beginn des Kalten Krieges an der sowjetischen Version von der deutschen Schuld fest.

Die Dokumentation schildert weniger den Hergang des Verbrechens, sondern vielmehr die 50 Jahre währende dramatische Auseinandersetzung um die Wahrheit über Katyn. 50 Jahre hält die Sowjetunion an der Lüge fest, im April 1990 gibt Gorbatschow die Verantwortung zu. Die ganze Wahrheit wird erst 1992 im Geheimarchiv des russischen Präsidenten entdeckt.

Die Autoren Michael Kloft und Bengt von zur Mühlen haben in der ganzen Welt einzigartige Filmdokumente zum „Fall Katyn" zusammengetragen und an den Schauplätzen der Verbrechen, in Katyn, Charkow und Kalinin gedreht.

Erstmals berichtet Professor Dimitri Wolkogonov über die Entdeckung des Mordbefehls vom 5. März 1940, abgezeichnet von Stalin und dem gesamten Politbüro. Er zeigt anhand der Originaldokumente, wie bis vor wenigen Monaten die Wahrheit vertuscht wurde. Dabei spielten vor allem der ehemalige Botschafter der UdSSR in Bonn, Valentin Falin, aber auch Michail Gorbatschow selbst eine andere Rolle, als sie bis heute glauben machen möchten. Der „Fall Katyn" ist noch nicht abgeschlossen.

Interviews:

— Professor Dimitri Wolkogonov, Vorsitzender der Kommission zur Auswertung des Geheimen Archivs des Präsidenten in Moskau

— Professor Daniil Melnikow, Historiker, 1943 Leiter der sowjetischen Gegenpropaganda

Prozesse — Hinrichtungen
in der Sowjetunion 1943 — 1947

	Jahr	Angeklagte	Todesurteile
1. Mariopol (nur Hinrichtungen)	1943	4	
2. Charkow (ein Kollaborateur)	1943	4	4
3. Kiew (Babi Jar)	1946	15	12
4. Minsk	1946	18	15
5. Leningrad	1946	11	8
6. Riga (nur Generäle)	1946	8	8
7. Smolensk	1945	10	7
8. Weliki Luki	1946	11	8
9. Bryansk	1946	4	4
10. Nikolajew	1946	9	6
11. Bobruisk	1947	21	
12. Krasnodar (nur Russen)	1943	11	9

Am 14. Oktober 1992 wurden die Originaldokumente zu Katyn in Moskau zum ersten Male der Weltöffentlichkeit vorgestellt. Es handelt sich um den Vorschlag des Volkskommissars für innere Angelegenheiten, L. Berija an den Genossen Stalin März 1940 Nr. 794/5.

Der letzte Teil ab „dem NKWD der UdSSR vorzulegen“ wurde im gleichen Wortlaut zur „Entscheidung vom 5.11.1940“, die Hinrichtung der 25 700 Polen zu vollziehen, angeordnet und unterschrieben von J. Stalin.

Streng geheim
5.11.40
UdSSR
Volkskommissariat
für innere Angelegenheiten

März 1940
Nr. 794/5 ZK der BKP(b)
Moskau

An den Genossen Stalin

In den Kriegsgefangenenlagern des NKWD der UdSSR und in den Gefängnissen der westlichen Gebiete der Ukraine und Weißrußlands werden gegenwärtig eine große Anzahl ehemaliger Offiziere der polnischen Armee, ehemalige Mitarbeiter der polnischen Polizei und der Aufklärungsorganisation, Mitglieder polnischer nationalistischer konterrevolutionärer Parteien, Teilnehmer aufgedeckter konterrevolutionärer aufständischer Organisationen, Überläufer und andere festgehalten. Alle sind sie erbitterte Feinde der Sowjetherrschaft, erfüllt von Haß gegen das sowjetische System.

Die in Kriegsgefangenschaft geratenen Offiziere und Polizisten versuchen, auch in den Lagern ihre konterrevolutionäre Arbeit fortzuführen, und betreiben antisowjetische Agitation. Jeder von ihnen wartet nur deswegen auf die Befreiung, um die Möglichkeit zu erhalten, sich aktiv dem Kampf gegen das sowjetische System anzuschließen.

Durch die Organe der NKWD in den westlichen Gebieten der Ukraine und Weißrußlands ist eine Reihe konterrevolutionärer aufständischer Organisationen aufgedeckt worden. In all diesen konterrevolutionären Organisationen haben die Offiziere der ehemaligen polnischen Armee und die einstigen Polizisten und Gendarmen eine aktive und leitende Rolle gespielt.

Unter den festgehaltenen Überläufern und den Verletzern der Staatsgrenze ist auch eine bedeutende Anzahl von Personen aufgedeckt worden, die Teilnehmer konterrevolutionärer, spionagehafter und aufständischer Organisationen sind.

In den Kriegsgefangenenlagern werden insgesamt (ohne Soldaten und den Bestand an Unteroffizieren) 14 736 frühere Offiziere, Beamte, Gutsbesitzer, Polizisten, Gendarmen, Gefängniswärter, Belagerer und Agenten festgehalten — gemäß ihrer Nationalität sind es zu 97 Prozent Polen.

Von ihnen:

Generale, Oberste und Oberstleutnants	295
Majore und Hauptleute	2 080
Leutnants, Unterleutnants und Fähnriche	6 049

Offiziere und Unteroffiziere der Polizei, des Grenzschutzes und der Gendarmerie	1 030
Soldaten der Polizei, der Gendarmerie, der Gefängniswache und des Aufklärungsdienstes	5 138
Beamte, Gutsbesitzer, Priester und Belagerer	144

In den Gefängnissen der westlichen Gebiete der Ukraine und Weißrußlands werden insgesamt 18 632 Verhaftete (davon 10 684 Polen) festgehalten, unter ihnen:

Ehemalige Offiziere	1 207
Ehemalige Aufklärer der Polizei und der Gendarmerie	5 141
Spione und Sabotageagenten	347
Ehemalige Gutsbesitzer, Fabrikanten und Beamte	465
Mitglieder verschiedener konterrevolutionärer aufständischer Organisationen und verschiedene konterrevolutionäre Elemente	5 345
Überläufer	6 127

Ausgehend davon, daß sie alle eingefleischte und unverbesserliche Feinde der Sowjetmacht sind, hält es der NKWD der UdSSR für unausweichlich:

I. dem NKWD der UdSSR vorzulegen:
1. Die Angelegenheit der sich in Kriegsgefangenenlagern befindenden 14 700 ehemaligen polnischen Offiziere, Beamten, Gutsbesitzer, Polizisten, Aufklärer, Gendarmen, Belagerer und Gefängniswärter
2. und auch die Angelegenheit der verhafteten und sich in Gefängnissen der westlichen Gebiete der Ukraine und Weißrußlands befindenden 11 000 Mitglieder verschiedener konterrevolutionärer spionagehafter, Sabotage betreibender Fabrikanten der ehemaligen polnischen Offiziere, der Beamten und Überläufer
in einen außerordentlichen Verfahren zu behandeln und die höchste Strafe über sie zu verhängen — die Erschießung.

II. die Behandlung dieser Angelegenheiten ohne die Vorladung der Verhafteten und ohne Eröffnung der Anklage, des Beschlusses über die Beendigung des Untersuchungsverfahrens und des in eine Anklage mündender Abschlusses in folgendem Verfahren durchzuführen:
a) gegen Personen in den Kriegsgefangenenlagern auf Grund der Auskünfte, welche die Leitung der Kriegsgefangenenlager des NKWD der UdSSR vorlegt;
b) gegen verhaftete Personen auf Grund der Auskünfte, welche der NKWD der Ukrainischen und der Weißrussischen SSR vorlegt.

III. die Betrachtung der Angelegenheiten sowie das Fällen einer Entscheidung einer Troika in der Zusammensetzung der Genossen Merkulow, Kaburow und Baschtakow (Leiter der 1. Spezialabteilung der NKWD der UdSSR) aufzuerlegen.

Der Volkskommissar für innere Angelegenheiten der Union der SSR

L. Berija

2. Schauprozesse

Eine besondere Rolle spielten die Schauprozesse. Hohe Dienstgrade standen im Mittelpunkt. Die niederen wurden mitangeklagt. Sie gehörten zum Stab. Also wurden sie mitverurteilt. Ob sie tatsächlich schuldig waren, das wurde in der Regel nicht untersucht.

— So wurde in Bryansk am 30. Dezember 1945 der Obergefreite Karl Stein zusammen mit dem Kommandierenden General in einem Schauprozeß verurteilt; der General zum Tode, der Obergefreite zu 20 Jahren Zuchthaus, weil er — so der Urteilsspruch — „als Melder die Verbindung zwischen Stab und Truppe aufrechterhalten und dadurch den Krieg verlängert hat".

— Der Oberleutnant Heinrich Klute geriet im Dezember 1947 in Witebsk in einen Schauprozeß gegen den Kommandierenden General des 53. Armeekorps und seinen Stab und wurde im Zuge dieses Prozesses zu 25 Jahren Zwangsarbeit verurteilt, ohne die Gründe im einzelnen zu erfahren.

— Ähnlich erging es zur gleichen Zeit dem Hauptmann Horst Riemer. Zwar gab es lange Vernehmungen in Leningrad, aber seine Verurteilung erfolgte dann in wenigen Minuten, weil er angeblich 13 000 Sowjetbürger aus Pawlowsk verschleppt hätte. Wenn sich die Vernehmer mehr Mühe gemacht hätten, wäre klar geworden, daß Riemer als Artillerie-Kommandeur mit Evakuierungen oder Verschleppungen nichts zu tun hatte.

— Im November 1947 wurde der Obergefreite Paul Kaß in Stalino öffentlich zu 25 Jahren wegen „Kriegsverbrechen in der Sowjetunion" verurteilt, obwohl er während des Krieges nie in der Sowjetunion eingesetzt war, sondern erst 1945 östlich Berlin in Gefangenschaft geriet.

— Ebenfalls im November 1947 machte man dem Obergefreiten Helmut Dworzak mit anderen Angehörigen der SS-Division Wiking den Prozeß. Da nicht übersetzt wurde, blieben ihm die Gründe für die Verurteilung zu 25 Jahren Zwangsarbeit bis heute verborgen. Das Gericht verkündete ohne Beratung das Urteil, von dem nur die Zahl „dvazetpjat ljet" (25 Jahre) verstanden wurde. Danach wurden zur Beruhigung Zigaretten an die Verurteilten verteilt. Sie durften auch Kassationen schreiben und erhielten wenige Tage später die erwartete Ablehnung „abgelehnt".

— Auch der Fallschirmjäger-Leutnant Rolf Dombrowski geriet schon früh in den Strudel der Verfolgung. Entscheidend dafür war seine Weigerung, im „Nationalkomitee Freies Deutschland" mitzuarbeiten. Nach jahrelangen Quälereien wurde er im Mai 1948 ohne nähere Prüfung zu 25 Jahren verurteilt. Ein Fall, der nur durch Auswerten der Originalakten geklärt werden kann.

Einzelberichte

Karl Stein, Lauterbach

Am 2. Juli 1944 kam ich im Raum Witebsk in russische Gefangenschaft. Nach dem Marsch durch Moskau im Juli 1944, wurden wir nach Asch/Ural ins Lager gebracht. Bereits im Januar 1945 hat man mich zur Vernehmung geholt und nach Erfragen des Familiennamens und der zugehörigen Division, trat der vernehmende Offizier auf mich zu und schlug mir mit dem Revolver die Vorderzähne ein. Ich war Obergefreiter in der 14. Kompanie, Infanterie Division 299, Inf. Regiment 529 und als Kradmelder während des Feldzuges im Einsatz. Es war keine Einheit mit besonderen Aufgaben, auch keine SS-Einheit.

Aber bereits im Oktober 1945 brachte man mich unter strengster Bewachung nach Bryansk ins Gefängnis. Bereits am 25. Dezember 1945 begannen die täglichen Schauprozesse von jeweils 8 Stunden. Dies zog sich hin bis zum 30. Dezember 1945.

Bei diesem Schauprozeß waren noch drei Deutsche angeklagt. Unter strengster Bewachung wurden wir gefesselt an Händen und Füßen täglich vom Gefängnis zum Gerichtssaal in die Stadt gebracht. Die beiden Generäle Hamann und Bernhardt sowie die Gefreiten Lämmler und Stein.

Am 30. Dezember 1945 wurden wir alle mit einzelner Urteilsverkündung nach dem UKAS 43 verurteilt. Der Urteilsspruch lautete wie folgt: General Hamann zum Tode durch den Strang, General Bernhardt zum Tode durch den Strang, Gefreiter Lämmler zum Tode durch den Strang, Obergefreiter Stein zu 20 Jahren Katorgan (Zuchthaus). Es wurde uns mitgeteilt, daß wir innerhalb 24 Stunden einen Gnadengesuch an den Obersten Sowjet einreichen könnten, aber dazu kam es nicht mehr, nachdem man uns in das Gefängnis zurückgebracht hatte, wurden die zum Tode verurteilten nach einer halben Stunde schon abgeführt zum Basar (Marktplatz) gebracht und unter einer großen Zuschauerzahl öffentlich erhängt, auch deutsche Gefangene mußten mit zuschauen, wie ihre Landsleute aufgehängt wurden. Ich wurde im Februar 1946 nach Kasachstan überführt und mit russischen Gefangenen in Schweigelagern bis 1954 festgehalten. Natürlich unter den schwersten Bedingungen. Ende 1954 kam ich dann in den Raum Swerdlowsk/Ural wieder mit deutschen Gefangenen zusammen; wo ich auch zum ersten Mal wieder mit den Angehörigen in Verbindung treten konnte. 1955 war ich nun einer der glücklichen 10 000 Heimkehrer die zu ihren Lieben heimkehren durften.

Der Urteilsspruch des Kriegsgerichtes vom Bryansk vom 30. Dezember 1945 lautete:

Der Obergefreite Karl Stein, geb. am 2. Juli 1922, wird zu 20 Jahren Katorgan (Zuchthaus) verurteilt, weil er als Melder die Verbindung zwischen Stab und Truppe aufrecht erhalten und dadurch den Krieg verlängerte.

Heinrich Klute, Dortmund

Umstände der Gefangennahme

Am 14.7.1944 beim Versuch, mit noch 2 Männern der Einheit die etwa 500 m entfernten deutschen Linien zu erreichen, von sowjet. Panzertruppen gefangengenommen.

Einheit/letzter Dienstgrad

Jagdkompanie 53 (53 A.K.) — Oberleutnant

Vernehmung im Lager/Anklage

Erste Vernehmungen im Lager Elabuga, Ende April 1945. Überstellung ins Gefängnis Kasan, Anfang Mai 1945. Dort Vernehmungen im KGB-Gebäude, bis etwa Ende Okt. 1947 Überstellung nach Witebsk zum Schauprozeß.

Prozeß

Schauprozeß im Witebsk (Dez. 1947) gegen den Kommand. General des 53. A.K., den Chef des Stabes, 2 Divisionskommandeure, Offiziere, Unteroffiziere u. Mannschaftsdienstgrade.

Urteil

Verurteilung wegen angeblicher Teilnahme an Partisanenbekämpfung.

Horst Riemer, Bonn

Umstände der Gefangennahme

Nach der Kapitulation am 8.5.1945 erfolgte der geschlossene Marsch unserer Division mit Fahrzeugen, Waffen und Gerät aus den Kampfstellungen in einen vorgegebenen Biwakraum in der Nähe von Deutsch-Krottingen westlich von Libau in Kurland.

Einheit/letzter Dienstgrad

Kommandeur II. Abt. Artl. Rgt. 121, Hauptmann

Vernehmung im Lager/Anklage

1.7.1947 Einlieferung in das Gefängnis Nr. 3 in Leningrad mit NKWD-Vernehmungen

Prozeß

Am 23./24.12.1947 in den Kellergewölben des Leningrader Schlosses verurteilt. Dauer des Prozesses keine fünf Minuten. Nach Aufnahme der Personalien und einem kurzen Gespräch des Vorsitzenden mit seinen Beisitzern wurde mir von einem Richter eröffnet, daß ich nach Abschaffung der Todesstrafe zu 25 Jahren Arbeits- und Bewährungslager verurteilt würde, weil ich die Bevölkerung von Sluzk (Pawlowsk), ca. 13 000 Sowjetbürger, in die deutsche Knechtschaft verschleppt hätte. Hierzu erkläre ich, daß ich in meiner gesamten Zeit in Rußland nie etwas mit der Evakuierung von Bevölkerung zu tun gehabt hat.

Urteil nach dem UKAS vom 19.4.1943 am 23.12.1947.

Paul Kaß, Nordhorn

Umstände der Gefangennahme

Im April 1945 wurde ich in den Raum Berlin-Frankfurt/O. verlegt, wo ich dann im selben Monat in sowjetische Gefangenschaft geriet.

Einheit/letzter Dienstgrad

Infanterieregiment 387, Obergefreiter

Vernehmung im Lager/Anklage

In russischer Sprache, der ich nicht mächtig war

Prozeß

Vor dem Kriegsgericht November 1947 in Stalino. Der Verhandlung konnte ich nicht folgen, weil ich die Sprache nicht verstand.

Urteil

25 Jahre Arbeits- und Besserungslager. Ich fühle mich nicht schuldig, da ich nie in Rußland war, außer in Gefangenschaft.

Helmut Dworzak, Haar

Umstände der Gefangennahme

Ausbruch aus Tscherkassy-Kessel Februar 44

Einheit/letzter Dienstgrad

Pi.Btl. — SS-Div. „Wiking" / Rottenführer (Obergefreiter)

Vernehmung im Lager/Anklage

In nächtelangen Verhören — Befragungen, wie es der NKWD-Offizier nannte — mit den bekannten Druckmitteln wie Schlaf- und Essensentzug, verschärften Arbeitsbedingungen, Arrest usw. wurden mir persönlich oder meiner Einheit nie konkrete Schuldzuweisungen vorgehalten oder Zeugen gegenübergestellt. Die Fragen waren durchwegs allgemeiner Natur und bezogen sich auf den Weg meiner Einheit, die Organisation und meinen persönlichen Lebenslauf. Die Druckmittel wurden angewandt, wenn ich mich weigerte, die in russisch geführten Protokolle zu unterschreiben, in denen ich manchmal am Ende der „Befragung" für jede der einzelnen Fragen unterschreiben mußte, wobei ich auch Leerzeilen für eine spätere deutsche Übersetzung gleich mit zu unterschreiben hatte. Als Dolmetscher diente der Antifa-Leiter oder auch eine Russin in Zivil, die mir in Abwesenheit des NKWD-Offiziers „gut" zusprach alles zu unterschreiben, da dies der beste Weg sei, daß es zu einer Verhandlung käme, bei der ich mich auf alle Fälle gegen diese Art von „Protokollen" zur Wehr setzen könne. Sie würde dies bestätigen. Allerdings habe ich sie später nie mehr gesehen. Im November 47 wurde ich mit etwa 12 — mir nicht näher bekannten — anderen Kriegsgefangenen mit einem Lkw zu einem „Gericht" gefahren. Es war wie beim Zahnarzt. Einzeln wurden wir in einen Raum geführt, in dem mehrere sowjetische Offiziere saßen. Einer las laut einen Text auf russisch von einem vorbereiteten Blatt Papier ab, ich verstand nur „dwazetpjat ljet". Als Verteidiger gab sich niemand zu erkennen, das Gericht brauchte keine Beratungszeit, das Urteil wurde weder übersetzt noch ausgehändigt. Als etwa die Hälfte der Deliquenten „behandelt" waren, kamen ein paar unserer „Richter" in das Wartezimmer, verteilten Zigaretten und redeten uns in relativ gutem Deutsch zu, die Sache nicht zu ernst zu nehmen, wir würden sowieso bald nach Hause fahren. So sei eben die Politik. Im Gefängnis erhielten wir einige Tage später etwas zum Schreiben und sollten eine „Kassation" einreichen, wobei uns gesagt wurde, daß wir zu der Art des Verfahrens nicht Stellung nehmen dürften. Die von allen erwartete Antwort ließ nur ein paar Tage auf sich warten: „Abgelehnt!"

Prozeß

November 1947: Keine Anklageschrift; ohne Dolmetscher und Verteidigung — nur Verlesung eines vorbereiteten Blattes, von dem ich nur die zwei Worte „dwazetpjat ljet" verstand.

3. Frühverurteilung 1945 — 1948

Neben den aufsehenerregenden Schauprozessen vernahmen die KGB-Organe in den Lagern weiter Kriegsgefangene, die aus irgendeinem Grunde aufgefallen waren. Die folgenden Beispiele zeigen, daß man sich immer wieder festgebissen hatte. Wer einmal in die KGB-Mühle geraten war, hatte wenig Chancen, unbeschadet herauszukommen.

— 25 Jahre Zwangsarbeit für den Sanitätsgefreiten Gerhard Holzerland nach dem UKAS 43 wegen sogenannter Kriegsverbrechen ohne konkrete Begründung.

— Und das Gleiche gegen den SS-Obergefreiten Hans Knopp.

— 10 Jahre Arbeitslager für den Leutnant der Reserve Dr. Franz Breer nach dem politischen Paragraphen 58 Absatz 4, d.h., wegen „Unterstützung der internationalen Bourgeoisie" Es war ein Fernurteil aus Moskau, um einen Beamten des Auswärtigen Dienstes auszuschalten. Im Jahre 1991 war der frühere Generalkonsul Dr. Breer einer der ersten, der offiziell rehabilitiert wurde.

— Am 28. Januar 1948 erhielt auch der Gefreite Rudi Gerbracht nur eine „Kurzstrafe" von 15 Jahren Arbeitslager, weil er im Kriege Staatseigentum der UdSSR entwendet habe. Nach der Verurteilung wurde er zum „Zivilgefangenen" erklärt und in ein russisches Lager verlegt. Von dort fuhr er zwei Jahre später im März 1950 nach Hause.

— Wegen der Requirierung von Holz zum Stellungs- und Bunkerbau wurde der Gefreite Kurt Brinkmann im Mai 1948 zu 25 Jahren Zwangsarbeit verurteilt. Nach UKAS 43 „Verbrechen gegen die Menschlichkeit".

— Der Gefreite der Waffen-SS Heinz Brandtner wurde im Juni 1948 wegen Kriegsverbrechen zu 25 Jahren verurteilt, die er 1941/42 in der Sowjetunion begangen haben sollte. Allerdings war er damals noch gar nicht Soldat, denn er wurde erst 1943 eingezogen.

— Als Qartiermeister kam der Major im Generalstab Richard Wagner bei Kriegsende in Berlin in sowjetische Gefangenschaft. Zweimal — 1947 und 1948 — versuchten KGB und Richter im Lagerbereich Litauen, ihn durch Zeugenaussagen Kriegsverbrechen zu überführen. Aber der Prozeß platzte, weil die Zeugen letztlich für ihn aussagten. Erst im Jahre 1949 wurde das Verfahren — offenbar auf Befehl von oben — abgekürzt. Keine Zeugen, keine konkreten Anklagen, dafür 25 Jahre Lager nach UKAS 43.

— Ebenfalls nach diesem Erlaß wegen „Verbrechen gegen die Menschlichkeit" wurde der Unteroffizier Willi Mentink in Stalino ohne Verzögerung schon früher zu 25 Jahren verurteilt. Er hatte sich als Frontaufklärer von der vorrückenden Roten Armee überrollen lassen. Das genügte.

— Weil er „ohne gültiges Visum und bewaffnet das Territorium der UdSSR in aggressiver Absicht betreten hat", so heißt es in seinem Urteil, wurde ein anderer Fernaufklärer, der Wachtmeister Max Bretschneider im April 1949 nach UKAS 43 zu 25 Jahren Zwangsarbeit verurteilt.

— Der Oberschirrmeister Fritz Fiske wurde bei seiner Rückkehr aus dem Kriege von seiner Frau, die ihn loswerden wollte, als „Kriegsverbrecher" denunziert. Dies geschah in der Sowjetzone, und die sowjetische Miliz schickte ihn über Bautzen nach Sibirien. Prompt erhielt er dort die obligatorischen 25 Jahre.

Einzelberichte

Gerhard Holzerland, Stralsund

Umstände der Gefangennahme

28.06.1944 mit der San.Komp 1/12 im Kessel von Mogiljew, Weißrußland.

Einheit/letzter Dienstgrad

Sanitätskompanie 1/12. Inf.-Division, San-Gefreiter

Vernehmung im Lager/Anklage

Lager Armzwir, Kuban, Lager Krsasnodar, Kuban Gefängnis Krasnodar, Kuban

Prozeß

Kriegstribunal Krasnodar

Urteil

UKAS 43 25 Jahre Arbeits- und Besserungslager

Dr. Franz Breer, Aumühle

Umstände der Gefangennahme

Nach der Kapitulation Gefangennahme durch die Amerikaner bei Pisek (Böhmen). Nach etwa 10 Tagen Auslieferung an nachrückende sowjetische Streitkräfte.

Einheit/letzter Dienstgrad

Stab 8., PzDiv (03), Lt. d. R.

Vernehmung im Lager/Anklage

Vernehmungen 1945/48 im Butyrki-Gefängnis und in der Ljubianka, Moskau. Am 4. Juli 1948 mündliche Eröffnung der Verurteilung wegen „antisowjetischer Tätigkeit" zu 10 Jahren Gefängnis gemäß Beschluß der „Besonderen Beratung" d. Staatssicherheitsministeriums.

Prozeß

hat nicht stattgefunden

Urteil

Art. 58 Z. 4 StGB der RSFSR

43 Jahre später

Übersetzung aus dem Russischen:

Staatsanwaltschaft der Union der Sozialistischen Sowjetrepubliken

Oberste Militärstaatsanwaltschaft

6. Dezember 1991 Nr. 3N-5173-47

Rehabilitationsbescheid

Erteilt dem Bürger der BRD Franz Breer, geb. 1909, verhaftet am 5. April 1946 unter der Anklage einer feindlichen Tätigkeit gegen die UdSSR (Art. 58 Z.3 StGB der RSFSR), vor der Verhaftung Kriegsgefangener, durch Verfügung der Besonderen Beratung bei dem MGB der UdSSR vom 19. Juli 1948 unbegründet einer Gefängnisstrafe von 10 Jahren unterworfen.

Gemäß Art. 1 der Verordnung des Präsidiums des Obersten Rates der UdSSR Nr. 10036-XI vom 16. Januar 1989 „über zusätzliche Opfer der Repressionen, die in den dreißiger/vierziger Jahren und Anfang 1950 stattgefunden haben", ist er rehabilitiert.

Obermilitärstaatsanwalt der 2. Abteilung des Rehabilitationsamtes

(Stempel) gez. N. S. Wlasenko

Hans Knopp, Möchengladbach

Umstände der Gefangennahme

Kriegsende Österreich — Mitte Mai 1945 Gefangennahme durch die Amerikaner bei Prägarten — Auslieferung an die Russen.

Vernehmung im Lager und Anklage

Die Vernehmungen waren in allen Lagern meistens abends und nachts. Nachdem ich im Karzer (Holzlager) versuchte, meinen eigenen Urin zu trinken (was nicht gelang), und ich mal wieder bei Sinnen war, machte man mir deutlich klar, daß man mich verdursten lassen würde, wenn ich nicht irgendein Geständnis ablegen wolle.

Ich wollte leben und schrieb eigenhändig in Sütterlinschrift meine Anklage, die mir so ähnlich vorgegeben wurde. Soweit noch in Erinnerung, soll ich bei Balta (Rußland) über 2000 Juden erschossen haben! Tatsache: Bei Balta auf dem Rückzug gingen wir nachmittags mitten auf der Rollbahn mit unserer 8,8 cm Flak in Stellung und wurden beim Panzerbeschuß von einem T 34 abgeschossen. Ein Schwerverwundeter. Bei Dunkelheit holten wir unsere Kanone aus der Feuerlinie. Von da an wurden wir als Infanterie eingesetzt.

Prozeß

1948 oder 1949. In einem Privathaus oder Schule? Dauer ca. 5 Minuten, Verlesung der Anklage — und Urteil. Auf dem Gang zu dem Zimmer habe ich einige Kameraden wiedergesehen, aber wir durften nicht sprechen.

Urteil

In Abänderung der Todesstrafe — 25 Jahre Arbeitslager unter Einbehalt aller persönlichen Gegenstände. (1 Holzlöffel, 1 Stückchen Lagerseife 3 x 3 cm)

Rudi Gerbracht, Burscheid-Sträßchen

Umstände der Gefangennahme

Beim Großangriff der Roten Armee im Juni 1944 wurde ich am 30.06.1944 an der Rollbahn Witebsk Gorodok gefangengenommen.

Einheit/letzter Dienstgrad

Luftwaffen-Felddivision 1/3, 1. Kp. Jäger Reg. 51, Gefreiter

Vernehmung im Lager/Anklage

Im Hauptlager Swerdlowsk, Nebenlager Resina Sawod. Anklage wurde erhoben wegen Vergehen gegen Staatseigentum der UdSSR.

Prozeß

Hauptgericht in Swerdlowsk am 28.1.1948. Innerhalb von 15 Minuten wurden wir zu einer Freiheitsstrafe von 15 Jahren verurteilt. Anfang Februar 48 wurde ich in die Nähe von Karaganda in ein Straflager für russische Zivilisten verlegt.

Urteil

Hier wurde mir gesagt, daß ich nun Zivilgefangener wäre und nicht mehr als Kgf. behandelt würde. In der Uschaska Taseimka war ich unter ca. 300 Russen der einzige Deutsche.

Kurt Brinkmann, Osterholz-Scharmbeck

Umstände der Gefangennahme

Von November 1943 bis Ende Juli 1944 war ich im Mittelabschnitt der Ostfront eingesetzt. Dort geriet ich nach Rückzugsgefechten am 29.7.1944 im Raum Lida in sowjetische Kriegsgefangenschaft.

Einheit/letzter Dienstgrad

Ich war Angehöriger — Gefreiter — der Deutschen Wehrmacht, zuletzt 8./GrenRgt. 727, Feldpost-Nr. 09922-E.

Vernehmung im Lager/Anklage

Im Kriegsgefangenenlager Nr. 168 (Autowerk) in Minsk fanden etwa Anfang 1946 erste Verhöre durch NKWD-Offiziere zum Kriegseinsatz als Soldat statt. Formen und Umgang bei diesen Ermittlungen waren überwiegend grob und rüde; Beschimpfungen und Drohungen galten als übliche Vernehmungsmethode.

Am 4.6.1946 wurde ich in das Gefängnis Nr. 1 in Minsk (Stadtmitte) überstellt. Dort wurden Mitte Juli 1946 die Vernehmungen fortgesetzt. Neben allgemeinen Anklagen wurde mir vorgehalten, in zwei Fällen daran beteiligt gewesen zu sein, Eigentum des sowjetischen Volkes gestohlen und für Zwecke der „imperialistischen, deutschen Kriegsführung“ verwendet zu haben. Bei den Vorhaltungen handelte es sich in beiden Fällen um die Entnahme von Holz zum Stellungs- und Bunkerbau in der eigenen HKL im Winter/Frühjahr 1943/1944 (Balken von einem unbewohnten Haus im Niemandsland bzw. Baumstämme aus dem Staatsforst). In einem dritten

Anklagepunkt wurde mir die Teilnahme an einer sogenannten Räumungsaktion, die meines Wissens im Mai 1944 im Raum Bobruisk stattfand, vorgehalten.

Prozeß

Das Gericht war mit drei Richtern besetzt; ein Vertreter der Anklagebehörde war anwesend. Weiter stand eine Dolmetscherin zur Verfügung. Ein Verteidiger wurde meinen mitangeklagten Kameraden und mir nicht gestellt. Auf meine Beanstandung dieses Mangels hin, ließ mich der Vorsitzende Richter wissen, mir werde im Laufe der Verhandlung Gelegenheit gegeben, mich zu den Anschuldigungen zu äußern.

Urteil

Danach zog sich das Gericht für etwa fünf Minuten „zur Beratung" zurück. Nach Wiedereröffnung der Verhandlung verkündete der Vorsitzende des Gerichts das gegen uns gesprochene Urteil. Es lautete übereinstimmend für alle drei angeklagten Kriegsgefangenen: „25 Jahre Arbeits- und Besserungslager auf dem Territorium der Sowjetunion".

Gegen dieses Urteil, das ich niemals schriftlich erhielt, habe ich Berufung (Kassationsbeschwerde) beim Obersten Militärgericht der UdSSR in Moskau eingelegt. Das Rechtsmittel wurde im Spätsommer 1948 abgewiesen. Dies wurde mir lediglich mündlich mitgeteilt. Eine schriftliche Zurückweisung meiner Berufung habe ich nicht erhalten.

Mitte September 1948 wurde ich zur Strafverbüßung nach Workuta überstellt. Ab 1950 war ich bis zur Heimkehr (Dezember 1953) in Asbest.

Heinz Brandtner, Moers

Umstände der Gefangennahme

Am 12.2.1945 verwundet bei Budapest.

Einheit/letzter Dienstgrad

8. SS-Kavallerie Division, Pion. Btl. 8, Sturmmann (Gefr.)

Vernehmung im Lager/Anklage

Der Vernehmungsoffizier NKWD und sein Dolmetscher mußten, so kam es mir vor, eine Norm erfüllen, und das mit allen Mitteln. Irgendwelche Unterlagen oder Aussagen, die mit der Division im Zusammenhang lagen, spielten dabei eine große Rolle. So warf man mir Verbrechen vor, die sich 1941/42 zugetragen haben sollen, und ich hatte keine Möglichkeit zu beweisen, daß ich erst 1943 Soldat geworden bin. Ich sollte einfach schuldig sein, obwohl ich während des Krieges nicht in Rußland war.

Um mich weich zu machen, holte man mich oft des Nachts zur Vernehmung und sperrte mich in den Lagerkarzer. Nur mit Unterwäsche bekleidet, in Filzstiefeln und einem kurzen Pelz, bei Minustemperaturen in einem Erdbunker, brach dann mein Widerstand. Denn eine Fortdauer der Folter wäre mein Tod gewesen. So schrieb ich, was man mir diktierte, und unterschrieb, was man mir vorlegte, nur mit dem Gedanken, endlich etwas zu essen zu bekommen.

So stand dann in meiner Anklageschrift von Verbrechen gegen die Menschlichkeit, von Gefangenenerschießung, Verschleppung von Zivilisten. Dorfplünderungen usw.

Prozeß

Swerdlowsk Juni 1948

Urteil

UKAS 43 Verbrechen gegen die Menschlichkeit

Richard Wagner, Haus Eichen, Reichshof

Umstände der Gefangennahme

Kapitulation in Berlin am 2.5.45, 6.00 Uhr im Bendler-Block

Einheit/letzter Dienstgrad

LVI.Pz.K. Major i.G. Quartiermeister

Vernehmung im Lager/Anklage

Am 17.11.1946 vom Lager Luisburg bei Kaunas zum Lagerstab in Kaunas gebracht und vom Polit-Offz. vernommen, was sich in den nächsten 7 Tagen, die ich ohne Verpflegung im Stehkarzer verbrachte, mehrmals wiederholte. Keine Beschuldigungen gegen mich, ich sollte aussagen, wann und wo meine Einheit gegen Partisanen eingesetzt gewesen sei und wer aus meiner Einheit an Morden an Kriegsgefangenen und Partisanen beteiligt gewesen sei. Wahrheitsgemäß bestritt ich derartige Ereignisse, auch nach schweren Mißhandlungen durch Lt. Akskjutis. Am 24.11. wurde ich in das Gefängnis Kaunas eingeliefert. Am 24.12. wurde ich erneut beim Stabe vernommen und mit drei „Zeugen" konfrontiert. Sie sagten aus, daß ich ihnen im Lager erzählt habe, wo, wann und wieviel Morde an Kriegsgefangenen, Partisanen und Kolchosleuten mit Familien begangen worden wären. Was mich verwunderte, waren beträchtliche Unterschiede (Ort, Zahl, Betroffene) zwischen den verschiedenen Aussagen. Anschließend wurde mir verkündet, daß ich vor ein Kriegsgericht gestellt würde.

1. Verfahren

Kriegsgericht der Truppen-MWD des Baltischen Wehrkreises am 27.1.47: Anwesend war der „Zeuge" der die gleichen Aussagen machte wie am 24.12.1946. Im Ergebnis verkündete das Gericht, daß ich nicht verurteilt würde und ins Lager zurückkäme. In Wirklichkeit blieb ich bis Januar 48 im Gefängnis Kaunas.

2. Verfahren

Am 26.1.48 erneute Gerichtsverhandlung in Kaunas, bei der neben 17 Kriegsgefangenen 10 Litauer auf Abwicklung warteten. Urteile: 10 Jahre für Litauer, die oft lachend aus dem Verhandlungsraum zurückkamen („Tscherwonzen"), da vorher 25 Jahre die Regel war, und 25 Jahre für Kriegsgefangene mit Ausnahme von dreien, die nicht verurteilt wurden und zu denen ich gehörte.

Mir wurde nach geraumer Zeit, als ich wieder in den Raum geholt wurde gesagt, daß ich nicht verurteilt würde und ins Lager zurückkäme.

Mit einem der nichtverurteilten Kameraden wurde ich in das Gefängnis Kaunas zurückgebracht und am 21.3.48 ins Gefängnis Wilna verlegt. Nachdem mein Mitgefangener abgeholt worden war, wurde ich am 6.6.48 ins Lager Wilna verlegt. Ein wichtiger Punkt war zweifellos, daß mein Hauptbelastungszeuge sich selbst als Schuldiger an Verbrechen entpuppt hatte und damit wertlos war.

3. Verfahren

Am 6.12.49 vor dem Kriegsgericht der Truppen-MWD im Nowgoroder Bezirk in Borowitschi, im Rahmen der allgemeinen „Kriegsverbrecherprozesse". An diesem Tage umfaßte der „Schub" etwa 20 Kameraden. Die gegen mich geführte „Verhandlung" bestand aus Anklagen des Richters, denen eine weit kürzere Übersetzung der Dolmetscherin folgte. In Erinnerung blieb mir, daß ich Einheiten angehört habe, die auf dem Territorium der UdSSR tierische Grausamkeiten begangen, Schäden von Milliarden Rubeln angerichtet und Tausende von Toten hinterlassen hätten. Unter Überreichung eines handgeschriebenen „Zettels" verkündete die Dolmetscherin, daß ich aufgrund des § 17 des russischen Strafgesetzbuches zum Artikel 1 des UKAS vom 19.4.43 und unter Berücksichtigung des UKAS vom Mai 47 zu 25 Jahren Arbeits-Aus!-besserungslagers, verurteilt sei.

Meine Berufung wurde abschlägig beschieden.

Am 14. Januar 1956 kam ich als sogenannter „Nichtamnestierter" nach Hause. Warum in dieser Gruppe, weiß ich nicht. Frühere Heimkehrer hatten gegen die falsch-aussagenden Spitzel Anzeige erstattet. Nur noch einer war erreichbar. Er erhielt am 23.2.1959 drei Monate Gefängnis.

Wenn ich versuchen soll, die drei Verfahren gegen mich aus sowjetischer Sicht zu werten, dann fällt auf, daß beim ersten Verfahren ungeheuer viel Mühe auf die Untersuchung verwendet wurde. Das Resultat blieb aus, weil die eingesetzten Spitzel keine brauchbaren Aussagen brachten. Beim zweiten Verfahren fiel der Hauptspitzel selbst aus. Und beim dritten Verfahren, als es um die Verurteilung zu 25 Jahren ging, hat man sich überhaupt keine Mühe mehr gegeben. Da stand das Ergebnis ohnehin schon vorher fest.

Wilhelm Mentink, Leubsdorf

Umstände der Gefangennahme

Am 27. April 1945 lag unsere Kampfgruppe zwischen Märkisch-Buchholz und Halbe, kurz vor Berlin. Wir bekamen mit 18 Soldaten den Befehl, uns einzugraben, vom Feind überrollen zu lassen und die Wehrwolfbewegung hinter der Front weiter zu fördern. Der Befehl wurde ausgeführt. Wir wurden aber am 30. April 1945 von den Russen entdeckt und kamen in Gefangenschaft.

Einheit/letzter Dienstgrad

Unteroffizier beim Frontaufklärungstrupp 209 (Abwehr).

Vernehmung im Lager/Anklage

Im Mai 1947 wurde ich im Lager Krematorsk auf der Arbeitsstelle verhaftet. Anschließend kam ich im Lager in den Karzer und wurde ständig verhört und mißhandelt. Die Russen wollten mir Verbrechen anhängen, welche ich nie begangen habe noch etwas gehört hatte. Im Juli 1947 kam ich in ein Straflager am Don. Hier erkrankte ich an Ruhr und Bauch-Typhus und wurde in ein Hospital für Kriegsgefangene nach Truschkowka verlegt. In den Lagern gingen die Verhöre und Schikanen weiter.

Urteil

Am 15. November 1947 wurde ich in Stalino vom Kriegstribunal nach UKAS 43 wegen verbrecherischer Tätigkeiten in der Sowjetunion usw. zum Tode, in Abänderung zu 25 Jahren Strafarbeitslager, verurteilt.

Meine gesamte Anklageschrift war in russisch geschrieben und gesprochen worden. Anwesend waren 5 Offiziere und 1 Dolmetscher. Verteidigen konnte und durfte ich mich nicht.

Ende Dezember 1947 wurde ich von Moskau über Kirow nach Workuta gebracht, 1951 nach Stalingrad und anschließend nach Asbest (Ural). Auch in diesen Lagern wurde ich immer wieder verhört und verbrachte manche Nacht im Karzer. Im August 1953 wurde ich nach Swerdlowsk verlegt und im Oktober 1953 entlassen.

Max Bretschneider, Erkrath

Umstände der Gefangennahme

Nach Kapitulation der Wehrmacht, wurde ich am 15. Mai 1945 bei Parchim in Mecklenburg von einem sowjetischen Konvoi festgenommen und nach Neubrandenburg in ein Kriegsgefangenenlager gebracht.

Einheit/letzter Dienstgrad

Nachr. Fernaufkl. Komp 611 (= Funk-Peil) Wachtmeister (= Feldwebel)

Vernehmung im Lager/Anklage

Die auf Verurteilung als Kriegsverbrecher abzielende Vernehmung, im Lager 7395/-Saborowje.

Prozeß

Im April 1949 kam ich aus dem Lager Stalinogorsk in das Gefängnis Serpuchow. Dort wurde ich als „Aggressor" zu 25 Jahren Arbeits-Besserungs-Lager verurteilt.

Urteil

„... Weil er ohne gültiges Visum und bewaffnet das Territorium der UdSSR mit aggressiver Absicht betreten hat!"

Fritz Fiske, Anklam

Umstände der Gefangennahme

Von 1944 bis 03.05.1945 war ich in amerikanischer Gefangenschaft in Österreich. Nach meiner Ankunft zuhause am 04.05.1945 wurde ich 2 Stunden nach Eintreffen in der Wohnung von der Polizei abgeholt und nach Kamenz gebracht. Dort erfuhr ich, daß meine Frau mich denunziert hatte. Nach kurzer Vernehmung wurde ich von der sowjetischen Miliz abgeholt und in eine Haftanstalt gebracht. In der Nacht wurde ich zum Verhör geholt, wo ich wiederholt zusammengeschlagen wurde. Ich sollte zugeben, wessen man mich laut Angabe meiner Frau beschuldigte, daß ich Mitglied der SS-Gestapo gewesen sei und 500 Russen und Slowaken ermordet habe. Außerdem sollte ich SS-Obersturmführer gewesen sein, was aber nicht der Wahrheit entsprach. Ich war von 1934 bis zum Kriegsende Angehöriger der Luftwaffe als Oberschirrmeister und Kraftfahrer beim Generalstab.

Einheit/letzter Dienstgrad

Luftwaffe, Oberschirrmeister

Vernehmung im Lager/Anklage

Nach dem Verhör wurde ich in das Zuchthaus Bautzen gebracht, wo ich 18 Monate in Einzelhaft sowie Lagerhaft verbringen mußte. 1946 kam ich mit einem Transport nach Stalinsk, Sibirien, wo ich 6 Monate im Schacht verbrachte. Im Mai 1947 kam ich in das Lager Krasnogorsk und 2 Monate später in das Lager Asbest.

Urteil

Im März 1949 wurde ich auf Grund der schon genannten Anschuldigungen in einer kurzen Beratung zum Tode verurteilt. Nach einem Monat später erhielt ich Bescheid, daß mein Todesurteil in 25 Jahre Zwangsarbeit umgeändert worden ist; am 27. Juli 1953 würde ich in einem kleinen Heimtransport nach Fürstenwalde gebracht. Erst nach der Ankunft erfuhr ich, daß in Dresden, wo ich zuletzt gewohnt hatte, niemand mehr zu erreichen war. Ich wurde daraufhin in das Heimkehrerlager Friedland weitergeleitet. Am 5. Sept. 1953 wurden wir aus Friedland als Spätheimkehrer in die Heimatorte entlassen.

4. Massenverurteilung

Generalissimus Stalin war unzufrieden mit dem schleppenden Gang der Verurteilung deutscher Kriegsverbrecher. Deshalb schrieb Außenminister Wyschinski, einst Chefankläger Stalins in den Schauprozessen der 30er Jahre, am 18. November 1949 an die zuständige Kommission eine deutlichen Brief: Die Unterlagen der deutschen Kriegsgefangenen sollten neu geprüft werden. Allein die Zugehörigkeit zu bestimmten Einheiten, zum Beispiel der Waffen-SS, zur Division BRANDENBURG oder GROSSDEUTSCHLAND sollte zur Verurteilung als „Kriegsverbrecher" genügen. Aus den Moskauer Akten geht hervor, daß zuerst zaghafte Proteste aus dem sowjetischen Innenministerium erhoben worden. Aber die Kommission fügte sich. In Kürze stieg die Zahl der Verurteilungen um das Siebenfache. Der russische Starhistoriker Lew Besymenski urteilte 1990 über „Automatismus" des Stalin-Systems:

In erster Linie ging es um die Zugehörigkeit der SS, aber dann fiel auch alles übrige darunter. Schließlich existierte ein Automatismus des damaligen Systems, und wenn befohlen wurde, Kriegsverbrecher zu finden, so wurden sie gefunden.

Das Strafmaß „25 Jahre" wurde wie eine Schablone gehandhabt. Es wurden praktisch die nichtöffentlichen Gerichtsverfahren gegen sowjetische Bürger kopiert, in denen die Vorwürfe und Einwände der Seiten nicht erörtert wurden und des öfteren auch das konkrete Delikt selbst fehlte.

„Wenn befohlen wurde, Kriegsverbrecher zu finden, dann wurden sie gefunden". Im Winter 1949/50 wurden sie. Aus den rund 20 000 Prozessen ohne Ankläger und Verteidigung" in geschlossener Sitzung" — ohne konkreten Vorwurf oder Urteilsgrund — haben wir folgende Beispiele nach den Aussagen und Urteilen zusammengestellt.

Herbert Haack, Torgelow

Umstände der Gefangennahme

Kapitulation von Berlin am 2. Mai 1945

Einheit/letzter Dienstgrad

Pz Pi Btl. Großdeutschland/Leutnant

Vernehmung im Lager/Anklage

Simferopol 1947 und Charkow 1949

Prozeß

März 1949 in Charkow gemeinsam mit 6 Kameraden in einer ca. 15-20 Minuten Verhandlung vor einem Militärgericht. Danach nach Workuta gebracht.

Urteil

Nach UKAS 43 25 Jahre Arbeitslager

Hans Winkler, Oldenburg

Umstände der Gefangennahme

Ich geriet 1944 in Kurland in russische Gefangenschaft und war bis 1948 in verschiedenen Lagern Nordrußlands. Im Herbst 1948 wurden alle Kgf. des Lagers Tscherepowez zum Donezbecken am Schwarzen Meer verlegt.

Einheit/letzter Dienstgrad

21 I.D., Pi-Btl. 44, Leutnant

Vernehmung im Lager/Anklage

Mich verhörte ein Major, der einen jungen Dolmetscher bei sich hatte. Erfreulicherweise stellte der Major schließlich fest, daß ich unschuldig sei und nach Hause fahren dürfe. Auf dem Flur zeigte der Major einem jüngeren, aber offenbar ranghöheren Offizier meine Beurteilung. Dieser sah kurz in meine Akte und sagte, den Fall werde er selber noch mal prüfen.

Jedenfalls schrieb der junge Offizier eine Anklageschrift, die nur Unwahrheiten enthielt. Ich habe widersprochen und mich geweigert, zu unterschreiben, aber er meinte, das könnte ich alles dem Gericht erzählen und ließ mich einen Tag in den Karzer sperren.

Prozeß

Jeden Morgen wurde eine größere Anzahl aufgerufen, auf stark bewachte Lkw verladen und zum Tribunal gefahren. Ich war am 26. Dezember dabei. Auf dem Flur vor dem Gerichtssaal mußten wir ineinandergeschachtelt sitzen bis zum namentlichen Aufruf. Jeder kam nach 10 bis 15 Minuten zurück und obwohl das Sprechen verboten war, wußte man bald, daß jeder zu 25 Jahren verurteilt wurde. Jeder erhielt einen Zettel mit der in Blei geschriebenen Übersetzung des Urteils, das bei mir wie folgt lautete:

Auszug aus dem Urteil:

Im Namen der UdSSR

Der Kriegsgerichtshof des Heeres d. MWD d. Rostower Gebiets hat am 26. Dezember 1949 in gesetzlichen Bestand, in geschlossener Gerichtsverhandlung in d. S. Rostow a/D, ohne Teilnahme d. Anklage- u. Verteidigungsseiten die Sache nach d. Beschuldigung des Krgf.

Winkler, Hans Willi

durchgesehen, der ein Verbrechten laut Art. 17 AStGV B d. UdSSR u. Art. I d. Erlasses der Präsidiums des Obersten Sowjets der UdSSR vom 19. April 1943 verübt hat.

Auf Grund d. oben erwähnten Artikel u. nach Sanktion d. Art. II d. Erlasses d. Präs. des Obersten Sowjets der UdSSR vom 26. Mai 1947 über d. Aufhebung der Todesstrafe wurde

Winkler, Hans Willi

zu 25 Jahre d. Freiheitsentziehung in Arbeits-Ausbesserungslager verurteilt.

Die Frist der Strafe ist ab 18. Dezember 1949 zu berechnen.

Gegen das Urteil ist zulässig eine Berufung während 72 Stunden vom Moment der Aushändigung d. Urteils an den Kriegsgerichtshof d. Nordkaukasischen Kreises einzulegen.

Vorsitzende Übersetzt von

44 Jahre nach dem Urteil: Die Rehabilitierung

Saatswappen der UdSSR
Staatsanwaltschaft der UdSSR

Militärstaatsanwaltschaft des Nordkaukasischen Rotbanner-Militärbezirks
24. Februar 1993 Nr. 282 344011 Rostow-am Don

Bescheinigung
über die Rehabilitierung

Hans Willi Winkler, 1914 geboren, aus Oldenburg stammend, deutscher Staatsangehörigkeit, seit 1939 in der deutschen Armee, ehemaliger Leutnant in der 269-ten deutschen Infanterie-Division, Kriegsgefangener, am 17. Dezember 1949 verhaftet, verurteilt am 26. Dezember 1949 durch das Militärtribunal der MWD-Truppen des Gebiets Rostow aufgrund des Artikels 17 des Strafgesetzbuchs der RSFSR und des Artikels 1 des Erlasses des Präsidiums des Obsresten Sowjets der UdSSR vom 26. Mal 1947 „Über die Aufhebung der Todesstrafe“ zu 25 Jahren Arbeitsbesserungs-Lager, der Regierung der DDR übergeben am 30. September 1953.

Auf der Grundlage des Artikels 3 des Gesetzes der RSFSR „Über die Rehabilitierung von Opfern politischer Repressalien" vom 18. Oktober 1991 ist Hans Willi Winkler **rehabilitiert** worden.

Der Militärstaatsanwalt der Abteilung der Militärstaatsanwaltschaft des Nordkaukasischen Militärbezirks

gez. Unterschrift (W. Kostjutschenko)

Siegel der Militärstaatsanwaltschaft des Nordkaukasischen Rotbanner-Militär bezirks

---

Hans Hirt, Reichenbach

Umstände der Gefangennahme

Kurze Zeit nach der Kapitulation am 8. Mai 1945 in der Nähe des Gefechtsstandes der 16. Armee bei Vianden (Kurland). Ich war L.d.N. beim Stab der 16. Armee.

Einheit/letzter Dienstgrad

1. Komp. Armee-Nachr.-Regiment 501, Leutnant d.R.

Vernehmung im Lager/Anklage

Beim Heimtransport aus dem Kaukasus wurde ich am 30. Okt. 1949 in Brest festgehalten und ausgeladen, weil ich im Koffer versteckt ein Tagebuch mit nach Hause nehmen wollte. Ich kam dort in den Karzer und wurde auch ein oder zwei Mal vernommen. Weitere Vernehmungen folgten im Hauptlager 11 in Minsk, wohin ich zurücktransportiert wurde.

Prozeß

Meine Verurteilung fand am 17. April 1950 zwischen Heimkommen von der Arbeit und Abendessen statt. Ein Posten holte mich ab und brachte mich auch wieder zurück. Die sog. „Verhandlung" in der Stabsverwaltungsbaracke nahm höchstens 5 bis 10 Minuten in Anspruch einschließlich der „Beratung" des Gerichts. Wegen meiner Einheit oder militärischen Tätigkeit wurde ich nie angeklagt. Es war nur von meinem Tagebuch die Rede, dessen Führen und Mitnahmeversuch ja nun wirklich keine Spionage oder gar ein Kriegsverbrechen ist. Eine Kopie des sog. Urteilsauszuges füge ich bei (s. nächste Seite).

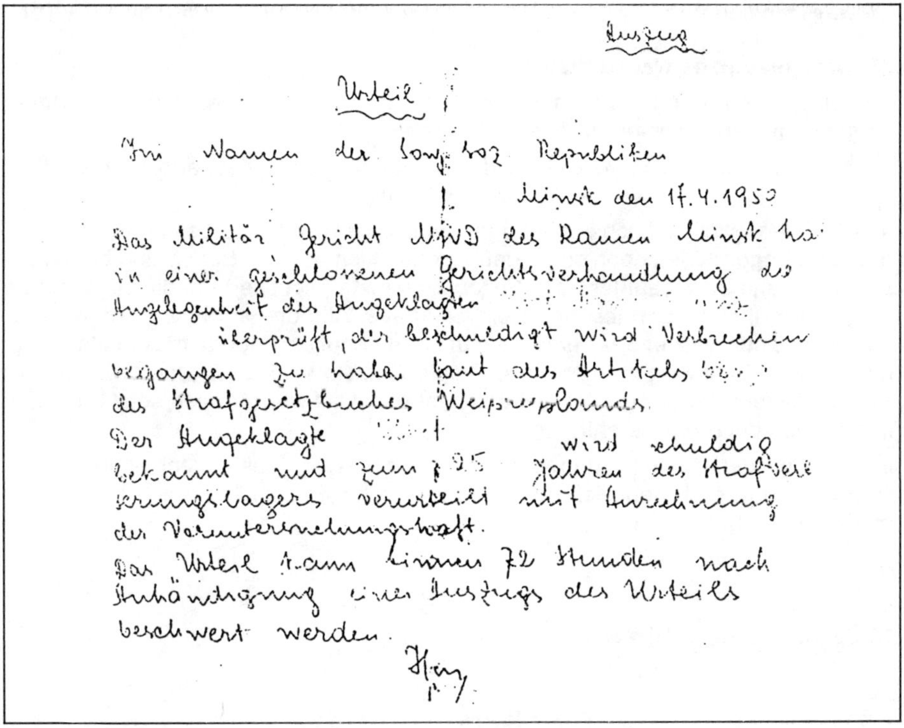

Auszug

Urteil

Im Namen der Sozj. Soz. Republiken

Minsk den 17.4.1950

Das Militär Gericht MWD des Rayon Minsk hat in einer geschlossenen Gerichtsverhandlung die Angelegenheit des Angeklagten überprüft, der beschuldigt wird Verbrechen begangen zu haben laut des Artikels 63-2 des Strafgesetzbuches Weißrusslands.

Der Angeklagte wird schuldig bekannt und zum 25 Jahren des Strafverbesserungslagers verurteilt mit Anrechnung der Voruntersuchungshaft.

Das Urteil kann binnen 72 Stunden nach Aushändigung eines Auszugs des Urteils beschwert werden.

Herz

Kopie des Original-Urteils, im vorliegenden Fall: 25 Jahre Zwangsarbeit für Hans Hirt

---

Heinrich Huhnen, Krefeld

Umstände der Gefangennahme

Am 11. Mai 1945 bei Bernadice (Tschechoslowakei)

Einheit/letzter Dienstgrad

5. Batt, I. Flaksturmreg. 7. Obergefreiter

Vernehmung im Lager/Anklage

Anklage Nov. 1949 Stalingrad (TraktWerk.)

Prozeß

23. Nov. 1949 Feuerwache Stalingrad

Aus einem Warteraum wurden jeweils 5 Mann aufgerufen und auf die Verhandlungsräume verteilt unter strengster Bewachung.

Ein Major der Justiz mit zwei Beisitzerinnen und einer Dolmetscherin nahmen Platz, und der Major las mir die „Anklageschrift“ vor.

In dem Augenblick hielt ich es für angebracht, eine Wende in diese farblose Aufführung zu bringen. Wie schon so oft geübt, knallte ich auf den Boden und begann zu strampeln und zu schäumen. „On Epileptik“ (er ist Epileptiker) rief die bis dahin gelangweilt in ihrem Buch lesende Beisitzerin aus. Alle drei sprangen auf, eine der Frauen goß mir Wasser aus der Karaffe über den Kopf und klopfte mit der Hand meine Wangen. „Was wollt Ihr mit solchen Leuten“, flüsterte sie dem Major zu. „Kennen Sie den Befehl?“ Mehr gab er nicht zur Antwort. Das war für mich sehr wichtig zu hören, also doch ein Befehl!

Ich kam wieder „zu mir“ und der Posten hing seine Maschinenpistole auf den Rücken und war mir behilflich beim Hinausgehen. „Setz Dich auf die Treppe dort“, meinte er zaghaft.

Urteil

25 Jahre Haft nach UKAS 43

Rudi Kunze, Osnabrück

Umstände der Gefangennahme

Im Mai 1945 versuchte ich als Leutnant und Btl-Adjutant in Österreich den Rest des Bataillons zu den vorrückenden Amerikanern zu führen. Vor Linz wurden wir gestoppt und solange aufgehalten, bis wir von der Roten Armee gefangen genommen wurden. Offenbar gab es eine Absprache zwischen den Alliierten. Sammellager Zwettl/Österreich.

Vernehmung im Lager/Anklage

Vernehmung im Gebäude des MWD in Astrachan im August 1948 unter menschenunwürdigen Bedingungen — Autofelge als Klo in der Zelle, Rote-Rüben-Wasser-Suppen, Verhöre nur nachts. Anklage nach § 193 (oder 198) des Militärstrafrechts.

Prozeß

Im August 1948 wurde ich zusammen mit 6 Kameraden als „antisowjetische Widerstandsgruppe“ angeklagt und von einem Militärgericht in Astrachan zu 7 Jahren Arbeits- und Besserungslager verurteilt.

Als die Massenverurteilungswelle begann, fand ein weiterer Prozeß in Astrachan statt; doch die Verurteilung zu 25 Jahren nach § 58 erfolgte erst später (im Januar 1950) durch ein aus Stalingrad angereistes Gericht. Hier hat es offenbar eine Weisung aus Moskau gegeben. Ab jetzt nannte man uns „Kriegsverbrecher".

Karl Bender, Karlsruhe

Jahrgang 1922 — Heimkehr 10.10.1953

Umstände der Gefangennahme

Schwerverwundet kam ich als Leutnant beim Ausbruch aus dem Kessel Halbe in Zossen in russische Gefangenschaft.

Vernehmung im Lager/Anklage

Erstes Verhör im Lager Tscherepowetz, 1947 in verschiedenen Lagern im Donbas — 1948 Vernehmung im Regime-Lager Golobowka — 1.12.1949 „Heimtransport" bis Brest. Schon im Zug mit deutscher Spur wurde ich aus dem Transport geholt und kam über die Zitadelle Brest nach Minsk. Hier wieder Vernehmungen.

Prozeß

Vom 23.12. bis 25.12.1949 Prozeß vor dem Militär-Tribunal in Minsk.

Urteil

Verurteilung zu 25 Jahren Arbeits-Besserungslager nach (ich glaube) UKAS 43: „Durch seine Teilnahme am Feldzug gegen die Sowjetunion hat er die zeitweilige Okkupierung sowjetrussischem Territoriums ermöglicht."

Harry Balz, Pinneberg

Umstände der Gefangennahme

In Beneschau bei Prag zunächst in amerikanischer Gefangenschaft. Nach einer Woche den Russen übergeben.
Nach Fußmärschen nach Rumänien (Lageraufenthalt), Verladung und Transport in die ehemalige Sowjetunion.

Einheit/letzter Dienstgrad

Ersatztruppenteil in Prag/Leutnant

Vernehmung und Prozeß

im Gefängnis in Sysran

Urteil

25 Jahre — Anklagepunkte: 1. Mitglied der Hitlerjugend gewesen. 2. Als Offizier junge Soldaten ausgebildet. 3. Für Greueltaten meiner Division mit verantwortlich.

Heribert Hauser, Jakobneuharting

Umstände der Gefangennahme

4 Wochen nach Kriegsende in Kurland

Einheit/letzter Dienstgrad

Nachrichtenabteilung VI. Korps/Leutnant

Vernehmung im Lager/Anklage

Epiphan

Prozeß

Moskau KGB-Gefängnis

Urteil

25 Jahre wegen angeblicher Zwangsevakuierung von finnischen Zivilisten in d. Jahren 1941-43 in Finnland.

Friedrich Ochsenkühn, Gunzenhausen

Umstände der Gefangennahme

Am 8.5.1945 zunächst in US-Gefangenschaft in GALLNEUKIRCHEN/Österreich, dann Auslieferung an Sowjetarmee und 1. Lager in Edelbach/Österreich.

Einheit/letzter Dienstgrad

SS-RgtKampfGruppe „Mähren„ Untersturmführer (Leutnant) und Bataillons Adjutant

Vernehmung im Lager/Anklage

Oktober/November (Schwerpunkt) im Lager 6124/3 in Stalingrad

Prozeß

am 21. Dezember 1949 im MWD-Gebäude in Stalingrad

Urteil

Nach UKAS 43 wegen angeblicher Erschießung friedliebender jugoslawischer Bürger 1943 als Leutnant und BtlAdju. Tatsächlich war ich zu diesem Zeitpunkt Gefreiter. Zusätzlich § 58/4 und § 58/10.

Kurt Hennig, Mönchengladbach

Umstände der Gefangennahme

Beim Ausbruchsversuch aus dem Kessel am 13. Februar 1945 in der ungarischen Hauptstadt Budapest. Die Einschließung von Budapest war durch die Rote-Armee bereits am 23.12.1944 vollzogen worden. Bei den Straßen- und Häuserkämpfen erlagen wir der Übermacht der Sowjets. Mit meiner 4. Verwundung.

Einheit/letzter Dienstgrad

Flak-Art. Abt./22. Kav. Div./SS-Unterscharführer (Unteroffizier)

Vernehmung im Lager/Anklage

Nach meiner vergeblichen Flucht im September 1947 wurde ich mit einem Hauptmann der Luftwaffe auf der Baustelle (Straßenbau) verhaftet und in den Lagerkarzer gebracht. Es folgten acht Tage lang Vernehmungen durch den Lagerkommissar. Dann Überstellung in das NKWD-Milizgefängnis Hanlar bei Kirowobad/Aserbaidschan. Hier wurde ich mit verschiedenen Methoden über 4 1/2 Monate durch NKWD-Offiziere, meistens nachts vernommen und zusammengeschlagen. Man wollte mir die Erschießung von Partisanen anhängen, aber ich war nie im Partisaneneinsatz. Nach Stehhaft in der Dunkelzelle fand sich ein „Zeuge“ gegen mich und andere mit der falschen Behauptung, ich hätte Partisanen erschossen.

Prozeß

In Baku/Aserbaidschan wurde ich im NKWD-Milizgefängnis Hanlar (bei Kirowobad) Ende September 1948 nach dem UKAS Stalins in Abänderung der Todesstrafe zu 25 Jahren Zwangsarbeit verurteilt. Grund der Verurteilung war die angebliche Erschießung von 5 Partisanen.

Dieter Pfeiffer, Berlin

Umstände der Gefangennahme

Kapitulationsgefangener 12. Mai 1945 bei Prag

Einheit/letzter Dienstgrad

SS-Unterscharführer in der Jagdpanzer-KP 1007 Prinz-Eugen

Vernehmung im Lager/Anklage

Ich war bis Anfang Dezember 1949 von allen Belästigungen verschont geblieben, doch dann wurde auch ich am 6. Dezember zum Verhör gerufen.

Das Lager hatte sich schon sehr geleert, als ich am 24. Dezember erneut zu einer Vernehmung gerufen wurde, bei der mich der verhörende Offizier fragte, ob ich in Belgrad oder Belgorod gewesen sei. Da ich während des Krieges niemals in der UdSSR eingesetzt war, verneinte ich natürlich Belgorod.

Urteil

Auf der Urteilsabschrift war aufgeführt, nach welchen Paragraphen die Verurteilung erfolgt war. Bei mir waren die Paragraphen 1 und 19 durchgestrichen, die sich auf Vergehen auf dem Territorium der UdSSR bezogen. Sie waren ersetzt (überschrieben) durch den § 58,4 des Kriminalkodexes der Russischen Föderativen Sowjetrepublik, der das Delikt der Konterrevolution zum Inhalt hatte. So wie die Paragraphen geändert waren, so war auch das ursprünglich für die Verurteilung vorgesehene Datum — der 24.12., — durchgestrichen und durch das Datum der tatsächlich erfolgten Verurteilung — 28.12. — ersetzt worden.

Aus dem Freiwilligen der Waffen-SS, der bei Kriegsende 19 Jahre alt war, hatte man nun einen Konterrevolutionär gemacht, um ihn noch weitere 69 Monate hinter Stacheldraht halten zu können.

Helmut Trautmann, Frankfurt

Umstände der Gefangennahme

am 12.5.1945 in Gallneukirchen/Österreich in Divisionsverbrauch (Heimkehr 16.1.1956)

Einheit/letzter Dienstgrad

Obergefreiter der Waffen-SS

Vernehmung im Lager/Anklage

Vernehmung im Lager Roya b. Stalino 1949 und dann im Oktober. Im Lager VI. in Stalino „Angehörigkeit der T.Div“ (5. Min)

Prozeß

Im Lager V in Stalino am 27.12.1949. Das Urteil war ersichtlich vorgefertigt (Name eingesetzt) und noch verkehrt.

Urteil

25 Jahre nach UKAS 43

Hans Bäcker, Bottrop

Umstände der Gefangennahme

Ich bin am 14.2.1945 in Budapest, als Verwundeter in den Kellerräumen der Burg, in Gefangenschaft genommen worden

Einheit/letzter Dienstgrad

8. SS-Kavallerie-Division/Sturmmann

Vernehmung im Lager/Anklage

Unser Bataillon wurde im Dez. 43/Januar 1944 zum Brückenbau In Minsk/Bluden eingeteilt. Dort wurden wir von Partisanen angegriffen. In dreimaligen Einsätzen durchsuchten wir verschiedene Orte nach Waffen.

Die Vernehmungen mit NKWD-Dolmetschern Moser und Weber wurden mit brutalen Mitteln erzwungen. Durch Einsperrung in Stehbunkern bei 30—35 Grad minus, durch Essens- u. Wasserentzug, Androhung von Schlägen, in menschenunwürdiger Weise.

Ich selbst habe keine Sprengung gehört und keinen Viehtransport gesehen. Ich war nie in einem dieser Orte, sondern hatte als MG-Schütze die Aufgabe, die Orte von außen abzusichern.

Am Ende rechnete man die Verluste der russischen Orte zusammen, teilte diese durch die Stärke der Kompanie — verkündete dann, in Abänderung der Todesstrafe, für mich 25 Jahre Zwangs- u. Besserungslager für meinen „Anteil“: 2,5 Häuser gesprengt, Zivilisten nach Deutschland zur Zwangsarbeit geschickt und eine Anzahl von Vieh, wie Pferde, Kühe, Schweine, Hühner usw. (die Anzahl ist mir entfallen).

Urteil

Das Urteil wurde nach UKAS 43 am 14.6.1948 in Swerdlowsk/Ural, ohne Verteidigungsmittel, verkündet.

Dieses wurde in russischer Sprache verlesen und später in schlechtes Deutsch übersetzt.

Hans Uebe, Bad Aibling

Umstände der Gefangennahme

Am 23. März 1945 geriet ich nahe Stuhlweißburg/Ungarn in Kriegsgefangenschaft.

Etwa Anfang Juni 45 wurden wir — ca. 300 Deutsche, 300 Juden, 300 Ungarn — in Richtung Sowjetunion verladen, jeweils 120 Mann in einen großen Pullmann-Waggon. Unterwegs entwickelte sich im Waggon eine schier unerträgliche Hitze, so daß wir schließlich halbnackt Mann an Mann im Waggon lagen. Durch diesen Umstand entdeckte der neben mir liegende Fleischmeistersohn Karl H. aus Frankfurt die an meinem linken Oberarm eintätowierte Blutgruppe — ich bin Soldat der Waffen-SS gewesen.

Einheit/letzter Dienstgrad

2./SS-Flag-Abt. III. Rottenführer

Vernehmung im Lager/Anklage

Mitte Juni kamen wir in Magnitogorsk/Ural an, unser erstes Lager. Wir waren noch keine 14 Tage in diesem Lager, als ich aus dem Krankenrevier — ich hatte Furunkulose — zur ersten Vernehmung geholt wurde — mein „Freund Karl hatte mich verkauft", fuhr dafür zeitig nach Hause, während ich vor dem „Militärtribunal" landete. Stalins Mühlen begannen zu mahlen!!!

Und weil ich zu fliehen versucht hatte, brachte man mich im Einzeltransport nach Tscheljabinsk in die Strafbrigade — eine besondere „Delikatesse"!

Aus der Baracke 9 heraus — Strafbrigade — wurde ich dann im Herbst 1949 (ca. 25 „Verurteilungen" in rd. 2 Stunden!) vom „Militärtribunal" Tscheljabinsk zum Tode verurteilt, umgewandelt später in 25 Jahre Zwangsarbeit!

Urteil

25 Jahre Straflager, wegen angebl. Erschießung von 22 Zivilisten in Orten, die ich nie betreten hatte.

Wolfgang Birk, Göppingen

Umstände der Gefangennahme

Damals noch keine 18 Jahre alt, Gefangennahme 21.7.1944 bei Lemberg

Einheit/letzter Dienstgrad

14. Ukrainische SS-Division/Soldat

Prozeß

Verurteilung 1947 in Dnepropetrowsk zu 25 Jahren Arbeits- und Besserungslager. Von Dezember 1955 bis April 1956 im Zuchthaus Bautzen. Heimkehr am 14.4.1956.

Urteil

Der Paragraph ist nicht bekannt.

Ernst Georg Beisiegel, Rüdesheim

Umstände der Gefangennahme

Am Flugplatz bei Wilna kam ich mit noch einem Kameraden in Gefangenschaft.

Einheit/letzter Dienstgrad

Feldgandarmerie Abt. 228, Oborgefreiter

Vernehmung im Lager/Anklage

In einem Lager bei Moskau.

Prozeß

Am 28.12.1949 im Transportgefängnis man sagte „der 30.000" In Moskau. Mit weiteren 9 Kameraden war ich in einer Vorzelle. Dann begann der Prozeß von ca. 15 Minuten. Der Vorsitzende hatte es eilig und brach meinen Einwand gegen die Prozeßführung kurz ab mit der Anweisung an den Gerichtsdiener „der Nächste — Zimmermann". Zimmermann ...

Anfang 1950 kam ich nach Krasnogorsk. Von dort Entlassung am 25. April 1950.

Urteil

Zuerst Todesurteil — da aber die Kommunisten human seien — Begnadigung zu 25 Jahren Arbeitslager

Hanns Becker, München

Umstände der Gefangennahme

Ende Mai 1945 von der US-Armee mit 2000 Kameraden (davon ca. 40 frisch Amputierte) bei Linz der Roten Armee ausgeliefert.

Einheit/letzter Dienstgrad

1. Panzergren. Brigade 92 — Leutnant d.R.

Vernehmung im Lager/Anklage

Frühjahr 1949 nach Krankentransport zwecks Heimkehr — ab Mosheisk dort von Kpt. Freger kurz vernommen. Vorhalt: Wieviel haben Sie gehängt Partisanen? Antwort: Niemals einen gesehen! Als die übrigen Kameraden zur Entlassung abtransportiert wurden, Einlieferung im Gefängnis Sedrenskaja.

Prozeß

Am 22.4.1950 in 15 Minuten abgeurteilt. Kein Staatsanwalt, aber Dolmetscher. Berufung fristgerecht eingelegt, aber nie eine Antwort bzw. Entscheidung erhalten.

Urteil

Gericht der Truppen der NKWD/MWD in Moskau 22. April 1950 wegen Beihilfe zu Verbrechen gegen die Menschlichkeit nach dem UKAS 43, weil er als Justizinspektor beim Gericht der 143. Division in Frankfurt/Oder auch Maßnahmen gegen demokratisch eingestellte Bürger begangen haben muß.

Kurt Schilff, Hann. Münden

Umstände der Gefangennahme

Kapitulation der Festung Breslau am 6. Mai 1945

Einheit/letzter Dienstgrad

Infanterieregiment Schulz/Gefreiter

Vernehmung im Lager/Anklage

Am 13. Dezember 1949 wurde ich im Entlassungslager verhaftet. Der Vernehmungsoffizier teilte mir laut Anklageschrift mit, daß ich als Polizeiinspektor einer verbrecherischen Organisation angehört habe und zunächst nicht mit nach Hause fahren würde. Nachdem ich ihm erwiderte, daß man mit 17 Jahren noch kein Polizeiinspektor sein konnte, sah er wohl ein, daß hier ein Fehler vorlag und sprach noch mitten in der Nacht telefonisch mit seinem Vorgesetzten, um meine Entlassung zu erreichen. Dieser lehnte das jedoch ab, weil schon die Anklageschrift vorlag.

Prozeß

Meinen Widerspruch, daß ich mit 17 Jahren nie hätte Polizeiinspektor sein können, hatte das Gericht einfach nicht beachtet. Auch die aus dem Gefängnis in Baku eingereichte Kassationsbeschwerde an den Obersten Sowjet wurde nie beantwortet.

Urteil

25 Jahre Zwangsarbeit nach UKAS 43

Vom Gefängnis in Baku wurden wir dann nach Brianka/Donezbecken transportiert. Erst am 19. Juni 1953 kam ich mit anderen verurteilten Kriegsgefangenen in das sogenannte Entlassungslager Krasnopolje/Donezbecken, wo uns mündlich mitgeteilt wurde, daß wir amnestiert worden seien. Am 26.9.1953 kamen wir schließlich im Lager Friedland an.

Wessiepe, Eduard, Haan

Von 1945-49 war ich im Lager Stalinsk. Von dort kam ich zur Verurteilung nach Prokowjewsk. Man hat in vielen Anläufen versucht, mir eine Schuld anzuhängen.

Anklage

Ich habe nichts unterschrieben, löste dadurch eine Flut von Beschimpfungen und Verwünschungen aus. Drohungen wurden ausgesprochen. Ich ließ mich nicht einschüchtern und habe nicht unterschrieben. Dann ging es ins Gefängnis.

Vernehmung

Für 9 Uhr früh war die Operation durch Dr. Maassen und der Lagerärztin anberaumt. Rechtzeitig wurden Vorbereitungen getroffen, der ganze Oberschenkel war bereits rasiert und mit Jod eingestrichen. Die Ärzte wuschen sich bereits die Hände. Eine Betäubungsspritze war für mich aufgezogen. Plötzlich wurde die Türe zum Behandlungsraum aufgerissen, der Politoffizier kam herein und untersagte die Operation. Man zog mir meine Keilhose an, die Proteste der Ärzte wurden nicht zur Kenntnis genommen. Ich mußte mich in das Vernehmungszimmer des Politoffiziers (am Ende der Baracke) schleppen und unter Gewaltandrohung in gerader Haltung auf einen Stuhl setzen. Dann begann eine Vernehmung. Sie wurde vom Politoffizier und auch vom Dolmetscher geführt. Wieviel russische Frauen hast du vergewaltigt, wieviel Vieh hast du gestohlen, wieviele Häuser hast du angezündet, wieviele Menschen hast du gemordet. Das waren die immer wieder gestellten Fragen, begleitet von Drohungen, Herumfuchteln mit einer geladenen und entsicherten Pistole. So ging das bis nachmittags gegen 15.00 Uhr. Mein Oberschenkel war inzwischen so geschwollen, daß die Keilhose zu eng war und ich den Eindruck hatte, alles Blut würde abgeschnürt. Plötzlich hörte ich das Geschimpfe und Geschrei der mich Vernehmenden in immer weiterer Entfernung, weiß noch, daß ich tief gefallen sein muß — ich bin ohnmächtig geworden und vom Stuhl gefallen. Dr. Maassen wurde durch den Dolmetscher verständigt: Jetzt können Sie operieren! Auf dem OP-Tisch kam ich zu mir. Man konnte mir keine Narkose mehr verabreichen.

Prozeß

Die Verurteilung erfolgte ohne Rechtsbeistand. Man kam in einen Raum, in dem sich das Gericht befand. Dann wurde der übliche Schuldspruch vorgelesen, der wohl einheitlich war. Das Gericht zog sich zur Beratung zurück. Bei mir dauerte es keine Zigarettenlänge. Das vorgefertigte Urteil wurde vorgelesen und von einem Dolmetscher übersetzt.

Dietrich Scholz, Buxheim

Umstände der Gefangennahme

Als Führer einer Panzerspäh-Kompanie mit etwa 50 Soldaten am 2. Mai 1945 bei Berkenbrück (Raum Luckenwalde)

Einheit/letzter Dienstgrad

Panzeraufklärungsabteilung 21 (Wehrmacht/Heer)/Leutnant

Vernehmung im Lager/Anklage

Mehrere Vernehmungen im Lager Rustawi bei Tiflis mit Folterung: Stockschläge, stundenlanges Stehen vor glühendem Ofen, nächtliche Einzelhaft in Kältezelle, nur mit Unterhose bekleidet usw.

Prozeß

Fand zumindest in meiner Gegenwart — nicht statt.

Urteil

Gefängnis Tiflis. Wegen Greueltaten auf sowjetischem Territorium 1942/43 als „Leutnant der 21. SS-Panzerdivision“: 25 Jahre

Anmerkung: Es gab keine 21. SS-Div. Außerdem war ich in den Jahren 1942/43 auf Kreta und in Deutschland. In der Sowjetunion war ich nur in Gefangenschaft.

Paul Golembiewski, Pinneberg

Umstände der Gefangennahme

Am 10.5.1945 ging ich im Pisek/Tschechoslowakei in amerikanische Gefangenschaft. Am 17.5.1945 wurden wir nebst ca. 120 Nachrichtenhelferinnen den Russen ausgeliefert.

Einheit/letzter Dienstgrad

Als Oberscharführer befand ich mich April/Mai 1945 in der Genesungskompanie der SS-Polizeidivision in Pilgrams.

Vernehmung im Lager/Anklage

Vernehmungen 1947 von der NKWD, außerhalb des Lagers in Hanlar (ehemaliges Helenendorf) in Aserbaidschan.

Prozeß

Die Gerichtsverhandlung fand am 10.12.1949 in Stalingrad statt, und zwar ohne Verteidiger. Ein von mir benannter Zeuge wurde nicht angehört. Die ganze Verhandlung dauerte ca. 10 Minuten, es mußte wohl schnell gehen, denn es mußten noch 19 Kameraden, die mit mir aus dem Gefängnis vorgeführt wurden, verurteilt werden.

Urteil

Die Verurteilung erfolgte nach § 58 — 4.

Gründe, die zu meiner Verurteilung geführt haben, sind mir nicht bekannt. Mir wurde auch keine persönlichen Straftaten nachgewiesen. Lediglich meine Zugehörigkeit zur Polizei und dann die Übernahme im Oktober 1941 in die SS-Polizeidivision dürfte nach meiner Einschätzung zu einem Kollektivurteil geführt haben. Mein Einsatz in Holland wurde vom Gericht abgetan: „Holland interessiert uns nicht, das ist ein kapitalistisches Land“.

Ludwig Guttzeit, Laboe

Umstände der Gefangennahme

Am 12. Mai 1945 bei Milin/CSSR für 12 Stunden in amerikanischer Kriegsgefangenschaft. Die gesamte Kampfgruppe wurde am folgenden Morgen von der Roten Armee in Kriegsgefangenschaft übernommen. Es handelte sich um eine Kriegsschuleinheit, die nicht im Osteinsatz war.

Einheit/letzter Dienstgrad

Pionierschule der Waffen-SS Hradischki bei Prag. Leutnant der Waffen-SS.

Vernehmung im Lager/Anklage

Da ich nicht im Ostfronteinsatz gewesen bin und am 20.04.45 erst zum Offizier befördert wurde, konnten keine konkreten Anklagen erhoben werden. 3 Wochen Offiziersdienstgrad in der Waffen-SS eines gerade 21jährigen reichten für 25 Jahre Arbeitslager offensichtlich aus.

Prozeß

1. Anklage Dezember 1949, dann überraschend Niederschlagung des Verfahrens. Am 21.4.1950 in 5 Minuten Urteilsfindung durch ein Militärtribunal (MWD) in Serpuchow a.d. Nara.

Urteil

25 Jahre Arbeitslager nach § 17 wegen Zugehörigkeit zu einer „verbrecherischen Organisation". Zur Waffen-SS bin ich durch ein Abkommen zwischenReichspostminister und Reichsführer SS gekommen.

Kurt Otto Reinhard Löble, Aidlingen

Umstände der Gefangennahme

18.1.1945 Einkesselung Restbataillon, 258. ID- Südostpreußen bei Praschnitz, Straße Rozan, Richtung Milau

Einheit/letzter Dienstgrad

I/260 Major Schmitt, 258 ID (Graf Oriola), Leutnant

Vernehmung im Lager/Anklage

Ich war seit etwa Februar 49 in Einzelhaft im Vernehmungs-Lagerteil des Hauptlagers Minsk als Vernehmungshäftling des MWD Unterleutnantes Wolusuk eingesperrt. Wolosuk ließ mich zu verschiedensten Tages- und Nachtzeiten zu Vernehmungen kommen. Wolosuk schlug mich bei seinen Vernehmungen mit einem Lineal auf Hände und Kopf, bis mir dies eines Tages zu dumm wurde und ich ihm seinen Schreibtisch umstürzte. Ich kam wieder in Einzelhaft in einen kleinen Erdbunker. Wieder folgten Vernehmungen. Eines Tages erklärte mir dann Wolosuk, gegen mich läge nichts vor und ich müsse nun das Abschlußprotokoll unterschreiben. Um Ruhe zu bekommen, tat ich dies.

Prozeß

Bei der gerichtlichen Verhandlung wie auch schon bei den Vernehmungen Wolosuks war, soweit ich verstehen konnte, die Rede davon, daß ich im Hinterland Evakuierungen von Zivilisten geleitet hätte. Ich habe dies jedoch niemals getan oder hätte dies überhaupt tun können. Ich war Infanterieoffizier in der Hauptkampflinie und hatte nie eine Befehlsgewalt im Hinterland. Ich konnte somit keine Berührung mit Zivilpersonen gehabt oder Befehle im Hinterland gegeben haben.

Urteil

25 Jahre nach UKAS 43

In der Abschrift des im Original bei mir noch vorhandenen Urteilsauszuges vom 12.11.1949 gibt es keine konkreten Gründe für meine Verurteilung.

Hein Mayer, Wolfsburg

Umstände der Gefangennahme

Nach Verwundung durch Partisanen am 13. Mai 1945 bei Tabor in russische Gefangenschaft gekommen, unter Wegnahme aller Papiere wie Soldbuch, Fahrlehrscheine (auch Gasgeneratorenbetrieb!)

Einheit/letzter Dienstgrad

147. Sturm-Division (neue 6. Armee), Divisionsschirrmeister (K)

Vernehmung im Lager/Anklage

Erste Verhaftung 1947 mit dem Vorwurf ich sei der „Panzermeier". Außerdem sei ich Führer eines Vernichtskommandos im Kaukasus (Holzgasgenerator-Gashehubka-Vergasungsauto)! gewesen und Konterrevolutionär und Helfer des Hitlerfaschismus, weil ich ein Jugendführer gewesen sei. Schließlich sogar im Soldbuch als Mitglied des faschistischen NS-Führungsstabes beim OKW ausgewiesen bin. Richtig ist, daß ich nach schwerer Verwundung und Verlust der Kriegsverwendbarkeit vom Heer an die Marine-Truppenbetreuung „entliehen" und beim NS/Führungsstab nur wirtschaftlich angeschlossen war. Im Herbst 1944 bin ich als Schirr-Uffz wieder in den rückwärtigen Truppendienst gegangen.

Urteil

Dezember 1949 erneut verhaftet, am 24.12.1949 unter gleichen Vorwürfen zu 25 Jahren Arbeitsbesserungslager in Stalingrad (Feuerwache) nach UKAS 43 und § 58,1 und 58,8 verurteilt.

Rudolf Ernst Schönebeck, Mesenburg

Umstände der Gefangennahme

Inhaftierung 1946 in der SBZ in das KZ Sachsenhausen und Transport in die UdSSR.

Vernehmung im Lager/Anklage

Die Anklagepunkte gegen mich gingen auf eine Untersuchung durch einen Richter Mitte Dezember 1949 im Untersuchungsgefängnis Eskadron bei Krasnogorsk zurück. Es waren insgesamt 12 Punkte die sich auf eine schriftliche Denunziation des Antifaschistischen Komitees im Kriegsgefangenenlager Pjerowo (b. Moskau) stützten. Ihr Gesamtinhalt lautete ungefähr, daß an meiner künftigen staatsbürgerlichen Verlässlichkeit in der DDR nach einer Entlassung erhebliche Zweifel bestünden (Diese Punkte hat mich der Untersuchungsrichter damals als vorweggenommene Anklageschrift einsehen lassen).

Prozeß

Militärgericht im Sokolniki-Gefängnis in Moskau am 10.5.1950

Urteil

25 Jahre nach UKAS 43

Alfred Reuter, Allensbach

Umstände der Gefangennahme

Am 9. Mai 1945 von den Amerikanern an der österr. Grenze Übergabe an die Sowjetarmee

Einheit/letzter Dienstgrad

Frontaufklärungskommando, Hauptmann 2/2

Prozeß

In Riga am 22.12.1949

Urteil

§ 58 Beihilfe zum Landesverrat/Spionage

Erinnerung von Alfred Reuter an seine Vernehmung 1949:

Politoffizier: „Gegen Sie persönlich liegt nichts Belastendes vor".

A. Reuter: „Warum soll ich dann verurteilt werden?"

Politoffizier: „Sie haben während Ihres Dienstes in der deutschen Wehrmacht spezielle Kenntnisse der Roten Armee erworben und Sie müssen verstehen, daß wir Sie nicht heimkehren lassen können, solange die Gefahr eines Krieges zwischen der Sowjet-Union und den USA besteht, denn die Amerikaner würden Sie im Kriegsfall sofort wegen Ihrer Spezialkenntnisse einziehen und Sie gegen die Sowjet-Union einsetzen."

A. Reuter: „Wie lange soll ich dann noch hierbleiben?"

Politoffizier: „Das kommt ganz auf die internationale politische Entwicklung an — bestimmt werden es keine 25, vielleicht 2 oder 3 Jahre".

Es wurden 6 — über die bereits als Kriegsgefangener verbrachten 4 1/2 Jahre hinaus. Insgesamt: 10 1/2 Jahre.

So erhielt ich, da ich im „Ic"-Sektor gearbeitet hatte, 25 Jahre „Arbeitsbesserungslager" gemäß § 58 wegen „Beihilfe" zum Landesverrat russischer Freiwilliger, ohne daß mir das geringste persönliche Vergehen zur Last gelegt wurde.

OBERSTE
MILITÄRISCHE STAATSANWALTSCHAFT

STAATSANWALTSCHAFT
DER UNION DER SOZIALISTISCHEN
SOWJETREPUBLIKEN

11. Oktober 1991
Nr.3r-2047-91
103160 Moskau, K-160

BESCHEID
(über Rehabilitierung)

Hiermit wird bestätigt, daß der deutsche Staatsangehörige REUTER Alfred, Sohn des Alfred, geboren im Jahr 1914 in Kiel, Führer einer Frontaufklärungseinheit des deutschen Heeres , Hauptmann, am 9. Mai 1945 von sowjetischen Truppen gefangengenommen wurde und sich bis zum 6. Dezember 1949 im Status eines Kriegsgefangenen befand.

Am 6. Dezember 1949 wurde er unter Anklage der Spionage verhaftet; am 22. Dezember 1949 wurde er durch das Militärtribunal der Truppen des Innenministeriums der Lettischen SSR ohne Begründung verurteilt und für die Dauer von 25 Jahren in ein Arbeitsbesserungslager eingewiesen.

Während dieser Haftzeit wurde Reuter A.A. zur Zwangsarbeit herangezogen.

Am 13. Dezember 1955 wurde er repatriiert.

Auf Grund von Punkt 1 des Erlasses des Präsidenten der UdSSR vom 13. August 1990 über die Wiederherstellung der Rechte aller Opfer politischer Repressionen der 20er bis 50er Jahre wurde Reuter Alfred, Sohn des Alfred als unschuldig anerkannt und rehabilitiert.

Der Bescheid über die Rehabilitierung ist an Reuter Alfred, Sohn des Alfred, oder an seine Verwandten auszuhändigen.

DIENSTSIEGEL

MILITÄR-STAATSANWALT DER VERWALTUNGSABTEILUNG
DER GWP (OBERSTE MILITÄRISCHE STAATSANWALTSCHAFT)
FÜR REHABILITIERUNGEN

gez. A.W.Gorbatschew

Karl-Gottfried Vierkorn, Stephanskirchen

Umstände der Gefangennahme

Am 28. Mai 1945 in Österreich von den Briten an die Sowjets ausgeliefert.

Einheit/letzter Dienstgrad

XV. Kosaken-Kav.-Korps u. Tannwitz/Rgts.-Adj.

Vernehmung im Lager/Anklage

Im Gebiet Kussbass/Sib. Raum Stalinsk/Prokopjewsk

Prozeß

Am 24.12.1949 Stadtgefängnis Stalinsk. Man wollte es offenbar kurz machen. Nachdem ich auf Aufforderung meinen Namen — Vorname und Vatername — wie dies in Rußland üblich ist, genannt hatte, begann der Oberstleutnant ohne jegliche Umschweife die Anklage zu verlesen. Der Dolmetscher übersetzte. Dann forderte er mich auf, zu der eben verlesenen Anklage Stellung zu nehmen. Ich tat das mit wenigen Worten: „Ich möchte zu der Anklageschrift folgendes feststellen: Erstens sind mir die genannten russischen Dörfer, die ich angeblich mit niedergebrannt haben soll, nie bekannt gewesen. Zweitens: Man kann mich als Angehörigen der Heeresgruppe Mitte, die etwa eineinhalb bis zwei Millionen Soldaten umfaßte, nicht für Kampfhandlungen verantwortlich machen, die in Gebieten erfolgt sind, in die ich nie meinen Fuß gesetzt habe. Auch in diesem Falle fehlte der Nachweis völlig. Drittens: Unter keinen Umständen erkenne ich die mir vorgeworfene Kollektivschuld an. Entweder verurteilen Sie alle oder keinen und nicht die Letzten, derer Sie habhaft werden konnten.

Viertens: Ein militärischer Witz geradezu ist Ihr Vorwurf, die Deutsche Wehrmacht hätte vom Feind besetzte Ortschaften mit Artilleriefeuer belegt. Ich möchte Sie hier nur fragen, ob Sie es während des Krieges stets vermieden haben, eine von deutschen Kräften besetzte Ortschaft mit Artillerie zu beschießen? Schließlich möchte ich fragen, ob es Zeugen gibt, die meine sogenannten Straftaten belegen können?"

Nachdem man meine Stellungnahme zur Kenntnis genommen hatte, mußte ich den Raum verlassen. Die paar Minuten Wartezeit waren für mich eine Ewigkeit. Dann wurde ich wieder gerufen. Als der Oberstleutnant das Urteil verlas, hatten sich alle Anwesenden von ihren Plätzen erhoben (die Beisitzer kamen nur etwas schwankend hoch!). Welch eine Heuchelei! Ich übersetzte so gut ich konnte mit „Ihre Einsprüche sind wegen Mangel an Beweisen abgelehnt. Laut Verfügung des Obersten Sowjets sind Sie wegen Verbrechen gegen die Menschlichkeit, Zerstörung russischen Staatseigentums und wegen Zugehörigkeit zur faschistischen Wehrmacht laut xy .. zum Tode verurteilt. Die Verhandlung ist geschlossen."

Mein junger M.W.D.-Begleiter mußte wohl gemerkt haben, wie ich innerlich mit mir beschäftigt war, denn er fragte: „Ti skolko polutschil (wieviel hast du bekommen?)". Ich zeigte müde lächelnd auf meinen Nacken, um den Genickschuß anzudeuten. „Nikakada ti budusch (niemals wirst Du das)!" erwiderte er kopfschütteln, indem er mir auf die Schulter klopfte. Nun, was wußte er denn schon.

Werner Graf, Dernbach

Umstände der Gefangennahme

Ich bin bei der Kapitulation in der Tschechoslowakei als Verwundeter in amerikanischer Gefangenschaft geraten. Die Amerikaner lieferten uns an die Russen aus. Über Budweis, Rumänien, Schwarzes Meer, kam ich in ein Gefangenenlager bei Pensa.

Einheit/letzter Dienstgrad

Als Panzermann war ich bei der 8. Panzerdivision. Ich war nie in Rußland eingesetzt, nur im Westen 1944 — 1945.

Vernehmung im Lager/Anklage

Vernehmung im Lager und im Gefängnis in Sysran.

Prozeß

Der Prozeß fand am 28.12.1949 in Sysran statt. Ich wurde zu 10 Jahren Zwangsarbeit verurteilt.

Urteil

25 Jahre nach UKAS 43

Wolfgang Ledigs, Prien

Umstände der Gefangennahme

Stalingrad — Südkessel — Roter Platz — Nähe Univermog

Einheit/letzter Dienstgrad

Stab 14. PzDiv., Hptm II e der 14. PzDiv.

Vernehmung im Lager/Anklage

Sysren, Dez. 49 — Keine Vernehmung

Prozeß

10 Min. Prozeß im Gefängnis Sysran, 25./26.12.49

Urteil

Der Angeklagte war Mitglied des Kommando-Bestandes der 14. PzDiv. Diese Division hat von 1941 auf ihrem Weg vom Bug bis Stalingrad unzählige Kriegsverbrechen begangen. Er wird deshalb zu 25 Jahren verurteilt.

Eine interessante Diskussion beim 10-Min-Prozeß:

Frage von mir: Werden die anderen Angehörigen des Div-Stabes ebenfalls verurteilt?

Major d. Justiz Afonin: Jawohl!

Frage: Mein letzter Div-Kdr. General Lattmann ist bereits in der DDR. In Freiheit natürlich! Mein letzter Div-Führer Oberst Ludwig ist derzeit (1949) Kommandeur bei der DDR-Volkspolizei in Thüringen! Der letzte Kriegsgerichtsrat Schumann der 14. PzDiv ist heute rechte Hand der DDR-Justizministerin Hilde Benjamin in Berlin. Warum sind sie nicht verurteilt?

Antwort: Raus — Faschist!

Hermann Kalff, Itzehoe

Umstände der Gefangennahme

Ich bin Mitte Mai 1945 von tschechischen Partisanen gefangengenommen worden. Einige Tage danach wurde ich den sowjetischen Militäreinheiten übergeben. In Brünn wurden wir auf die Bahn verladen und nach Konstanza am Schwarzen Meer gebracht. Von dort erfolgte die Verschiffung nach Sewastopol.

Einheit/letzter Dienstgrad

Meine letzte Einheit war Frontaufklärungstrupp 144 oder 244. Mein Dienstgrad war Sonderführer-Dolmetscher. Ich bin nicht aufgrund dieser Einheit verurteilt worden.

Vernehmung im Lager/Anklage

In allen Lagern fanden lfd. Vernehmungen statt. Spezielle Vernehmung zur Verurteilung im Lager KRASNIJ-ARMEISK/Stalingrad. Grund: Als Angehöriger des Stabes der 11. Panzerdivision-Dolmetscher hätte ich zur Überwachung des sowjetischen Frontsprechfunkverkehrs gehört.

Prozeß

Ende Dezember 1949 wurde ich wegen der obigen Anklage vom Militärtribunal des Nordkaukasischen Bezirks vom Richter Major Mandschello verurteilt.

Urteil

Verurteilt nach § 58 — Spionage gegen die Sowjetunion — und als Angehöriger des Stabes der 11. Panzerdivision.

Im Oktober 1955 wurde ich entlassen und 1993 rehabilitiert.

Willi Dörenberg, Mülheim a.d. Ruhr

Umstände der Gefangennahme

Nach Einnahme der Stadt Budapest durch die Sowjet-Armee geriet ich am 13.2.45 verwundet in Gefangenschaft. Nach Ausheilung meiner Verwundung und Ruhrerkrankung wurde ich nach Rußland transportiert.

Einheit/letzter Dienstgrad

8. SS-Kavallerie-Division/Unterscharführer

Vernehmung im Lager/Anklage

Bei meiner I. Vernehmung wurde mir ein ganzer Anschuldigungskatalog vorgelesen. Ich hatte den Eindruck, daß dieser Katalog schon lange vorher mit Hilfe erpreßter Aussagen erstellt wurde. Die Hauptanklagepunkte waren, soweit ich sie noch in Erinnerung habe:

- Viehtransporte in großen Mengen nach Deutschland,
- Deportation von Frauen, Männer u. Kinder nach Deutschland,
- Verbrennen und Sprengen von Häuser u. anderen Gebäuden, Vergewaltigung von Frauen,
- Erschießen von Zivilisten und weitere Anschuldigungen.

Keine dieser mir zur Last gelegten Anschuldigungen entsprachen der Wahrheit und waren frei erfunden. Nach meiner Weigerung, ein Geständnis abzulegen und das alles zu unterschreiben, wurden die weiteren Vernehmungen immer brutaler und menschenunwürdiger. Bei allen Vernehmungen wurde ich von grellem Scheinwerferlicht angestrahlt. Am Tage Schwerstarbeit am Kupferschmelzofen, in der Nacht

Vernehmungen, waren keine Seltenheit. Tagelang wurde ich in einer engen Stehzelle eingesperrt. Sie wurde oft vorher bei Temperaturen von 30 Grad minus und mehr mit Wasser ausgespritzt. Man setzte mir — in entsprechender Entfernung — eine Karte meiner Mutter und eine warme Mahlzeit vor. Das alles können Sie haben, Sie brauchen nur zu unterschreiben, waren stets die stereotypen Aufforderungen. Faustschläge und Schläge mit einem Lineal auf Hände und Finger waren üblich.

Ich habe weder ein Geständnis abgelegt noch habe ich die Anklageschrift unterschrieben, die mir zwar in deutsch vorgelesen, aber in russischer Schrift vorgelegt wurde.

Urteil

UKAS 43, in Abänderung der Todesstrafe 25 Jahre Zwangsarbeit

Hans Koch, München

Ich heiße Hans Koch, Jahrgang 1926. Unter den verurteilten Kriegsgefangenen gehöre ich mit meinen 67 Jahren zu den Jünglingen.

Weihnachten 1949 wurde ich nach UKAS 43 zu 25 Jahren Zwangsarbeit verurteilt wegen Zugehörigkeit zu einem Truppenteil, dem Verbrechen gegen die Menschlichkeit auf dem Gebiet der Sowjetunion zur Last gelegt wurden.

Dazu kam es folgendermaßen: 1943 wurde ich mit 17 Jahren zur 12. SS-Panzerdivision eingezogen. Ausbildung als Panzerpionier in Belgien und Frankreich. Einsatz an der Invasionsfront in der Normandie. Offizierlehrgang in Prag und Zugführer auf einem Truppenübungsplatz in der Tschechei. Dienstgrad: Untersturmführer, d.h. Leutnant. Dort geriet ich auch nach Kriegsgende im Alter von gerade 19 Jahren in Gefangenschaft. Vom ersten Lager und der ersten Vernehmung an gab ich wahrheitsgemäß Dienstgrad, Truppenteil und Standorte an.

Das letzte Vernehmungsprotokoll vom Frühjahr 1949, also quasi mein Lebenslauf, wurde mir bei der sogenannten Anklageerhebung in Rostow am Don als Beweismittel vorgehalten. Dagegen konnte ich nichts einwenden. Aber ich brachte vor, daß meine Division und ich nie die Sowjetunion betreten hatten. Der Ankläger verschwand für einige Minuten, kam zurück und änderte die Anklage. Nicht „auf dem Gebiet der Sowjetunion", sondern „auf dem Gebiet der sozialistischen Volksrepubliken" hieß es jetzt. Mit diesem Text wurde ich auch verurteilt. Also: Kein persönlicher Vorwurf, auch kein konkreter Vorwurf gegen den Truppenteil. Für mich genügte die Zugehörigkeit, für den Truppenteil eine pauschale Behauptung. Der angebliche Tatort wurde beliebig geändert.

Mit fast 28 Jahren kam ich zurück. Mitgebracht habe ich einen tiefen Haß. Nicht gegen Menschen, aber gegen Diktatur und Unrecht. Ich wurde wieder Soldat, um mit dafür zu sorgen, daß kein System der Menschenverachtung und Willkür Gewalt über uns gewinnen kann.

Gottfried von Bismarck, Aachen

Umstände der Gefangennahme

Januar 1943 Stalingrad

Anklage/Prozeß

Wenige Tage vor der Verurteilung im Lager Vorlage einer Anklageschrift, diese lautete:

„Bismarck ist Sohn eines Großgrundbesitzers. Es ist anzunehmen, daß bei seinem Vater russische Kriegsgefangene gearbeitet haben; außerdem hat er an der Zerstörung russischen Territoriums teilgenommen."

Urteil:

25 Jahre nach UKAS 43 am 26.12.1949 durch Militärtribunal Rostow

44 Jahre danach folgte die Rehabilitierung.

Prof.Dr.Dr. Ernst Günther Schenck, Aachen

Umstände der Gefangennahme

Am 1. Mai 1945 in Berlin beim Verlassen des Notlazarettes.

Einheit/letzter Dienstgrad

Inspekteur für Truppenverpflegung und Ernährung im OKW

Vernehmung im Lager/Anklage

Ich habe den Einsatz in der SBZ als Wissenschaftler im Ernährungsinstitut der Roten Armee abgelehnt. Vernehmungen im Lager Krasnogorsk ab Herbst 1949. Keine konkreten Vorwürfe.

Am 7.12.49 ins Staatsgefängnis

Prozeß

Man fragte in der Gerichtsverhandlung lediglich nach meiner Tätigkeit in der Deutschen Wehrmacht. Ich nannte sie und die Dolmetscherin übersetzte: „Bekennt sich schuldig, Ernährungsinspekteur der Deutschen Wehrmacht gewesen zu sein." Mein Protest veranlaßte die Abführung in einen Stehkarzer.

Nach der von den Richtern zur Urteilsbildung benötigten Zigarettenpause bugsierte man mich wieder in das Gerichtszimmer, wo dann der Vorsitzende das Urteil von einem Blatt Papier ablas, das ich schon zuvor in seiner Hand gesehen hatte. Es lautete: Verurteilung zum Tode, weil er durch seine Tätigkeit in einem Verpflegungslager die Widerstandskraft der Deutschen Wehrmacht gestärkt hat. Vor welchem Gericht ich stand und nach welchem die Verurteilung erfolgte, wurde vielleicht auf russisch vorgelesen. Ich bekam es nicht mit und hatte keinen Verteidiger, der mich hätte instruieren können.

Die Dolmetscherin schob mir das Urteilspapier zu. Ich solle es unterschreiben und anerkennen. Ein Tintenfaß mit Federhalter wurde zu diesem Zweck in Reichweite gebracht. Ich nahm den Halter mit voller Faust und stieß ihn aus Leibeskräften auf den Boden, so daß die Feder zersplitterte und die Tinte herumspritzte. Von kräftigen Händen derb ergriffen, verließ ich die Richter, die sich dem nächsten der 25 Fälle dieses Vormittags zuwandten, in Windeseile. Ich habe somit weder das Urteil noch die Strafe anerkannt und machte auch später, als man uns ein solches als sehr aussichtsreich hinstellte, niemals ein Gnadengesuch.

Helmut Oswald Becker

Umstände der Gefangennahme

Mai 1945 in Deutschland

Letzte Einheit/Dienstgrad

Stellvertr. Lagerkommandant eines Gefangenenlagers mit 45 000 Insassen, darunter 15 000 Soldaten der Roten Armee bei Bistritz. Oberleutnant.

Prozeß

Geschlossene Gerichtsverhandlung des Militärtribunals der MWD-Truppen des Bezirks Michailow am 24.12.1949.

Urteil

GEHEIM nach UKAS 43 zu 25 Jahren Arbeits- und Besserungslager, weil der Beschuldigte Becker die gefangenen Sowjetsoldaten nach Westen in Marsch gesetzt hat, um sie den amerikanischen Truppen zu übergeben statt den sowjetischen; aber an diesem Vorhaben noch von den Sowjettruppen gehindert wurde.

Die Berufung wurde am 8.9.1950 geprüft und vom Militärtribunal Moskau verworfen. Das Urteil wird bestätigt.

Vorgang nach der russischem Akte

Von Helmut Becker
am 30.9.1950 zur Kenntnis genommen

5. „Sabotage", Widerstand

Bericht von Friedrich-Müller-Rochholz, Herzogenrath

Friedrich Müller-Rochholz, Jahrgang 1914, aus Solingen. 1945 als Major in der Division Brandenburg in sowjetische Kriegsgefangenschaft geraten.

VERURTEILUNG IN DREI FÄLLEN ZU 25 JAHREN ZWANGSARBEIT.

Im ersten Fall wegen angeblichen Erschießungsbefehls nach UKAS 43. Zu den beiden anderen Fällen benötigte NKWD einige Jahre zur Vorbereitung. Es ging um sein Verhalten im Lager. Einen Lagerältesten, der bei Deutschen und Russen anerkannt war und sich nicht duckte, konnte man nicht ertragen.

Schon Anfang 1946 wurde in unserem Lager Lohn ausgezahlt. Die Lohnempfänger stifteten insgesamt 6 400 Rubel zur Anschaffung von Musikinstrumenten. Wachoffiziere und Musiker sollten sie auf dem Markt einkaufen. Unsere Musiker kamen bald zurück, ohne die russischen Offiziere und OHNE UNSER GELD:

Der russische Lagerkommandant, den wir schätzten, erklärte, die Offiziere seien überfallen worden: „Nun ist das Geld weg." Ich erklärte enttäuscht und zornig: „Die Offiziere trugen Pistolen. Wo soll unser Arbeitskommando die Toten beerdigen? Das Geld muß wieder her!

Es wurde uns erstattet. Aber von da an haßte mich der NKWD-Chef Bogdanow. Der Kommandant Pretrenko, dem wir viel Gutes verdankten, wurde sofort versetzt.

Im April wurde ich zum Autolager versetzt. Da gab es 5.000 Kriegsgefangene, einen großen NKWD-Stab und den deutschen Lagerführer Kroning, NKWD-Spitzel, Verleumder und Verräter.

Im August 1947 warf man mir vor, eine geheime Organisation unter den Kriegsgefangenen gegründet und zu Sabotage aufgefordert zu haben. Es gab keine geheime Organisation! Das sagte ich bei jeder Vernehmung.

Ich hatte auch nicht zu Sabotage aufgefordert, im Gegenteil: ich hatte — als Pionier — gebeten, Brücken bauen zu dürfen. Die Antwort lautete: „Vielleicht will der Major noch tanzen."

Ich hatte nichts zu gestehen und unterschrieb kein Protokoll, obwohl ich hungerte und im Dunkeln lag. Major Bogdanow kam selbst und schlug mir zwei Zähne aus. Danach saß ich ununterbrochen 164 Tage in Dunkelhaft, in einem Loch von 2 x 1 x 2,5 Meter.

Ich wurde zu einem mageren Gespenst. Mit Aufsagen von Gedichten hielt ich mich bei Verstand, aber nicht mehr auf den Beinen. Als ich im Januar 1948 freigelassen wurde, ertrugen meine Augen zuerst das Tageslicht nicht. Ich wog 48 Kilogramm.

Aus dem Karzer kam ich, weil hohe Offiziere aus Moskau kommen sollten.

Demokratische Wahlen für eine deutsche Lagerführung sollten stattfinden.

Mit großer Mehrheit wählten die 5 000 Kameraden mich aus Mitleid und Trotz zum Lagerführer, obwohl ich nicht kandidierte, sie beschworen hatte, mich nicht zu wählen. Nun glaubte NKWD erst recht an eine ‚geheime Organisation'.

Zwei Wochen lang war ich Lagerführer. Dann saß ich wieder im Karzer, diesmal für 132 Tage bei Dauerlicht. Nach wochenlanger Karzerhaft hatten drei junge Offiziere unterschrieben, daß ich sie beeinflußt hatte. Es waren Freunde. Wir hatten oft zusammen gesessen, Gedichte aufgesagt und in die Abendsonne nach Westen geblickt. Daraus wurde eine geheime verbrecherische Organisation konstruiert.

Bei einer Gegenüberstellung widerrief ein Leutnant. Er wurde brutal zusammengeschlagen. Die ganze Nacht hörte ich sein Stöhnen und Weinen in der Nebenzelle. Ich nahm mir vor, solchen Zeugen keine Vorwürfe zu machen.

Ein Brigadeführer hatte für Wachposten-Feuer Holz stehlen lassen. Daraus wurde der Sabotage-Vorwurf für mich konstruiert.

Durch einen raffinierten Trick mit Hilfe deutscher Spitzel bekam NKWD schriftlich, was ich in meiner Zelle, als ich keine Gedichte mehr wußte, an Knittelversen zusammen dachte. Es waren keine Schmeicheleien für das Sowjet-System.

Im Herbst 1948 wurde ich verurteilt: nach § 58/11, § 58/14 und wegen des angeblichen Erschießungsbefehls (Ein Achtzehnjähriger unterschrieb nach einer Woche Karzer und für einige Portionen Suppe, daß ich Erschießung von Gefangenen befohlen habe).

Fast zwei Jahre mit über 300 Tagen Einzelhaft hatte der NKWD benötigt, um mich „verurteilungsreif" zu machen. Nach der Gefängniszeit habe ich zwei Jahre nördlich vom Baikalsee an der BAM, der Baikal-Amur-Magistrale, der transsibirischen Eisenbahn, mitgebaut. Drei Jahre sprach ich nicht deutsch.

Ideologische Besessenheit, Raffinesse und Brutalität der NKWD-Diener Stalins habe ich erlebt.

Viele gute, hilfsbereite Menschen habe ich in Gefängnissen und an der BAM kennengelernt: Russen, Ukrainer, Armenier und Usbeken. Ihnen möchte ich gerne noch einmal die Hand drücken, auch Lagerkommandanten und Ärztinnen.

Wir ehemaligen Kriegsgefangenen wünschen deutsch-russische Freundschaft, weil wir Menschen im Osten kennen und schätzen lernten.

Freundschaft verlangt Wahrheit und verbietet Heuchelei.

Daß wir ohne Mißtrauen aufeinander zugehen, möchte ich noch erleben, und ‚meine Akte' soll man mir fotokopieren für Enkel und Urenkel, damit sie wissen, was Menschen einander antun können, nicht nur Deutsche!

Bericht von Ernst Wolf, Wald-Michelbach

Anklage nach § 58 Abs. 7 StrafGB RSFSR: Sabotage; §58 Abs. 9 StrafGB RSFSR: Diversionsakte; § 58 Abs. 11 StrafGB RSFSR: Mitgliedschaft zu einer fasch. ill. Untergrundorganisation, die im Lager Verbrechen verübt habe.

Ich wurde zusammen mit anderen Kriegsgefangenen verurteilt. Insgesamt bestand die Gruppe aus 16 Mann, von denen bereits einige verstorben sind (z.B. Helmut Frank).

Tribunal/Ort: Militär-Tribunal Stawropol/Kaukasus
Strafmaß: jeweils 25 Jahre Straflager
Datum der Verurteilung: 9.4.1949
Entlassung und Heimkehr benennen: Entlassung: 27.9.55 (Lag. 3 Perwo-Uralsk)
Entlassung am 27.9.55; Heimkehr am 9.10.55 nach Friedland

Bericht des Mitbeschuldigten August Behmenburg, Mülheim, über den GROSSNY-Prozeß

Umstände der Gefangennahme

Die Gefangennahme erfolgte am 11.05.1945 im Raum Beneschau (Tschechoslowakei) nach der allgemeinen Kapitualation der Wehrmacht.

Einheit/letzter Dienstgrad

371 I.D./Hauptmann

Vernehmungen

Meine erste Vernehmung erfolgte im Frühjahr 1948 im Lager Grossny durch den Ltn. Krassnie-Rose mit dem Vorwurf, ich habe bei der Kartoffelernte 1946 auf einer Podchose als Brigadier veranlaßt, daß 50 % der Kartoffeln im Boden blieben. Dieser Vorwurf wurde bei späteren Vernehmungen, allerdings erst nach erheblichen Mißhandlungen, fallen gelassen.

Basis für die spätere Verurteilung war der vielfach in Kriegsgefangenen-Kreisen bekanntgewordene „Grossny-Prozeß". Ausgangspunkt waren Unregelmäßigkeiten und Veruntreuungen der Geschäftsführung der russischen Bitumen-Gesellschaft Grossny (Kaukasus), die dann den in den Bitumen-Betrieben arbeitenden Kriegsgefangenen zugeschoben wurden.

Nach dem Schneeballprinzip, einer belastet den Nächsten, wurde dieser Prozeß bis auf 17 Beteiligte zusammengeprügelt.

Vernehmer: Die Untersuchungen erfolgten durch die Lager-NWD 7424 und zwar durch: Major Karpetschenko, Hauptm. Dennissow, Hauptm. Klimanov, Oltn. Batura, Ltn. Martschenko, Ultn. Pastel, Ultn. Monastririow und die Dolmetscher Barbier und Hecht. Es gab noch weitere Beteiligte, die aber nicht in Erinnerung blieben.

Nach Verlegung als sogenannter „Einzelreisender über 2 weitere Läger wurde ich am 6.12.1948 zur Vernehmung ins „Finski-Dom", dem Sitz der MWD, in Piatigrosk gebracht.

Jetzt hieß der Vorwurf „Organisierte Spionage und Sabotage im Auftrag der Amerikaner in russischer Kriegsgefangenschaft". Schon nach kurzer Zeit fiel man über mich her: Beschimpfungen, Anspucken, Schläge, Tritte bis zur Bewußtlosigkeit, wobei der Oltn. Batura, der Ultn. Monastirow und der Dolmetscher Barbier meine sadistischsten Quäler waren. Am 5. Tag dieser Methoden erhielt ich die erste Verpflegung. Etwa am 8. Tag dieser Tortur stellte man mir einen ehemaligen Leutnant gegenüber, der erklärte, er habe mir den Auftrag zur Spionage und Sabotage erteilt. Von einem Major las man mir vor, er habe mich für geeignet zur Spionage bezeichnet, von einem Hauptmann der gewußt habe, daß ich zu diesem Spionagekreis gehört habe und von einem Spitzel sah ich die handschriftliche Erklärung, ich hätte mit den ehemaligen Offizieren eine Clique gebildet. Noch eine Nacht, dann habe ich mich für schuldig erklärt, und wünschte mir nur noch den Tod.

Nach Verlegung des Lager 7424 in die Ukraine wurde der Fall „Grossny" ab Frühjahr 1949 in Melitopol von den gleichen Untersuchenden mit den gleichen Methoden weiterbehandelt. Mein Widerruf endete nach 14 Tagen mit totaler Erschöpfung und wieder erpreßtem Geständnis.

Im Juli erfolgte die Gegenüberstellung mit einem Staatsanwalt, der den Prozeß, nach Bekanntwerden der Mißhandlungen ablehnte.

Prozeß

Anfang September 1949 kam es zur ersten Gerichtsverhandlung bei der alle 17 Angeklagten widerriefen. Am 2. Tage der Gerichtsverhandlung wurde das Gericht durch den Staatsanwalt abgebrochen, fast wörtlich: „Das Gericht steht vor einem Dilemma. Es ist dem Gericht nicht möglich, die Wahrheit von der Unwahrheit zu unterscheiden. Es ist durch eine erneute objektive Untersuchung zu prüfen, ob in den Lagern Grossny Spionage und Sabotage betrieben worden ist oder es sich um ein Phantasiegebilde der Lager-MWD handelt."

Wir fühlten uns als Sieger; aber in der nächsten Nacht wurden Kameraden von den gleichen Vernehmern zusammengeschlagen. Drei Kameraden und ich kamen getrennt ins Gefängnis Melitopol und weiter, mit Verlegung der Lager, nach Saporoshe und Dnjepropetrowsk, in denen ich eine loyale, korrekte und oft auch eine helfende Behandlung erfuhr.

Etwa am 18. — 20.04.1950, nach der großen Verurteilungswelle, fand in Dnjepropetrowsk (Lager 7460) die 2. Gerichtsverhandlung statt, wobei die Angeklagten die erpreßten Geständnisse zurückwiesen. Das Gericht, unter Vorsitz einer Frau, stand offensichtlich unter Befehlszwang. Bei der Urteilsverkündung, wie üblich 25 Jahre Arbeitslager, stand das Gericht mit gesenkten Köpfen vor uns. Der Vorsitzenden bebte die Stimme, ihre Hände zitterten. Sie wußte genau, daß es eines der stalinistischen Unrechtsurteile war.

So weit ich das richtig in Erinnerung habe, erfolgte die Verurteilung nach § 58,6 und 8 (Faschistische Propaganda, Sabotage an den Arbeitsplätzen, Spionage in den Werken Grossny im Auftrag der Amerikaner).

Ich möchte hier nochmals betonen, daß ich hier nicht stehe, um Rache zu nehmen oder Wiedergutmachung zu verlangen. Aber eines möchte ich, daß meine Ehre und die meiner Kameraden wieder hergestellt wird. Wir erwarten Einzelrehabilitierung und keine Rehabilitierung in Bausch und Bogen, denn leider gab es auch Leute in unseren Reihen, mit denen wir nicht gleichgestellt sein möchten.

Zum Schluß erlauben Sie mir auch heute ein stilles Dankeschön an die russischen Menschen, die mir in schwersten Stunden Hilfe geben wollten und gegeben haben.

Bericht eines Mitgefangenen, Siegfried Bucher, über den Prozeß gegen General der Waffen-SS Helmut Becker und andere

Im Frühsommer 1950 kamen die in den Jahren 1946/47 und 48 verurteilten deutschen Kriegsgefangenen aus den Regim-Lagern Workutas, in das Lager 4 nach Stalingrad. In den Lagern 1—3 befanden sich ebenfalls, etwas später verurteilte Kriegsgefangene, die meines Wissens nicht mehr die Schrecken der Straflager Workutas erleben mußten.

Die verurteilten Kriegsgefangenen aus Workuta wurden an den verschiedensten Baustellen der Stadt Stalingrad, zu deren Wiederaufbau, eingesetzt, z.B. „Straße des Friedens" — Dram-Theater — Partei-Hochschule — Kino Gwardejiez u.a.

Auf einer dieser Baustellen haben eines Tages Kameraden den Ausbläser einer Granate ohne Zünder und Sprengstoff gefunden. Also ein harmloses Stück Eisen.

Der Kriegsgefangene Georg Brunner schilderte diesen Vorgang aus seinem Erleben im Oktober 1955 folgendermaßen:

„Bei dem Objekt Kino Gwardejiez hat der Brigadier Rose bei dem Aufräumen von Schutt einen Ausbläser gefunden (Spätherbst 1950 in Stalingrad). Da Rose nicht wußte, ob der Ausbläser deutscher oder russischer Herkunft sei, stieg er auf das Baugerüst, auf dem Ackermann und Merkner als Maurer tätig waren. Er wußte, daß Merkner Pionier ist. Rose fragte Merkner, ob es ein deutsches oder russisches Geschoß sei. Merkner antwortete, es sei ein russisches. Rose warf diesen Ausbläser auf das Gerüst und ging fort. Darauf sagte Merkner: „Was soll das Ding auf dem Gerüst, nimm es weg." Der Ausbläser blieb auf dem Mauergerüst liegen.

Am nächsten Tage erschien Rose wieder zur Arbeit, nahm den Ausbläser und rieb mit ihm an einem Zementblock, um festzustellen, um welches Klimmzeichen es sich handele (Jede Granate hat ein solches Klimmzeichen — Anm. des Vernommenen). Es muß hervorgehoben werden, daß dieser Ausbläser völlig verrostet war. Rose kam dann zu Merkner, zeigte ihm den Ausbläser und sagte, daß es sich doch um ein deutsches Geschoß handele, das sei am Klimmzeichen zu erkennen. Dann warf er den Ausbläser wieder auf das Gerüst.

Ackermann und Merkner waren dabei, Armaturen zu legen, die über einen Türstock liefen. Die Tür wurde mit dem halben Stein zugemauert, um etwa noch einmal eine Tür einzubauen. Daraufhin hat Ackermann von Merkner gesagt bekommen: „Nimm das Ding und pack es über den Armatursturz". Merkner dachte sich dabei auch nicht das Geringste. Beide äußersten sich dabei: „Wenn das Haus einmal in 100 Jahren umfällt, dann sollen die Leute daran merken, daß Deutsche daran gearbeitet haben!" Der Auslöser wurde zu den anderen Armaturen hinzugeworfen, da sie ohnehin damit zu tun hatten und geriet so unter die Untermauerung. Versehentlich war im Bauprojekt keine Nische vorgesehen. Nachdem der Vorarbeiter gemerkt hatte, daß hier versehentlich keine Nische gemacht worden war, ließ er sie aushacken. Das geschah durch Brigadier Windt. Beim Einbau der Nische stieß ein Arbeiter aus der Brigade Windt auf den Ausbläser und nahm an, daß es sich um eine Granate handle und meldete es seinem Brigadier. Windt gab diese Meldung sofort an den Bauingenieur weiter. Der Meister schaute das Ding an und wollte mit einem Eisen den Ausbläser rausschlagen. Der Bauingenieur kam hinzu, schimpfte ihn aus und befahl ihm, das Stück sofort barrikadieren zu lassen.

Man konnte sehr gut erkennen, was altes und was neues Mauerwerk war, da man auf einem vom Kriege zerstörten Gebäude die Mauer aufgerichtet hatte. Nachdem alles verbarrikadiert war, rief er die MWD-Operativabteilung des Lagers an. Der MWD ließ von sich aus von einem deutschen Architekten namens Fred Schön einen neuen Plan ausarbeiten, der später in den Akten erschien. Auch aus diesem Plan war sehr deutlich die Entstehung des neuen Mauerwerks zu ersehen. Inzwischen war die Brigade Rose aufgelöst. Ackermann war noch dageblieben. Die MWD begann die Vernehmung zuerst mit Ackermann (Lager 1 in Stalingrad). Er sollte darüber Aussagen machen, wie die Angelegenheit zustande kam. Ackermann gab zu, daß der Ausbläser eingebaut war und zwar als ein Stück Eisen zu den anderen Armatureisen. Ackermann wurde sofort in den Karzer gebracht, und es wurde gegen ihn Haftbefehl erlassen. Die Vernehmungen wiederholten sich. Ackermann saß etwa 2 Monate im Karzer."

Aus dem Gesamtverlauf der Vernehmungen muß darauf geschlossen werden, daß der (berüchtigte) Leiter der Operativ-Abteilung, Kapitän Ponomarjow, rasch feststellte, daß der an sich harmlose Vorgang könne zu einem großen „Sabotage-Fall" aufgebauscht werden; denn ein Mitglied der Brigade Rose war der Generalmajor der Waffen-SS Helmut Becker. Er war wie viele andere nach UKAS 43 zu 25 Jahren Zwangsarbeit verurteilt worden — nach Ansicht des KGB eigentlich zu wenig für einen Divisionskommandeur der Waffen-SS. Um die Frage, ob General Becker tatsächlich Verbrechen begangen hatte, ging es dabei nicht. Das hätte man ja untersuchen können. Übrigens lagen der Zentralen Stelle der Landesjustizverwaltungen in Ludwigsburg, wie sie auf eine spätere Anfrage mitteilte, keine Hinweise auf eventuelle Verbrechen Beckers in Konzentrationslagern vor.

Die operative Abteilung in Stalingrad ermittelte den Verbleib der Kriegsgefangenen, die 1950 auf den Baustellen gearbeitet hatten. So war auch Becker mit der Brigade Rose in den Lagerbereich Swerdlowsk verlegt worden.

Der Mitgefangene Georg Brunner schildert weiter:

„Als nächster wurde Merkner von Asbest mit noch einigen anderen zurückgeholt und in dieser Angelegenheit vom MWD vernommen, ebenfalls verhaftet und in den Karzer gesetzt. Anfang 1951 kamen Ackermann und Merkner ins Gefängnis, anschließend auch Rose.

Ende 1950 wurde ich auch wiederholt zur MWD geholt und wegen Kleinigkeiten in den Karzer gesteckt und schikaniert bis zum 24. April 1951. Am 24. April bekam ich den Bescheid von der Arbeitsabteilung des Lagers, im Lager zu bleiben. Auch der Kriegsgefangene Weisleder erhielt diesen Bescheid. Weisleder kam zu mir, nachdem er erfahren hatte, daß auch ich dableiben sollte und sagte, er habe gehört, daß wir in ein anderes Lager versetzt werden sollen. Ich äußerte mich daraufhin nicht, da ich Weisleder als Lumpen und Provokateur kannte.

Um etwa 9 Uhr wurde ich zum MWD-Stab außerhalb des Lagers gebracht und es begann die erste Vernehmung in dieser Angelegenheit mit mir. Als man mich fragte, was ich vom „Letzten Bataillon" wisse, bin ich ganz empört aufgestanden und habe gesagt, sie sollen mir nun endlich sagen, weshalb sie mich gerufen hätten, worauf der Unterleutnant Sansosin mir wiederholt sagte, ich wisse ganz genau, worum es sich handle, ich solle mich nicht so dumm stellen.

Nach einer halben Stunde kam ein sowjetischer Major mit Kapitän Ponomarjow, Oberleutnant Nitschajew und Unterleutnant Sanosin in meinen Vernehmungsraum und sie ließen mir durch den Dolmetscher Meyer sagen, daß ich nun endlich sprechen soll, ich hätte sie genug zum Narren gehalten, sonst würde es mir sehr schlecht gehen. Ich erwiderte, daß ich in der Sache „Letztes Bataillon" nichts sagen könne; wenn sie was wüßten, mir sei darüber nichts bekannt. Ich protestierte noch ein Wort zu sprechen, wenn sie nicht Augenzeugen brächten, die mich in dieser Sache beschuldigten. Daraufhin erfolgte eine Stunde lang nichts.

In der Zwischenzeit kam der Kapitän Ponomarjow wiederholt herein und fragte den Untersuchungsoffizier Sanosin in einem Ton, daß ich es eigentlich nicht hören sollte: „Nun wie ist es, spricht er, der andere hat schon zugegeben." Bei dem anderen handelte es sich um Weisleder, der in einem Nebenraum ebenfalls unter Druck gesetzt wurde."

Unter dem Stichwort „Letztes Bataillon" sollte der Vorwurf der Sabotage unter Führung von General Becker „bewiesen" werden. Dazu wurde eine entsprechende Gruppe mit einem harten Kern zusammengebastelt. Der KGB preßte Aussagen und falsche Beschuldigungen aus einigen Beschuldigten heraus. Die Anklage lautete nun, General Becker hätte schon in Workuta mit Angehörigen der Wlassow-Armee Verbindung aufgenommen, um einen Aufstand vorzubereiten. Dazu sei es nur nicht gekommen, weil die deutschen Kriegsgefangenen nach Stalingrad abtransportiert wurden. Und gleich in den ersten Tagen habe Becker systematisch die Sabotage auf den Baustellen vorbereitet. Im Lager habe dazu eine geheime Versammlung mit den Brigadieren stattgefunden. Nun konnte der Prozeß beginnen.

Vor Beginn des Prozesses wurde das Beweisstück beseitigt. Der Leiter des Entschärfungskommandos erklärte, daß die „Granate" auf dem Truppenübungsplatz gezündet wurde und sie sich durch eine Detonation aufgelöst habe.

Am 29.8.1952 begann vor dem Militärtribunal Stalingrad II der Prozeß. Die Anklage lautete: Aufstand, Bandenbildung, Unterhöhlung der Sowjetwirtschaft, Diversion.

Am 9.9.1952 fällte das Militärtribunal des Militärbezirks Don das Urteil. Zum Tode durch Erschießen nach den §§ 58,2, 58,7 und 58,9 des Strafgesetzbuches der RSFSR wurden verurteilt:

1. Generalmajor a. D. Helmut Becker, 1902
2. Major a. D., Ludwig Schwermann, 1916
3. Hauptwachmeister a. D. Werner Mostert, 1913
4. Unteroffizier a. D. Hans Ackermann
5. Obergefreiter a. D. Hermann Merkner

Weitere 13 Angeklagte wurden zu einfach oder mehrfach 25 Jahren Zwangsarbeit nach Unterziffern des § 58 verurteilt.

Es waren dies: Georg Brenner, Heinz Burasch, Nikolai Tekkel, Paul Gollup, Martin Kunzelmann, Eduart Biaue, Albert Haupert, Heinz Zienert, Herbert Rose, Richard Naumann, Martin Sänger, Herbert Sperling, Siegfried Weißleder

Meines Wisses wurden die „Kronzeugen" unmittelbar nach der Verurteilung von den anderen Beteiligten getrennt. Sie kamen nie mehr mit den anderen Kriegsgefangenen zusammen.

2 von den 13 zu weiteren 25 Jahren Verurteilten wurden im Dezember 1955 der Regierung der DDR zur weiteren Strafverbüßung übergeben und ins Zuchthaus Bautzen eingeliefert. (Im Frühjahr 1956 durften sie in die BRD übersiedeln).

Von den zu Tode verurteilten Kameraden wurde keiner mehr lebend in einem Kriegsgefangenenlager angetroffen. Allerdings hat Georg Brenner noch am 14.9. und 27.9.1952 im Gefängnis in Stalingrad über Dritte die Nachricht erhalten, daß sie noch leben.

Schlußbemerkung

Nikita V. Petrov, MEMORIAL Moskau, hat in der Personalakte Helmut Becker (Prozeßakten 3 Bände im MWD-Archiv der UdSSR — W 14816 und N 19099 im KGB-Archiv der UdSSR) den Vermerk gefunden:

„Das Urteil wurde vollstreckt am 18.2.1953". Vermutlich gilt das auch für die 4 anderen.

Durch das Rote Kreuz wurde den Angehörigen (am 11.5.1960) mitgeteilt, daß Becker in der Haft am 28.2.1953 verstorben sei.

Dieser Termin ist beim Standesamt Dachau eingetragen und deckt sich mit den Auskünften der WASt Berlin.

Es bleibt das Geheimnis des KGB, warum der tatsächliche Todestag um 10 Tage verlegt wurde.

Bericht über den Aufstand im Lager Schachty am 25.9.1950 und den Prozeß-Verlauf anhand des Original-Urteils vom 29.12.1951 des Obersten Gerichts der Union der SSR.

Nach der Massenverurteilung 1949/50 wurde das Lager 6 in Schachty als Stammlager der Lagerabteilung zum Auffanglager für die in Rostow verurteilten Kriegsgefangenen vieler Nationalitäten, aber auch für Hunderte von Strafgefangenen aus Karaganda. In Kürze wurde Schachty zum Sammelbecken aller Unzufriedenen. Ein Teil war noch nicht verurteilt. Bis zum Frühjahr 1950 verließen Transporte diesen Lagerbereich in Richtung Heimat. Ein Teil der Lagerbelegschaft arbeitete, der andere nicht. Die Spannungen wuchsen bis ins Unerträgliche.

Im Mai kamen Oberst Wolff, Symbol für Widerstand gegen sowjetische Willkür, und der erfolgreichste Jagdflieger im Zweiten Weltkrieg, Major Erich „Bubi" Hartmann ins Lager. Sie trafen auf Günther Wagenlehner, Franz Kienbichl und andere, die bereits Erfahrungen mit Straflagern und Karzer wegen ihrer Aktivitäten in früheren Lagern hatten.

Bubi Hartmann verweigerte unter Berufung auf die Genfer Konvention die Arbeit und wurde daher in den Lagerkarzer gesperrt. Wolff und Wagenlehner hielten es für geboten, Hartmann in seinem Kampf gegen die Lagerbehörden zu unterstützen. So organisierte Wagenlehner mit Gleichgesinnten mehrere Flugblattaktionen. An vielen Stellen im Lager waren Aufrufe zur Unterstützung für den Arbeitsstreik Hartmanns zu lesen, der inzwischen auch in den Hungerstreik getreten war. Es gab weitere Hungerstreiks und auch Arbeitsniederlegungen. Zunächst waren den Lagerbehörden diese Aktionen unerklärlich. Später im (geheimen) Urteil des Obersten Gerichts der UdSSR vom 29. Dezember 1951 liest sich da so:

Wolff, Kienbichl, Wagenlehner und andere hätten „im Sommer 1950 eine antisowjetische Gruppe gebildet, die sich das Ziel setzte, durch Propaganda und Terror die inhaftierten Kriegsgefangenen ihrem Einfluß unterzuordnen, Massendemonstrationen und Ausschreitungen gegen die Ordnung des Lagers zu organisieren sowie gegen die Maßnahmen der Verwaltung Arbeitsstreiks zu provozieren und Hungerstreiks zu erklären ..."

Mitte September 1950 wurde Hartmann offensichtlich mit dem Ziel eingesperrt, seinen Widerstand zu brechen. Man verweigerte dem Hungerstreikenden des Trinken.

Als er am 25. September von Hilfswilligen der sowjetischen Lagerbehörden — erkennbar für viele Augenzeugen — im Karzer geschlagen wurde, löste diese Nachricht eine allgemeine Empörung aus. Am Spätnachmittag stand die Lagerbelegschaft fast vollständig vor dem Lagertor, zuerst stummer und dann lautstarker Protest gegen die brutale Behandlung.

„Dieser Aufstand", so heißt es wörtlich im Urteil, „wurde begleitet von Tumulten, von Mißhandlung des inhaftierten Vargo, der verdächtigt wurde, die Lagerbehörden zu unterstützen, von Drohungen gegen den Kommandanten der Lagerabteilung, Major Kulikov, und durch Abreißen von Porträts von Führern der Partei und der Sowjetregierung".

Das Urteil spricht zwar von „gewaltsamer Befreiung Hartmanns aus dem Karzer", übergeht aber, daß der sowjetische Lagerkommandant nach drei Stunden dem Druck nachgab und Hartmann aus dem Karzer ins Lager entließ. Zuvor hatte Wagenlehner mit den Lagerbehörden verhandelt. Drei Stunden blieb das Lager auf dem Platz vor dem Tor zur Unterstützuang unbeirrt stehen, ungeachtet der kampfbereiten Wachmannschaften um das Lager und ihrer Schießerei.

Die konkrete Forderung gegenüber dem Lagerkommandanten war, Hartmanns Bestrafung zu beenden, weil er seine Streiks abbricht; aber nicht nach den sowjetischen Befehlen arbeitet, sondern das tut, was die Lagergemeinschaft ihm aufträgt. Das war die Brücke für die Sowjetbehörden, einen Kompromiß zu finden. Tatsächlich kam es zu dieser Lösung. Im Urteil liest sich das so: „Nach seiner Befreiung aus dem Karzer dankte Hartmann den Inhaftierten für seine Befreiung und rief zu organisierten Widerstandsmaßnahmen gegen die Lagerverwaltung auf."

Natürlich hat das Lager in dieser Nacht gefeiert, und Hartmann hat sich bedankt. Aber der behauptete „Widerstand" war nicht mehr nötig. Ebenso falsch war die durch sogenannte „Zeugen" konstruierte Planung, sowjetische Offiziere zu ermorden. Es wurde nicht nur niemand ermordet; sondern das hat auch niemand vorgehabt. Die Verfolgung benötigte diese Konstruktion allerdings, um die „anti-sowjetische Gruppe“ ins Gefängnis zu bringen.

Die Folgen des Aufstandes in Schachty am 25. September 1950 spürten alle Betroffenen: Das Lager 6 wurde aufgelöst. Die Sowjetoffiziere wurden strafversetzt. Die Gruppe um Oberst Wolff kam Anfang Oktober 1950 unter dramatischen Umständen in das Gefängnis Novotscherkask. Nach langer Einzelhaft, mehreren Hungerstreiks und ständigen Schikanen wurden Wolff, Wagenlehner und Kienbichl allen Ernstes angeschuldigt, sie hätten einen Aufstand gegen die Sowjetregierung mit dem Ziele ihrer Absetzung versucht. Diese lächerliche Anklage verwandelte sich später in versuchten Terror, um die schnellere Rückführung der Kriegsgefangenen in die Heimat durchzusetzen.

Am 21. Juni 1951 verurteilte das Militärtribunal des Militärbezirks Donez Wilhelm Wolff, Günther Wagenlehner und Franz Kienbichl wegen Terror, Unterstützung der Internationalen Bourgeoisie und Organisation (§ 58, Absatz 8, 4 und 11) zu dreimal 25 Jahren Arbeits-Besserungs-Lager „ohne Konfiszierung des Vermögens, weil die Verurteilten keines besitzen“, wie es völlig zutreffend im Urteil heißt.

Erich Hartmann, der eigentlich am Aufstand nicht direkt beteiligt war, erhielt noch zusätzlich den § 58, Absatz 14 („Konterrevolutionäre Sabotage“). Die Mitangeklagten Josef Kurz und Anton Gerspacher erhielten einen Paragraphen weniger. Zwei Provokateure und Spitzel, die zu Mindeststrafen verurteilt wurden, sind nicht erwähnenswert.

Damit war die Sache noch nicht beendet. Generalstaatsanwalt Rudenko forderte mindestens für die Hauptangeklagten die Todesstrafe gemäß Erlaß vom 12. Januar 1950. Dadurch kam es zu der Verhandlung des Militärkollegiums des Obersten Gerichtes der UdSSR am 29. Dezember 1951. Es entschied unter Geheim:

„Der Protest des Generalstaatsanwalts der UdSSR wird verworfen, das Urteil des Militärtribunals des Militärbezirks Donez vom 21. Juni 1951 bleibt in Kraft.“ Für die Opfer war das von größerer Bedeutung, als damals überhaupt begriffen: Drei sowjetische Generale der Justiz erwiesen sich als humaner als zwei deutsche Spitzel, die sich zu der Falschaussage hatten hinreißen lassen.

Übersetzung aus dem Russischen:

Besetzung des Gerichts in erster Instanz:

GenMajor d. Justiz
Malenkow, Pojmanskij, Durkin

Das Oberste Gericht der Union der SSR

Entscheidung Nr. 1-02414/51

in der Besetzung: Vorsitzender Generalleutnant der Justiz Tschepzow und die Mitglieder GM der Justiz Zarjanow und Oberst der Justiz Konow

prüfte in seiner Sitzung am 29. Dezember 1951 den Protest des Generalstaatsanwaltes der UdSSR gegen das Urteil des Militärtribunals des Militärbezirks Donez vom 18.-21. Juni 1951 in der Sache der Militärangehörigen

Wolff, Wilhelm Otto,
Kienbichl, Franz Leopold,
Wagenlehner, Günther Walter,

verurteilt wegen Verbrechen nach den Artikeln 19-58,8, 58,4 und 58,11 des Strafgesetzbuches der RSFSR zu Freiheitsentzug im Arbeits-Besserungs-Lager (ITL) für die Dauer von je 25 Jahren ohne Konfiszierung des Vermögens, weil die Verurteilten keines besitzen:

Hartmann, Erich Alfred, verurteilt wegen Verbrechen nach den Artikeln 19-58,8, 58,4 und 58,11 und 58,14 des Strafgesetzbuches der RSFSR zu Freiheitsentzug im ITL für die Dauer von 25 Jahren ohne Konfiszierung des Vermögens, weil er keines besitzt.

Kurz, Josef Simon, verurteilt für Verbrechen nach den Artikeln 19-58,8 und 58,11 des Strafgesetzbuches der RSFSR, und

Gerspacher, Anton Josef, verurteilt für Verbrechen nach dem Artikel 19-58,8 des Strafgesetzbuches der RSFSR zu Freiheitsentzug im ITL für die Dauer von 25 Jahren ohne Konfiszierung des Vermögens, weil er keins besitzt.

Die noch nicht verbüßten Strafen der Verurteilten infolge der Urteile gegen Wolff vom 29.12.49 durch das Militärtribunal des MWD Bezirk Iwanowsk; gegen Kienbichl vom 25.2.49 durch das Militärtribunal des MWD der Kasachischen SSR; gegen Wagenlehner vom 22.12.49 durch das Militärtribunal des MWD Bezirk Rostow, gegen Hartmann vom 27.12.49, durch das Militärtribunal des MWD Bezirks Iwanowsk, gegen Kurz vom 29.12.49 durch das Militärtribunal Orlowsk, gegen Gerspacher vom 6.12.49 durch das Militärtribunal des MWD Bezirk Rostow wurden in die neu verhängten Strafen einbezogen.

Nach Anhören des Sachverhaltes vorgetragen durch den Genossen Zarjanow und der Feststellungen des Gehilfen des Hauptstaatsanwaltes der Sowjetarmee, Oberstleutnant der Justiz Tscherkassow hinsichtlich der Zulässigkeit des Protestes

wird festgestellt:

In der MWD-Lager-Abteilung Nr. 182 wurde unter dem Einfluß der faschistisch orientierten Häftlinge Wolff, Hartmann, Kienbichl, Wagenlehner und anderer aus den inhaftierten Kriegsgefangenen der ehemaligen Deutschen Armee im Sommer 1950 eine antisowjetische Gruppe gebildet, die sich das Ziel setzte, durch Propaganda und Terror die inhaftierten Kriegsgefangenen ihrem Einfluß unterzuordnen, Massendemonstrationen und Ausschreitungen gegen die Ordnung des Lagers zu organisieren sowie gegen die Maßnahmen der Verwaltung, Arbeitsstreiks zu provozieren und Hungerstreiks zu erklären, antifaschistisch gesinnte Inhaftierte physisch zu vernichten, wenn sie die Lagerbehörden unterstützen.

Zum Ziele der Verbindungsaufnahme mit verurteilten Kriegsgefangenen, die sich in anderen Lagerabteilungen befanden, und mit dem Ziele analoge Aktivitäten durchzuführen, hatten sie die Absicht, in diesen Unterlagern die gleichen Gruppen zu schaffen; dazu fuhr Wagenlehner am 22. September 1950 im Auftrag von Wolff in die 10. Lagerabteilung.

Im Juli 1950 hatte Wagenlehner mit Billigung von Wolff Flugblätter erstellt und unter den verurteilten Kriegsgefangenen verteilt, in denen er sie zu organisierten Aktivitäten gegen das weitere Festhalten im Lager aufrief und zur Abrechnung mit allen, die die Maßnahmen der Lagerverwaltung unterstützen.

Am 25. September 1950 provozierten Kienbichl, Wagenlehner und Kurz und andere einen Massenaufstand der inhaftierten Kriegsgefangenen der 6. Lager-Abteilung mit dem Ziel, den im Karzer eingesperrten Hartmann, der seine Verurteilung nicht für gerechtfertigt hielt, systematisch die Arbeit verweigerte und mit Hungerstreik drohte, gewaltsam zu befreien. Dieser Aufstand wurde begleitet von Tumulten, von Mißhandlung des inhaftierten Vargo, der verdächtigt wurde, die Lagerbehörden zu unterstützen, von Drohungen gegen den Kommandanten der Lager-Abteilung, Major Kulikov und durch Abreißen von Porträts von Führern der Partei und der Sowjetregierung.

Während des Aufstandes riefen Kienbichl, Wagenlehner, Kurz und andere zur Ermordnung des inhaftierten Vargo auf. Von dem inzwischen am Platz des Aufstandes angekommenen Major Kulikov forderten die Häftlinge die unverzügliche Freilassung von Hartmann und die Herausgabe des in der Kommandantur versteckt gehaltenen Vargo. Dabei bedrohte Kurz mit einem Messer in der Hand den Major Kulikov.

Gerspacher, der bis dahin unter den Inhaftierten wiederholt antisowjetische Agitation durchgeführt hatte, rief zur Vernichtung der UdSSR in einem künftigen Krieg auf und riß Porträts der Führer der Partei und der Sowjetregierung herunter.

Nach seiner Befreiung aus dem Karzer dankte Hartmann den Inhaftierten für seine Befreiung und rief zu organisierten Widerstandsmaßnahmen gegen die Lagerverwaltung auf.

Am 27. September 1950 und an den folgenden Tagen erörterten Kienbichl, Hartmann, Wagenlehner, Pannhofer und Ferfert (der nach den Feststellungen des Gerichtes im allgemeinen sich von der Beteiligung an der Ermordung fernhielt) in illegalen Zusammenkünften die Frage der Ermordung der inhaftierten Antifaschisten Jakoschko und Pomsel, die enger Beziehungen zur Lagerverwaltung verdächtigt wurden. Außerdem schlug Kienbichl vor, die Ermordung eines Offiziers der Lagerverwaltung zu verwirklichen. Die Vorbereitungen zur Ermordung von Pomsel wurden den Inhaftierten übertragen, der den inhaftierten Jakoschko vor der ihm drohenden Gefahr warnte und ihm auch die Vorbereitungen zur Ermordung eines Mitarbeiters der Lagerverwaltung mitteilte, so daß die verbrecherischen Absichten nicht verwirklicht werden konnten.

Weil der Generalstaatsanwalt der UdSSR das Urteil des Militärtribunals gegen die Inhaftierten Wolff, Hartmann, Kienbichl, Wagenlehner, Kurz und Gerspacher für zu milde hält, hat er in seinem Protest gefordert, dieses Urteil gegen die genannten Inhaftierten zu annullieren und die Sache der erneuten Würdigung desselben Gerichtes zu übertragen. Der Staatsanwalt ist der Ansicht, daß Wolff, Hartmann, Kienbichl, Wagenlehner, Kurz und Gerspacher schwere Verbrechen begangen haben und unter Berücksichtgung ihrer Persönlichkeiten die Verantwortung für diese Verbrechen gemäß UKAS des Präsidiums des Obersten Sowjets der UdSSR vom 12. Januar 1950 zu tragen haben.

Das Militärkollegium des Obersten Gerichts der UdSSR kann sich mit den Gründen des Generalstaatsanwaltes der UdSSR nicht einverstanden erklären und sieht nach den gegebenen Umständen keine Notwendigkeit, den UKAS des Präsidiums des Obersten Sowjets der UdSSR vom 12. Januar 1950 auf die wegen der vorliegenden Sache Verurteilten anzuwenden, weil die ganze terroristische Tätigkeit der verurteilten Wolff, Hartmann, Kienbichl, Kurz, Wagenlehner und Gerspacher nur in der Vergangenheit des inhaftierten Vargo zum Ausdruck kam, den sie der Zusammenarbeit mit den Lagerbehörden verdächtigten.

Ausgehend von dem oben Dargelegten, ergeht von dem Militärkollegium des Obersten Gerichtes der UdSSR der folgende

BESCHLUSS:

Der Protest des Generalstaatsanwaltes der UdSSR wird verworfen, das Urteil des Militärtribunals Donez vom 21. Juni 1951 hinsichtlich der Häftlinge Wolff, Hartmann Kienbichl, Kurz, Wagenlehner und Gerspacher bleibt in Kraft.

Das Original mit den authentischen Unterschriften.

Beglaubigt: Gerichtssekretär des Militärtribunals Militärbezirk Donez Major a/s — Bezrukov

Die Kopie der Kopie beglaubgt:

Oberinspektor im Auftrag der Lagerabteilung 6
des MWD-Lagers 476 Sutugina

6. Sonderfälle

Nach 1945 gerieten ganz verschiedene Kategorien von Personen auf unterschiedlichen Wegen in die Lager der deutschen Kriegsgefangenen, die inzwischen verurteilt worden waren: Verschleppte aus der SBZ — darunter Jugendliche; aber auch Zivilverurteilte. Einige sollen mit ihren Berichten in diesem Abschnitt zu Wort kommen.

Bericht von Karl-Heinz Musset, Hannover

Kriegsgefangener im eigentliche Sinne bin ich nicht gewesen. Vielmehr war ich zu Ende des Krieges noch Schüler (geboren am 9. Januar 1929) und lebte bei meinen Eltern in Zwickau/Sachsen. Nach der Besetzung Sachsens und Thüringens durch sowjetische Streitkräfte am 1. Juli 1945 setzte bei uns eine Verhaftungswelle ein. Unter dem Vorwand, Mitglied einer terroristischen Organisation (Werwolf) zu sein, verhafteten mich am 8. September Offiziere der sowjetischen Sicherheitskräfte (NKWD/MWD). Nach zahlreichen Verhören in Zwickau kam ich ins Zuchthaus Bautzen, dem damaligen Sonderlager IV der sowjetischen Besatzungsmacht. Es gab keine Anklage, kein gerichtliches Verfahren, keine Verurteilung, überhaupt keine Begründung für die Isolierung. Auch meine Angehörigen erfuhren nichts über meinen Aufenthalt und den Grund. Bis 1950 hatte ich keinerlei Verbindung mit ihnen.

Von Bautzen deportierten sie mich 1947 in die Sowjet-Union, wo ich in Kriegsgefangenenlagern des Bezirks Kemerowo (Westsibirien) zur Zwangsarbeit eingesetzt wurde. Im Januar 1948 brachten sie mich vom Lager ins Gefängnis nach Stalinsk, wo die Hauptverwaltung der Lagerabteilung 525 war. Es folgte dann eine Reihe von Verhören, die den alten Vorwurf der Zugehörigkeit zu einer terroristischen Organisation und konterrevolutionären Tätigkeit betrafen. Nach etwa einem halben Jahr — den genauen Zeitpunkt kann ich nicht mehr angeben — wurde ich eines Tages aus der Gefängniszelle gerufen, in einem Nebenraum verlas dann ein Offizier des Geheimdienstes das „Urteil“ einer Sonderkommission des Kemerowsker Bezirks in russischer Sprache, die ich nicht verstand. Ohne Dolmetscher wurde mir anschließend begreiflich gemacht, daß ich nach § 58 Nr. 8 und 11 des sowjetischen Strafgesetzbuches zu 10 Jahren Arbeitslager verurteilt worden sei. Der Vorgang dauerte nicht länger als eine Viertelstunde, ich erhielt weder bei dieser Gelegenheit noch später eine schriftliche Unterlage hierzu.

Kurz Zeit später wurde ich ins Sammel- und Verteilungslager Marijinsk verschubt und dann bis 1950 in Arbeitslagern des sowjetischen Strafvollzugs in der Landwirtschaft des dortigen Bezirk festgehalten. 1950 brachten sie mich zusammen mit anderen verurteilten deutschen Kriegsgefangenen und Internierten nach Stalingrad. Dort mußte ich bis zur Heimkehr im Dezember 1953, in verschiedenen Lagern arbeiten, von denen die Sowjets immer behauptet haben, es würden dort nur „Kriegsverbrecher“ festgehalten, die ihre Strafe zu verbüßen hätten.

Bericht von Herbert Löbner über das Schicksal von Erika Löbner-Felski, 1992 in Altötting bei München verstorben

Erika Felski, geb. am 3.3.1922, wurde im Februar 1950 — unter dem Vorwand eines Krankheitsfalles in der Familie — nach Ostberlin gelockt und dort am 10.2.1950 inhaftiert.

Nach einem Jahr Gefängnishaft im NKWD-Gefängnis Potsdam (Lindenstraße) wurde sie wegen angeblicher Spionage und antisowjetischer Propaganda zu 25 Jahren Zwangsarbeit verurteilt.

Sie war im Westen literarisch, u.a. auch als freie Mitarbeiterin des RIAS Berlin, tätig gewesen.

Nach der Verurteilung wurde Erika Felski in die Sowjetunion gebracht. Sie war u.a. in den Lagern Workuta, Ussa und Potmar. Mit den Kriegsgefangenen-Transporten kam sie am 16.10.1955 nach West-Deutschland und berichtete in Büchern und Artikeln über die Zeit der Gefangenschaft.

Bericht von Heinz-Alfred Theiß, Münster

Bis zum 26. April 1945 war ich Schüler einer fliegertechnischen Schule in Leipzig. An diesem Tage wurde gegen 17.00 Uhr unsere Schule aufgelöst, da die ersten amerikanischen Truppen in Leipzig einmarschierten.

Im Westen des Landes standen amerikanische und im Osten russische Truppenverbände, daher war unser Ziel Leipzig Hbf., um mit dem Zug in Richtung Erzgebirge fahren zu können.

Vom Erzgebirge aus wollte ich den kürzesten Weg durch die Tschechoslowakei nehmen, um zu meiner Mutter zu kommen, die aufgrund ihrer Evakuierung in Feldwies/Oberbayern lebte.

Teils mit dem Fahrrad und teils mit dem Zug erreichte ich am 2. Mai 1945 die Stadt Budweis/Tschechoslowakei. Von hier aus wäre die nächste Bahnstation Freistadt in Deutschland gewesen. An diesem Tage aber hatte Benesch in der Tschechoslowakei den Aufstand gegen alle Deutschen ausgerufen.

Obwohl ich in Budweis einen fahrplanmäßigen Zug in Richtung Freistadt erreichte, fuhr dieser Zug während der Fahrt in die entgegengesetzte Richtung nach Prag.

Im Ort Tabor sollte die Lokomotive gewechselt werden. Hier endete die Reise für alle deutschen Bürger.

Was ich in den folgenden Wochen und Monaten in der Tschechoslowakei als 17jähriger Junge erlebt habe, war die Hölle meines Lebens.

Ende August 1945 begann mit der Verladung in Brünn/Tschechoslowakei ein weiterer langer Weg in die russische Kriegsgefangenschaft, der erst im Oktober 1955 ein Ende hatte.

Als deutscher Kriegsgefangener in der Sowjetunion

1947 war es mir möglich, durch eine Karte vom Internationalen Roten Kreuz die Verbindung zu meinen Eltern herzustellen. Es war ein erstes Lebenszeichen.

1950 waren wir im Lager Grundorowka/Ukraine, es war mein neuntes Kriegsgefangenenlager in der Sowjetunion.

Hier hieß es eines morgens vor dem Ausmarsch zur Arbeit: Keine Arbeit mehr, alles „Damoi“, alles fährt nach Hause. In der Tat wurden die Kranken verladen und damit waren die Krankenstationen aufgelöst.

Zwischenzeitlich hatten wir Gelegenheit, persönliche Dinge aus unseren Unterkünften zu holen. So wie jeder von uns ging und wieder kam, stellte man sich auf. Wir warteten darauf, daß sich nunmehr auch für uns das Lagertor öffnen werde.

Nachdem das Tor geöffnet war, wurde abgezählt, bis zu einer Reihe bei der es hieß: „Stoi“, Halt.

Für den abgezählten Teil hieß es Marsch durch das Tor.

Alle weiteren noch nicht abgezählten Männer mußten noch warten.

Nach einer Weile suchte ein sowjetischer Offizier noch einzelne Leute nach optischer Sicht heraus, es waren ausschließlich alte Männer.

Danach kam die Anweisung, wieder die Unterkünfte aufzusuchen.

Am darauffolgenden Morgen gab es für uns die nächste Überraschung. Es erschienen einige Sowjets in Zivil, unter anderem Frauen und einige Offiziere, die wir bisher nie gesehen hatten.

Nun kam die Anweisung: Alle Lagerinsassen in einer Reihe vor dem Krankengebäude antreten! Jeder von uns wurde nun auf die Schnelle durch ein sogenanntes „Tribunal“ geführt. Wir mußten einzeln unsere Personalien angeben, welche Wehrmachts-Einheit und wo gekämpft.

Die Sowjets in Zivil waren als Dolmetscher tätig, sie nahmen alle Angaben zu Protokoll, wobei die Offiziere offensichtlich Kommissare waren, Fragen stellten und auch sofort „das Urteil“ verkündeten.

Der ganze Vorgang ging relativ schnell, jeder von uns, ohne Ausnahme wurde verurteilt und jeder von uns ohne Ausnahme erhielt das „Urteil 25 Jahre Zwangsarbeit“, mit der Möglichkeit einer Kassation. Hier war es offensichtlich, daß wir mit Fug und Recht von einer Willkürjustiz sprechen konnten.

Mein persönlicher Fall, als Beispiel für stalinistische Willkürjustiz

Von Beginn meiner Gefangenschaft an, habe ich bei jeder Registrierung, wo auch immer, korrekt meine Personalien etc. angegeben. Vor allem aber auch, daß ich als 17jähriger Schüler einer fliegertechnischen Schule, nach dem Ende des Krieges in der Tschechoslowakei zum Kriegsgefangenen wurde. Ich hatte immer angegeben, daß ich niemals an einer Front im Einsatz war und bis zum Einmarsch amerikanischer Truppen in Leipzig zur Schule ging.

Offensichtlich hatten die Sowjets in all den Jahren der Kriegsgefangenschaft, meine Angaben akzeptiert. Im Gegensatz zu Kameraden, die immer wieder zum Lagerkommissar mußten und über Fronteinsätze etc. verhört wurden, hatte ich niemals Ärger bzw. Rückfragen. Da ich aber nun zum verbleibenden Teil derer gehörte, die nach Abzählen einer bestimmten Zahl im Lager verblieben, mußte auch ich „verurteilt“ werden.

Und weil der sowjetische Kommissar in der Beantwortung seiner Fragen keinen Grund für eine Verurteilung finden konnte, gab es den politischen Paragraphen 58: Spionage für Amerika.

Obwohl ich seit Jahren die russischen Bürger bei allen Arbeitseinsätzen immer rein menschlich und vom Charakter als ehrlich erlebt habe, verlor ich hier beim „Tribunal“ jeden Glauben an die Russen, womit die Sowjetunion gemeint war. Das „pauschale Urteil“ für jeden von uns der gleiche Text und das von Offizieren ausgesprochen, hatte uns allen erst einmal die Sprache verschlagen.

Danach mußte jeder von uns lachen, es war ein trauriges Lachen, denn so etwas konnte es doch einfach nicht geben.

Durch die Presse in Deutschland erfuhren meine Eltern, daß sich in der Sowjetunion angeblich nur noch verurteilte Kriegsgefangene befänden. Daraufhin setzte sich mein Vater mit einem Pfarrer in Verbindung, der auch einige Jahre in russischer Kriegsgefangenschaft war.

Mein Vater besorgte Nachweise über die Zeit meiner Schulausbildung bis zum 26. April 1945.

Herr Pfarrer Saß aus Gelsenkirchen hat diese Nachweise beurkundet. Dann sind mein Vater und Pfarrer Saß nach Vlotho/Weser gefahren. Dort gab es eine russische Militär-Kommission. Durch einen Major der Militär-Kommission wurden die Nachweise in russisch als korrekt beglaubigt und mit Dienstsiegel versehen.

Nach unserer „Verurteilung“ durften wir nicht mehr zur Arbeit. Ansonsten ging das Lagerleben ganz normal weiter wie in den Jahren zuvor. Wir erhielten in diesem Lager sogar die ersten Päckchen vom Internationalen Roten Kreuz und aus der Heimat. Unter Kontrolle der Russen wurden diese Päckchen geöffnet, der Inhalt geprüft und ausgehändigt.

In einem Päckchen meiner Eltern lag ein großer Briefumschlag, indem zu a) die beglaubigten Nachweise über meinen Aufenthalt bis zum 26. April 1945 und b) ein Foto von mir in Postkartengröße waren. Dieses Foto als Schüler einer fliegertechnischen Schule hatte ich meinen Eltern in einem Brief zu Weihnachten 1944/45 mit einer Widmung und Datum, von mir geschrieben, geschickt.

Durch die Kriegswirren im Westen und der Evakuierung meiner Mutter, kam dieser Brief erst nach dem Kriege zu meinen Eltern. In den langen Jahren meiner Kriegsgefangenschaft in der Sowjetunion hatte meine Muter zu besonderen Tagen vor diesem Foto bittere Tränen geweint.

Genau dieses Foto mit einer weiteren Widmung meiner Eltern auf der Rückseite, dazu die beglaubigten Urkunden, nahm der sowjetische Kommissar bei der Päckchen-Prüfung an sich, mit der Bemerkung, daß ganze müßte zunächst geprüft werden.

Wochen waren vergangen, dann wurde ich zum Kommissar gerufen, der mir nun mitteilte, daß die Unterlagen das bestätigen, was immer schon in meinen Akten bekannt war. Das Foto wurde mir ausgehändigt, es liegt heute noch im Original bei meinen wichtigsten Urkunden und Dokumenten. Auf meine Frage, warum man mich zu 25 Jahren Zwangsarbeit verurteilt hätte und wie und wo ich Spionage für Amerikaner getätigt haben sollte, gab mir der Kommissar eine klare in deutsch gesprochene Antwort, die lautete:

Es sei eine rein politische Maßnahme, wir würden in keiner Weise anders behandelt als in all den Jahren vor der Verurteilung.

Wörtlich sagte er mir auch, nicht ich würde wegen der nun vorliegenden Dokumente in den nächsten Zug gesetzt, um nach Deutschland zu kommen, sondern „euer Adenauer muß nach Moskau fahren, dann werden alle Kriegsgefangenen sofort nach Hause entlassen."

Es war im Herbst 1950, als die Anweisung kam, das Lager aufzulösen. Unsere Arbeit lag darin, alle Unterkünfte freizuräumen. Danach kamen wir in das Lager Maximowka, indem bereits weitere „Verurteilte" gesammelt waren. Bereits 1951 wurden, wie in den vergangenen Jahren der Gefangenschaft, kranke und alte, nicht mehr arbeitsfähige Kameraden ohne Kommentar bezüglich „der sogenannten Verurteilung", in die Heimat entlassen.

Auch 1952 wurden, nach gleicher Ausmusterung Personen für den Heimtransport zusammengestellt. Am 5. März 1953 starb Stalin, und damit kam wieder Hoffnung auf. Hoffnung darauf, daß die stalinistische Willkürjustiz nunmehr eine Chance nutzen könnte zu einer moralischen Rehabilitierung. Im Frühjahr 1953 hatten wir den

Eindruck, als wollten die Sowjets in der Tat auch den Rest der noch verbleibenden Kriegsgefangenen in die Heimat entlassen.

Tatsächlich kam Anfang Juni 1953 die Anweisung, daß alle Arbeiten einzustellen wären. Unser Lager sollte aufgelöst werden.

Umgehend wurden die ersten Kameraden transportfähig gemacht, es gab „neue Kleidung" (ein blauer Arbeitsanzug) und Verpflegung für den Heimtransport. Danach folgte der Marsch Richtung Bahnhof ohne eine Wachmannschaft der Rotarmisten. Wir noch Verbliebenen riefen den Unsrigen zu: bis auf bald in der Heimat.

Am 17. Juni 1953 sollten die letzten Kriegsgefangenen des Lagers in die Heimat entlassen werden, zu denen auch ich gehörte.

Während der Vorbereitungen zum Heimtransport entstand plötzlich eine eigenartige Hektik unter den sowjetischen Offizieren. Auf einmal hieß es, der Transport würde zu einem späteren Zeitpunkt zusammengestellt werden. Es tauchten die ersten Gerüchte darüber auf, daß in der DDR ein „Arbeiter-Aufstand" in Form einer Revolution ausgebrochen wäre und daher eine Fahrt durch die DDR nicht möglich sei.

Am 19. Juni 1953 mußten wir wie üblich zum Zählappell antreten. Nach der Zählung ein großes Erstaunen, es hieß: Marsch durch das Lagertor. Mit leeren Händen und zum Teil ohne Schuhe an den Füßen erlebten wir schockiert, daß außerhalb des Lagers sehr viele Rotarmisten standen, die uns wie Verbrecher bewachten und zum nächsten Gleisanschluß führten.

Hier wurden wir zu je 60 bzw. 80 Personen in Vieh- und Güterwagen verladen. In den Waggons waren auf den linken und rechten Seiten nackte Bohlen-Pritschen von ca. 1,80 m Länge in vier Etagen montiert. In der Mitte des Waggons führte ein Blechtrichter von ca. 50 cm Durchmesser durch den Boden. Es war die Toilette für 60 bzw. 80 Menschen im fahrenden Zug.

Genau vier Wochen waren wir so zusammengepfercht, unter unmenschlichen sanitären und moralischen Verhältnissen. Der Weg führte durch weite Landschaften der Sowjetunion in Richtung Osten.

Im Ort Swerdlowsk, dem jetzigen Jekaterienburg, blieb der Zug mehrere Stunden stehen, ohne von den Sowjets etwas zu hören.

Die Fahrt ging dann weiter und die ersten Schritte führten am 22. Juli 1953 von einem Bahngleis direkt in das Kriegsgefangenenlager No 5110/26 Asbest. Es war mein elftes Kriegsgefangenenlager in der Sowjetunion.

Vom 9. bis zum 13. September 1955 war Konrad Adenauer zu Verhandlungen mit der sowjetischen Regierung in Moskau.

Im Eßraum des Lagers verfolgten wir zu jeder möglichen Zeit die Radio-Nachrichten über den Verlauf der Verhandlungen zum Punkt der Rückführung der deutschen

Kriegsgefangenen. Mit Verbitterung mußten wir hören, daß die deutsche Delegation ohne Erfolg abreisen wollte.

Danach brach in unserem Lager ein Jubel aus, es kam doch noch die langersehnte Nachricht, daß unsere Freiheit von den Sowjets verbindlich zugesagt worden war.

Bereits am 2. Oktober 1955 räumten die Wachmannschaften der Rotarmisten alle Wachtürme, Sicherheitsbereiche und das Wachhaus am Eingang zum Lager.

Einem solchen militärischen Rückzug standen wir nach den vielen Jahren der Kriegsgefangenschaft mit bewegtem Gemüt gegenüber.

Es war beinahe unglaublich, nach 10 1/2 Jahren Gefangenschaft waren wir plötzlich, obwohl noch im Lager, freie Menschen.

Am 8. Oktober 1955 wurde an gleicher Stelle der Bahngleise unserer Ankunft in Asbest ein Güterzug abgestellt, der nunmehr von unseren Leuten eingerichtet wurde, für eine menschenwürdige Rückreise „ehemaliger deutscher Kriegsgefangener" in die Heimat.

Am 10. Oktober 1955 führte die Reise mit geöffneten Türen durch ein weiteres sowjetisches Lager, über Polen und Frankfurt/Oder bis nach Friedland/Niedersachsen. In diesem Durchgangslager sind wir am 19. Oktober 1955 von der Presse und Vertretern der Bundesregierung empfangen worden.

Filme und Fotos dokumentieren die ergreifende Ankunft und ein Wiedersehen mit den Angehörigen und Eltern. In all den Jahren der Kriegsgefangenschaft war ich immer und überall „der Junge". Heute stehe ich hier als einer der jüngsten, noch lebenden Zeitzeugen.

Bericht von Dr. Horst Hennig, Köln, Bw-Generalarzt, seit 1983 a.D.

nach 1945 als Gefr. UA entlassen, 1950 in der SBZ inhaftiert, über den Aufstand im Lager Workuta am 1. August 1953:

Zu meiner Person: Ich bin Jahrgang 1926, wurde Ende Mai 1946 mit dem Lazarett-Schiff „ABA" aus amerikanischer Gefangenschaft in England nach Hamburg gebracht und nach einer weiteren Lazarett-Behandlung in Hamburg-Bergedorf (Luisenschule) an meinen Heimatort, nach Klostermannsfeld, zurückgebracht. Dieser lag in der sowjetischen Besatzungszone.

Im April 1948 nahm ich das Medizinstudium an der Universität zu Halle/Saale auf. Mit anderen Studenten wurde ich dort im März 1950 verhaftet, zu 25 Jahren Zwangsarbeit durch ein sowjetisches Militärgericht (SMT) nach § 58, Abs. 6, 10, und 11 verurteilt und in ein Regime-Lager (OLP 10, Schacht 29) nach Workuta deportiert. Hier stießen wir, ein Transport von deutschen Zivilgefangenen, im Durchgangslager auf die deutschen Kriegsgefangenen, die in südliche Lager (Swerdlowsk usw.) zusammengefaßt wurden.

Die Lebensverhältnisse im Lager waren furchtbar. Bis zu 50 Grad minus kalt, etwa neun Monate Winter im Jahr, unzureichende Nahrung und Kleidung, Zwangsarbeit. Die Lagerverwaltung bediente sich krimineller Elemente, um die Masse der politischen Gefangenen zu tyrannisieren. Seit der Verhaftung Schreibverbot!

Zu dem Ereignis selbst:

Nach dem Tode Stalins am 5. März 1953 wurde der Geheimdienst-Chef (des MWD) Berija als ein Agent des „amerikanischen Imperialismus“ im Juni 1953 verhaftet. Die Zwangsarbeiter leiteten (aus dieser Anschuldigung gegen Berija) erneut ihre Unschuld ab und verlangten die Überprüfung der Haftgründe und Urteile. Nachdem die MWD-Verwaltungs-Organe auf diese Forderungen keine Antwort gaben, wurde am 26. Juli 1953 in unserem Schacht 29 und Lager Nr. 10 die Arbeit niedergelegt und der Streik ausgerufen. Das war neu im Lande der SU.

Nach einigen Stunden versuchte General Derwjanko, der eigens aus der Stadt Workuta ins Lager kam, die Hälftlinge zur Arbeit zu bewegen. Weil auch er keine Zusagen (Überprüfung der Urteile) machen konnte, verlangten die Zwangsarbeiter die Entsendung eines Vertreters des Zentralkomitees der Kommunistischen Partei aus Moskau.

Am 29. Juli erschien eine Kommission aus Moskau unter Leitung des Kandidaten des ZK der KPdSU, Armee-General Maslenikow, assistiert vom Generalstaatsanwalt der Sowjetunion, General Rudenko und in Begleitung von drei bis vier höheren Offizieren. — Dramatische Ansprachen zwischen General, Streikleitung und einzelnen Gefangenen, gegenseitige „Verbrechens-Zuweisungen“, Beleidigungen und die Aufforderung die Arbeit aufzunehmen, fruchteten nicht. Die Funktionärs-Elite der kommunistischen Diktatur „des Proletariats“ fand mit der Masse seiner Menschen keine Kommunikation, geschweige denn, die Lösung irgendwelcher Probleme. Die Konfrontation nahm ihren Lauf!

Nach mehreren Einschüchterungsversuchen erschien Generalstaatsanwalt Rudenko mit einem Bataillon MBG-Soldaten. Am 1. August 1953 vormittags gegen 11 Uhr ließ er gegen die friedlich versammelten und unbewaffneten Häftlinge auf der Lagerstraße das Feuer eröffnen.

Etwa 70 erschossene Menschen, die nur ihre Freiheit und nach Hause wollten, etwa 140 Schwerverletzte und zahlreiche Leichtverletzte lagen in ihrem Blut.

In dem Lager Nr. 10 des Schachtes 29 befanden sich etwa 3000 Zwangsarbeiter verschiedener Nationalitäten, darunter etwa 100 Deutsche. Bei dieser Niederschlagung des Streiks in Workuta, wurden drei Deutsche getötet und elf zum Teil schwer verletzt.

Die Arbeit wurde wieder aufgenommen.

Bericht von Walther Groß, Wien, Österreich über Verurteilung und Rehabilitierung

Walther Groß, Jahrgang 1920, geb. in Wien, Österreicher.

Letzter Dienstgrad: SS-Ostuf. 1. SS-PzDiv.

Gefangennahme am 15.04.1945 (Erinnerung!) zu 25 Jahren verurteilt.

Begründung: „Als SS-Ostuf im Kriege sowj. Territorium betreten und Beihilfe zu Kriegsverbr. seiner Division geleistet."

Meine Frage: Wo, wann und welcher Art dieser Verbrechen waren? wurde vom Vorsitzenden so beantwortet: „Die Verbrechen der Waffen-SS sind der ganzen Welt bekannt. Wir brauchen Ihnen, als kleinem Oberstleutnant das nicht in Einzelheiten erzählen. Abführen!"

Heimkehr Ende 1953.

Rehabilitierung: Im März 1992 via Österr. Botschaft/Moskau an Regierung Weißrußlands gewendet mit Antrag, Urteil aufzuheben und mich voll zu rehabilitieren. Das Territorium Weißrußlands erst als KGF 1949 betreten.

Im Jänner 1993 erhielt ich die vom Juni 1992 stammende volle Rehabilitierung durch das MWD-Tribunal der Rep. Weißrußlands. Begründung: „Der Tatbestand eines Verbrechens liegt nicht vor. Das Urteil gem. Art 24 und UKAS 43 wird aufgehoben, das Verfahren eingestellt."

Zusätzlich habe ich gesagt: „Ich teile nicht die Meinung, daß die Rehabilitierung Sache der Zeitgeschichte sei und nicht jene der Justiz. Jeder Kriegsgefangene als Person hat Anspruch darauf, daß seine persönliche Ehre wieder voll hergestellt wird und zwar von jener Instanz, die ihn (zu Unrecht!) seinerzeit verurteilt hat."

7. Die Nichtamnestierten unter den Spätestheimkehrern

In dem Erlaß des Obersten Sowjet vom 28. September 1955, nach dem Adenauer-Besuch in Moskau, wurde die Gesamtzahl der noch in der Sowjetunion befindlichen Kriegsgefangenen auf 9 626 beziffert.

Davon sollten 8 877 direkt nach Hause fahren. Aber 749 „besonders schwere Fälle" würden den beiden Regierungen übergeben „zur weiteren Verbüßung ihrer Strafen".

Noch kurz vorher, im Juli 1955, nannte Parteisekretär Nikita Chruschtschow in seinem Geheimschreiben an SED-Chef Walter Ulbricht erheblich mehr — nämlich 3 917 „schwere Fälle". Zu diesem Zeitpunkt war die Überprüfung in den Lagern noch im Gange; denn für diese sogenannten NICHTAMNESTIERTEN sollten die Akten übergeben werden.

Die Überprüfung in den Lagern wurde vom KGB und MWD unlustig und willkürlich vorgenommen. Ein Beispiel: Der Oberleutnant in der SS-Division LEIBSTANDARTE Leo Hupfeld wurde im Lager Asbest zur Vernehmung gerufen. Er war 1949 in Rostow verurteilt worden, weil er angeblich 50 000 Frauen vergewaltigt haben sollte. Dies war im Abschnitt Rostow, in dem er nachweislich nur 14 Tage war. Weil Hupfeld wegen der Schwere seiner Verbrechen als NICHTAMNESTIERTER übergeben werden sollte, wollte ihn der sowjetische Untersuchungsrichter nun im Juli 1955 dazu bewegen, drei Nullen, die aus Irrtum zu den 50 „echten" Fällen gekommen wären, zu streichen. Leo Hupfeld kämpfte für die 50 000 in 14 Tagen — und fuhr als „Normalfall" nach Hause.

Die Reduzierung der „schweren Fälle" von 3 917 im Juli 1955 auf 749 im September 1955, als die Transporte begannen, läßt sich offensichtlich mit Ungenauigkeiten und Mängeln in den Personalakten erklären. Aber auch die noch übrig gebliebenen „schweren Fälle" sind nicht eindeutig zu beurteilen. Aus den bisher verfügbaren Unterlagen, Materialien in den deutschen Archiven und einigen wenigen Originalakten in Moskau wird deutlich, daß die Separierung in „Schwerstverurteilte" letztlich auch willkürlich war.

Eine genaue Beurteilung wird erst durch die Auswertung der Personalakten in den Moskauer Archiven möglich sein. Nach den Unterlagen in westlichen Archiven handelte es sich um folgende Zahlen:

Der österreichischen Regierung wurden 76 Gefangene überstellt, sie wurden nach Einvernehmen in einer Kaserne am darauffolgenden Tag in ihre Heimatorte entlassen. Anhand der sowjetischen Unterlagen wurden die gegen sie erhobenen Beschuldigungen geprüft. Nach vertraulicher Mitteilung der österreichischen Regierung (Jan. 56) wurde der größte Teil der Verfahren eingestellt. Nur in 3 Fällen wurde Anklage erhoben.

Der Regierung der damaligen DDR wurden Ende Dezember 1955 280 nicht amnestierte Gefangene überstellt und ins Zuchthaus Bautzen eingeliefert. Eine bisher noch unbekannte Zahl kam nach 3 — 4 Monaten in die Bundesrepublik Deutschland.

In der Bundesrepublik sind damals in folgender Reihenfolge eingetroffen, am

11.10.55	8 Personen
15.10.55	1 Person
09.01.56	10 Personen
14.01.56	450 Personen
insgesamt	469 Personen

Am 25. Januar 1956 wurde in einer Kabinettsitzung der Bundesregierung unter Punkt 2 — außerhalb der Tagesordnung die Behandlung der von der Sowjetunion nichtamnestierten Gefangenen festgelegt. (Man beachte den Begriff, es ist innerhalb der Regierung der BRD nicht mehr von Kriegsgefangenen die Rede)

Siegfried Bucher, der im Januar 1956 mit einem großen Transport in der BR Deutschland eintraf, schilderte seine Erlebnisse wie folgt:

Die Zusammensetzung des Transportes (14. Jan. 56) dem ich angehörte, war sehr unterschiedlich. Die Sowjets haben ihn in ein Mäntelchen von Kriminellen gekleidet.

Als „Kriegsverbrecher" wurden u.a. unserem Transport auch ehemalige KPD- und SPD-Mitglieder der Weimarer Republik zugeteilt. Sie saßen von 1933-45 in den Konzentrationslagern Dachau und Sachsenhausen, gingen anschließend nach Berlin (Verhinderung einer SED in ganz Berlin) und begaben sich nach den Wahlen zu Verhandlungen mit Pieck, Ulbricht, Grotewohl nach Niederschönhausen, dort Inhaftierung in Dunkelzellen und nach ca. 1 1/2 — 2 Jahren ohne Urteile Abschub nach Sibirien, wo sie unter Kriegsgefangenen versteckt wurden, um sie später mit dem gesamten Kontingent, der Bundesregierung als „nichtamnestierte" Gefangene zu übergeben.

Als „Kriegsverbrecher" kehrten sie nach 12 Jahren KZ und ca. 11 Jahren weiterer Haft in ihre Heimat zurück. Weiterhin waren darunter die vom Kontrollrat in Berlin „im Sachsenhausenprozeß" verurteilten KZ-Insassen. Es waren, mit wenigen Ausnahmen, ehemalige Kriminelle, die als Kapo bzw. Oberkapo im KZ ihr Unwesen trieben und von der Sowjetunion in der Verwaltung der DDR eingesetzt waren.

Auch ein ehemaliger Bischof von Ermland gehörte dazu.

Ablauf in den Morgenstunden des 14.1.1956:

— Vor dem Bahnhof Herleshausen, noch auf dem Territorium der ehem. DDR, Halt nach einer nächtlichen Nonstopfahrt von Frankfurt an der Oder. Demontage aller

Sicherheitsanlagen an den verschlossenen Waggons. An der Spitze der Salonwagen für den General, Bevollmächtigte des Obersten Sowjets und höhere Offiziere.

In normalen Güterwagen ca. 80 Rotarmisten.

— Bei Dämmerung Schub über die sogenannte Grenze. Die Rotarmisten, mit aufgepflanztem Bajonett bzw. Maschinenpistole, standen auf dem Territorium der BRD. Das BGS Kommando Nord sorgte dafür, daß die Öffentlichkeit nichts erfuhr.

— Innerhalb des Bahnhofsgeländes erfolgte die „Übergabe" von dem Bevollmächtigten der SU an den Bevollmächtigten der BRD, Legationsrat Hergt Raimund vom Auswärtigen Amt.

— Vor dem Bahnhof standen Busse, Krankentransportwagen für die Aufnahme von Schwerstkranken; und Panzerspähwagen des BGS.

— Nach Beendigung der Übergabe/Übernahme erfolgte der Transport in eine dafür vorbereitete Kaserne des BGS nach Hann. Münden. Panzerspähwagen des BGS an der Spitze und am Ende sorgten für eine Nonstopfahrt in die Kaserne, alle Ampeln an Kreuzungen standen auf Grün.

— In der Kaserne war die Belegung vorbereitet. Wir hatten einen Oberjäger vom BGS als Stubenältesten, von dem wir unsere Weisungen erhielten.

— Offizielle Begrüßung im Auftrag der Bundesregierung in der Kaserne, keine Presse, keine Öffentlichkeit.

— Nach zwei Tagen durfte ich heimfahren, die BRD bezahlte die Fahrkarte Bebra-München, der Transport nach Bebra wurde vom BGS sichergestellt.

— In der Heimat gab es für uns keinen offiziellen Empfang. Bei der Beantragung der rechtlich zustehenden Heimkehrerentschädigung wurde ich vom Landratsamt Dachau darauf hingewiesen, daß eine Entschädigung erst nach Prüfung der Unterlagen aus der SU erfolgen könne. Die entsprechende Weisung lag im Panzerschrank, der Beamte mußte den Panzerschrank öffnen, nachdem er meinen Namen auf keiner offiziellen Liste fand, ich aber meine Heimkehrerbescheinigung vorlegen konnte. Meine Feststellungen, daß weder die Kinder noch Kindeskinder des betreffenden Beamten das erleben würden, bekam ich die ersten größeren Schwierigkeiten mit unserem Staat.

— Bis 1957 war ich bei allen Bemühungen für eine berufliche Basis in aussichtloser Situation. Das beruhte auf einer Sonderabmachung zwischen AA und SU. Das geheime Dokument habe ich persönlich gesehen (Frühjahr 1957).

Damals versuchte auch das BMI eine Rehabilitierung anzustreben, die aber vom AA aus „außenpolitischen Opportunitätsgründen" abgelehnt wurde.

Jeder einzelne Kriegsgefangene, der mit einem solchen Sondertransport kam und der Regierung“ zur weiteren Verbüßung der Strafe“ übergeben wurde, mußte mehrere Befragungen über sich ergehen lassen. Das DRK führte eine Zusatzbefragung durch, die in der DRK-Rechtsschutzstelle verwahrt wurde. Außerdem wurde ein Zusatzblatt zur Handakte angelegt. Besonders schwer hatten es jene Spätheimkehrer, die 1956 der Regierung der DDR übergeben wurden und im Februar 1956 in das berüchtigte Gefängnis Bautzen kamen. Im Aktenbestand B 3056 liegen im Bundesarchiv Koblenz die Einzelaussagen. Sie zeugen von Drangsalierungen, Mißhandlungen, Essensentzug, Einschüchterung, Stehkarzer, Dunkelzelle, Folterungen, denen diese Gruppe „Nichtamnestierten“ unterworfen war.

Einer der Davongekommenen, Rolf Drombowski, der aus der DDR im April 1956 weiter in die Bundesrepublik abgeschoben wurde, schilderte seine Erlebnisse:

Am 12. Dezember 1955 wurde dann endlich unser Transport zusammengestellt. Nur war diesmal alles anders. Die Fenster mit Stacheldraht vergittert, auf den Mannschaftsbegleitwagen Maschinengewehre und Scheinwerfer montiert und alle Soldaten links und rechts des Zuges (beim Einsteigen) mit MP bewaffnet! Auf unsere Frage an den Transport-Offz. (ein Major) warum dieser Aufwand, wurde, wie schon so oft, mit einer Lüge geantwortet: Die letzten Transporte seien von polnischer Seite (Partisanen) beschossen worden.

Mit 268 Personen fuhr dieser Transport ab. Wir wurden in Polen nicht beschossen — und allmählich dämmerte es uns, daß hier etwa faul war. Am 19.12.1955 wurden wir offiziell „zur weiteren Verbüßung unserer Strafen“ den Behörden der DDR übergeben, weil unsere Verbrechen so schwerwiegend seien.

Nach welchen Kriterien die Sowjetregierung mich zu den „Allerschwersten“ ausgewählt hat, ist wohl das Geheimnisvollste und Unverständlichste! Ich habe nie vor einem sowjetischen Gericht, nie in einem der vielen Schauprozesse gestanden, bin nie einem sowjetischen Bürger gegenüber gestellt worden und war zu keiner Zeit an einem „Kriegsverbrechen“ beteiligt! Mein Verbrechen war wohl wahrscheinlich nur das eine, ich bin kein Kommunist geworden, trotz aller Umschulungsversuche. Waren die Russen schon Meister ihres Faches, die Wachmannschaften des Zuchthauses Bautzen standen ihnen in nichts nach!

Nach massivem Protest der Bundesrepublik wurde ich dann endlich nach fast 12jähriger Gefangenschaft am 13. April 1956 über das Lager Friedland in die Heimat entlassen!

V. Öffnung der Archive

1. Text der Filme über die Öffnung der Moskauer Archive

Einführung ORF:

Mit Superlativen sollte man vorsichtig sein, ganz besonders in unserem Gewerbe. Trotzdem ist es zeithistorisch sensationell, was einem steierischen Historiker jetzt in Moskauer Archiven gelungen ist. Stefan Karner, Professor an der Grazer Universität verschaffte sich privat und ohne jede wirkliche staatlichen Hilfe Zugang zu einem der geheimsten Archive der ehemaligen Sowjetunion.

Glasnost, Michail Gorbatschow und Boris Jelzin machten es möglich, daß ein österreichischer Wissenschaftler erstmals in die top-secret Archive über österreichische Kriegsgefangene des Zweiten Weltkrieges Einblick nehmen konnte. Mehr noch. Mit Hilfe einiger Privat-Sponsoren konnte Karner ein Team von Computerspezialisten aufstellen, die jetzt ein Dokumentation über das Schicksal von rund 150 000 Kriegsgefangenen, Deportierten und Vermißten enthält.

Stefan Karner

Diese Archive: Wir zählen auf, Innenministerium, KGB, Kreml-Archiv. Wissen Sie, was das Typische für die ehemals sowjetischen Archive ist?

Sie kennen alle die russische Puppe.

Zwischenruf: Ja natürlich!

Sie haben die oberste Puppe. Das ist zum Beispiel das Innenministerium und Sie beginnen dort zu arbeiten und Sie sehen eine peinlichst genaue Ordnung, wie man sie selten auf der Welt findet. Plötzlich kommen Sie drauf, indem Sie das durcharbeiten — Hoppla da ist ja noch was drunter, die zweite Puppe. Sie wissen wieviele Puppen da noch drinnen sind?

Das ist eine Feinheit der ehemals sowjetischen Archive.

Ich hoffe, Herr Tasarov, daß die Archivverwaltung hier drüber fährt und neue Ordnung hineinbringt.

Erläuterung durch Stefan Karner:

Im Moment sehen Sie das Gebäude des Sonderarchivs in Moskau. Spezialität vielleicht dabei: Es ist von Kriegsgefangenen erbaut. Und jetzt gehen die Türen auf in dieses Archiv. In dieses Archiv, das 6 Millionen Personalakten beherbergt. 6 Millionen Einzelschicksale. Deutsche, Japaner, 21 Nationalitäten, darunter auch 120 000

Prof. Dr. Stefan Karner, Universität Graz, und seit 1. Juli 1993 zusätzlich Leiter eines Insitutes für Kriegsfolgenforschung.

österreichische Schicksale. Wir sind hier im 9. Stockwerk dieses Archivs. Man hat es vor kurzem ein Archiv der Tränen genannt. Dieses Archiv wurde ursprünglich speziell angelegt für die Kriegsgefangenenverwaltung.

Hier sehen Sie bereits einen Teil meines Teams von 25 Mitarbeiterinnen und Mitarbeitern, die aus den 6 Millionen Akten die Österreicher herausfiltern. In einer wahnsinnig langwierigen und schwierigen Arbeit. Hier haben Sie einen Einzelfall. Sie sehen eine Personalakte mit Brief, mit Foto, hier Lagerfotos, etwa wie es sie von vielen Lagern gibt.

Hier haben Sie einen Plan des österreichischen Lagers Revda, von dem es immer noch eine Lagergemeinschaft gibt, sogar eine gut funktionierende Lagergemeinschaft. Hier der Friedhof. Der ehemalige Friedhof dieses Lagers.

Ja, und hier wird gerade ein Fall eingetippt. Hier sehen Sie genau wie das gemacht wird mit unseren Computern. Mit unserer Software, mit unserer Hardware. Wir haben uns hier also auf unsere Ressourcen gestützt und nicht auf die Russen verlassen, die hier Schwierigkeiten gehabt hätten, das mit ihren Kapazitäten durchzuführen.

Scene aus der TV-Sendung des ORF Club 2 am 6.10.1992:

Frau Menke

Mein Mann hat beruflich viel in Moskau zu tun und da habe ich ihn gebeten, ob er sich da nicht interessieren könnte, ob er nicht irgendetwas erfahren könnte.

Moderator

Ist ihm das geglückt?

Frau Menke

Ja, er hat und zwar über die Botschaft. In der Botschaft hat man ihm empfohlen sich an Herrn Professor Karner zu wenden und Herr Professor Karner hat gesagt, er wird sich der Sache annehmen.

Moderator

Das haben Sie auch getan?

Ich habe, so wie viele Österreicher sich auch an mich wenden, den Herrn Menke zunächst einmal die Auskunft gegeben: Es wird eine Auskunftsstelle dazu dort eingerichtet und im nächsten Jahr, im Jänner in Tätigkeit gesetzt werden. Aber Herr Menke hat keine Ruhe gelassen. Er hat fast jede Woche bei mir angerufen und so habe ich dann in Moskau versucht, in einer Kartei von 6 Millionen Schicksalen den Herrn Pfeifer, Ludwig dort zu finden.

Moderator

Das ist der Name Ihres Vaters

Frau Menke

Ja

Stefan Karner

Pfeifer, Ludwig. Nun muß man wissen, die Russen haben kein Pf. Da gibt es also zig Varianten. Das ist wirklich, wie die Stecknadel im Heuhaufen zu suchen. Und es wäre nicht möglich gewesen, hätten wir bis zu diesem Zeitpunkt nicht bereits ungefähr 90 bis 100 000 österreichische Schicksale in den Computer eingegeben. Mit einem Team von 25 Russen, die dort für uns tätig sind, geben wir diese Schicksale ein.

Und jetzt konnte ich die Computer, die auf Eingabe gestellt sind, umschalten auf Suchen. Und so habe ich eigentlich jetzt versucht mit den Computern und ich kann es auch hier zeigen — mit diesem Computer — den Herrn Pfeifer zu finden. Ich habe natürlich zuerst mit P versucht. Keine Chance. Dann haben wir gesagt, vielleicht unter F. Die Russen hören Pfeifer irgendwie Feifer. Dann haben wir unter Feifer gesucht. Kein Feifer.

Nun gibt der Computer die Möglichkeit, verschiedene Verknüpfungen zu suchen. Wir haben gewußt: Jahrgang 1903, Geburtsdatum und wo geboren. Und so konnten wir mit dem Computer — das möchte ich jetzt gleich zeigen — den Herrn Pfeifer finden — unter dem Namen Feirer. Ich gehe jetzt auf den Buchstaben F. Dann haben Sie den ersten Buchstaben F — Fas, Ferdinand, geboren in Wien. Und ich verkürze es jetzt und möchte gleich auf den Herrn Pfeifer gehen. Und so haben wir Herrn Pfeifer gefunden unter Feierer, Ludwig.

Ende Filmtext

Günther Wagenlehner:

Das war es bereits. Es ist keine Absicht gewesen, Sie durch große Filme zu strapazieren. Sie haben sicher erkannt, um was es geht. Die Schwierigkeit, vor der wir stehen. Wir haben also phonetisch falsch geschriebene Namen, etwa 25—30 %. Und man muß nun an Ort und Stelle, damit es schneller geht, herausfinden, um welche Namen und Personen es sich tatsächlich handelt. Das wird bei der Suche nach Vermißten bisher anders gehandhabt. Die Fehlerquellen können erst viel später, wenn die Namen aus Rußland nach Deutschland übermittelt worden sind, gefunden werden. Diese Zeit haben wir nicht. Wir müssen die Fehler in Moskau schon bei der Suche nach den Akten beseitigen.

Ich habe in dem genannten Archiv in einem Fall zehn verschiedene Akten mit abweichendem Namen von demselben Kriegsgefangenen in der Hand gehabt. Da wäre noch die Frage interessant, wie diese Häufung von Akten eigentlich entstanden ist. Nehmen wir einen Gefangenen namens Pfeifer. Er wird im ersten Lager von dem sowjetischen Vernehmungsoffizier befragt, der eine Akte anlegt. Bei der Versetzung in ein anderes Lager stellt der nächste Vernehmungsoffizier fest, daß sein Name falsch geschrieben ist, d.h. nach seiner Meinung hätte der anders geschrieben werden müssen. Also legt er eine neue Akte unter dem anderen Namen an. Bei mehrmaligem Lagerwechsel kann es ein Gefangener auf entsprechend viele Personalakten bringen.

Diese und noch weitere Schwierigkeiten müssen bei der Auswertung der Archive geklärt werden. Eine Angelegenheit von Experten, die hier am Tisch vereint sind.

Zunächst hat Herr Dr. Stefan Karner das Wort, Professor an der Universität Graz. Er hat sich schon mit jungen Jahren einen Namen gemacht durch die originelle und einfallsreiche Auswertung der Moskauer Archive.

Dann erhält Herr Dr. Henke das Wort. Er ist im Bundesarchiv Koblenz zuständig für die Abteilung, die sich mit der Archivierung von Kriegsgefangenen-Schicksalen befaßt. Und genau darüber soll er uns berichten; denn das ist die Ergänzung der Archive in Moskau. Bis vor kurzem waren dort die einzigen Quellen. Wir werden dann auch noch Zeit finden, weitere Aspekte wie den Suchdienst des DRK anzusprechen. Leider fehlt uns zum Problem Moskau Vladimir Tarasov, der kein Visum zur Einreise in die Bundesrepublik erhielt. Ein Irrtum, wie wir hoffen wollen.

Zunächst hat Prof. Karner das Wort.

2. Meine Erfahrungen in den Moskauer Archiven

Stefan Karner, Graz

Grundlegend für die Auswertung der Moskauer Archive hinsichtlich der Kriegsgefangenen ist die Trennung der Lagersysteme in der Sowjetunion in das Lagersystem für die eigenen Leute, GULAG, allen durch die Berichte von Solschenizyn bekannt, die Hauptverwaltung für Arbeitslager.

Neben diesem Lagersystem gab es die Lagerverwaltung für Kriegsgefangene und Internierte, GUPWI. Im wesentlichen also für Ausländer. Sicher gab es Überschneidungen, wie wir wissen, in Workuta und anderswo. Aber im Prinzip waren die Verwaltungssysteme getrennt. Und die Aufbewahrung der Personalakten ist ebenfalls in getrennten Archiven realisiert.

Ein Problem ist freilich die enorme Größenordnung dieses GUPWI-Apparates. In unseren Forschungen und Erkenntnissen sind wir gerade erst am Anfang und befinden uns an der Oberfläche des Problems, und wir kratzen gerade die obere Schicht auf. Das muß uns allen klar sein. Täglich erleben wir neue Überraschungen. Aber die GUPWI-Verwaltung hat nicht 2000 Lager, sondern es sind bisher — zumindest nummernmäßig, und die Code-Nummern konnte ich auch schon entschlüsseln — rund 5 bis 6000 Einheiten bekannt. Das war ein Netz von Lagern auf dem gesamten Gebiet der ehemaligen Sowjetunion, davon mehr als die Hälfte im europäischen Teil Rußlands.

In diesen Lagern lebten mindestens 30 verschiedene Nationalitäten. 4-5 Millionen Schicksale kann man ermitteln. Stets muß mit zwei multipliziert werden; denn der andere Teil ist verstorben, verhungert oder erfroren, bevor überhaupt registriert werden konnte. Jedenfalls war das bei den Österreichern etwa die Hälfte. Bei den anderen wird es genauso sein.

Nach den Märschen in die Sammellager wurde vom NKWD registriert. Erst dann beginnt der Kriegsgefangene mit seinem Aktendasein. Das heißt, wir können heute nur diejenigen finden, die damals in den Sammellagern oder jedenfalls am Anfang der Gefangenschaft registriert, befragt worden sind. Das wurde in die Archive genommen. Erhalten haben sich in den verschiedenen Archiven, vor allem aber im Zentralarchiv der Hauptverwaltung der Kriegsgefangenen und Internierten, in der GUPWI-Hauptverwaltung, in diesem Archiv, das Sie hier im Fernsehen gesehen haben, vor allem Karteikarten. Aber auch Personalakten. Personalakten, in der Regel mindestens 5 Seiten starke Fragebögen, können aber bis zu 200 und 400 Seiten dick werden. Erwähnen möchte ich aus österreichischer Sicht das Schicksal unseres Nobelpreisträgers Konrad Lorenz, weltbekannter Verhaltensforscher.

In dieser Karteimasse und Aktenmasse haben wir sehr, sehr viele Verschleppte drin, und ich sage Ihnen dazu, das wußten wir vor einem Jahr noch nicht, jedenfalls nicht mit dieser Präzision. Auch haben sich noch Unterlagen gefunden und finden sich immer wieder in anderen Archiven. Unterlagen, die an und für sich in die GUPWI-Hauptverwaltung gehört hätten. Es finden sich auch noch Unterlagen in den Archiven der jeweiligen Gefängnisse. Sei es in Wladimir, sei es in Nowopetrowsk, sei es sonstwo. Das heißt, wir stehen vor der äußerst schwierigen Aufgabe, daß durch den Zerfall der Sowjetunion in Einzelstaaten der Zugang in diese Archive — Nowopetrowsk ist Ukraine — sehr schwierig geworden ist, von Moskau aus.

Aber auch Rußland ist nicht so homogen. Wir haben in Rußland viele autonome Republiken usw. Auch hier sind die Zugänge zunehmend schwieriger, von Moskau aus etwas zu bekommen.

Es haben sich also in diesen Archiven auch noch Personalunterlagen erhalten. Dazu Prozeßakten und zwar sogenannte Ugalownedila, das sind also Strafprozeßunterlagenakten. Und diese Strafprozeßunterlagen dürfen im Moment nur auf Personen bezogen, wie alle Personalakten, unter einem strengen Reglement ausgegeben werden. Sie werden nur auf persönliche Anfrage — und da bin ich nicht sicher, ob alles kommt — ausgegeben. Nicht ausgegeben werden, soweit mir bekannt ist, die sogenannten Verhör-Protokolle und die Akten, die sich auf die verschiedenen Repressalien während des Verhörs beziehen. Ich habe solche Folterprotokolle zu Gesicht bekommen. Es ist heute schon gesagt worden, und ich möchte es unterstreichen, Sie glauben nicht, was Menschen Menschen antun können. Und es ist so erschütternd, und hier möchte ich als Historiker eine Anmerkung anbringen: ich bin nicht derjenige, der allein die Verhör-Protokolle zur Beurteilung heranziehen möchte — nach der Devise, wenn man die hat, dann weiß man alles. Wissen Sie, als Historiker — ganz ehrlich — wie bewerten Sie denn einen Akt und eine Aussage, die unter Folter, und wenn es nur drei Tage Stehen im kalten Wasser war, zustandekam? Wie beurteilen Sie denn eine solche Unterschrift? Wir haben noch nicht das Instrumentarium, um das zu bewerten.

Das ist das eine, und das andere ist ein sehr daten- und personenrechtliches und personenschutzrechtliches Problem. Wir haben natürlich in diesen Unterlagen auch noch dritte und fünfte Personen drinnen. Und ich wollte das anmerken. Diese Akten, diese Unterlagen sind meines Wissens noch nicht zur Verfügung gestellt worden.

Bisher ist überhaupt in der Sowjetunion, also in Rußland heute und im Westen, der einzige bisher publizierte komplette Personalakt jener, den ich über die Frau Margarita Ottillinger publizieren konnte. Ihr Name ist heute schon gefallen. Ein Personalakt einer 1948 verschleppten österreichischen Spitzenbeamtin, die 1955 nach dem Staatsvertrag amnestiert wurde. Die ebenso 25 Jahre bekommen hat aus Spionagegründen und 1956 rehabilitiert wurde auf ihre inständigen Bitten und Eingaben hin, weil die Sowjets nachgewiesenermaßen keinerlei Unterlagen belastender Art gegen sie in der Hand hatten. Aber für sie war diese Rehabilitierung damals notwendig, um im österreichischen Bundesdienst wieder eine entsprechende Anstellung zu bekommen. Man hat sie in Österreich weiterhin als eine Verurteilte behandelt und hätte sie nicht mehr entsprechend eingestellt.

Noch ein Wort zu meinem Projekt, damit das klar ist. Wie komme ich eigentlich als Wissenschaftler an der Universität Graz — ich bin ja nicht der Suchdienst des Roten Kreuzes, und ich bin auch nicht eine andere Organisation — wie komme ich denn eigentlich zu diesem Thema?

Ich habe Russisch studiert und ich dachte mir vor drei, fünf Jahren: Eigentlich könnte man das wieder einmal auswerten in den Moskauer Archiven. Keine Ahnung hat man, wo ist so ein Archiv? usw. Man kennt einiges aus der Literatur. Ich fahre nach Moskau, nachdem die offizielle Schiene nicht gelungen ist. Die Russen haben „njet" gesagt. Kommt nicht in Frage, Außenministerium, Fax, Telex hin und zurück. Das bringt in der Regel gar nichts. Sie müssen also hinfahren.

Also hingefahren, ausgehandelt. Thema: „Österreich—Sowjetunion nach 1945" Kein Riesenthema. Ich habe mich mit Karl Renner wissenschaftlich beschäftigt. Ich bin Zeithistoriker. Und bei dieser Beschäftigung im Außenministerium-Archiv komme ich darauf, daß das Thema Kriegsgefangene ganz wesentlich war, und ich sehe, daß die Österreicher in Noten ständig nach 1945 Listen gefordert haben von den Russen, die die Listen eigentlich nur abgelegt haben. Sie haben überhaupt nicht reagiert darauf. Und dann erfahre ich durch einen Zufall, daß es in Moskau ein Archiv gibt, das diese Unterlagen verwahrt. Und ich habe dann Anfang 1990 nähere Kenntnis bekommen. Bin dann 1991 in das Archiv hinein und habe dort gearbeitet wie ein Archiv-Beamter. Habe das Archiv kennengelernt mit Ärmelschonern, um zu erfahren, wie ist denn das Archiv strukturiert?, und wie könnte man denn das Schicksal der Österreicher wissenschaftlich heraus bekommen? Mir kam es nicht auf die Originalakten an, aber ich wollte eine Datenbasis erstellen, und das ist dann mit der Billigung des zuständigen Ministers und der Archiverwaltung möglich gewesen. Und wir haben von Jänner 92 bis Dezember 92 126 000 Österreicher auf Diskette computermäßig gespeichert. Von jedem 28 variable Einzelinformationen. Das alles auf deutsch. Ich habe zunächst mein persönliches Risiko eingesetzt und dann Gott sei Dank in Österreich — und das möchte ich schon sagen, ganz wesentlich — einen gemeinnützigen Verein gefunden, der bereit war, mir diese Vorlaufkosten abzunehmen und die Auskunftserteilung durchzuführen. Und diese Auskunftserteilung macht nun der gemeinnützige Verein ÖKIS — Österreichische Kriegsgefangene und Internierte in der Sowjetunion. Und dieser Verein wird gebildet aus den Vereinsmitgliedern Rotes Kreuz, Schwarzes Kreuz, österreichisches Innenministerium und einem privaten Medienunternehmen, das auch den Abgang übernommen hat, falls ein Abgang entsteht. Aber es ist ein gemeinnütziger Verein. Seit 1. Februar 1993 bekommen daher jene Österreicher, die nach österreichischem- und internationalem Datenschutz- und Personenschutzrecht berechtigt sind und eine solche Berechtigung nachweisen können, Auskunft über ihre Angehörigen oder sich selber. Wir haben auch große Unterstützung von anderen Verbänden bei uns erfahren in unserer Arbeit, den Heimkehrerverband möchte ich erwähnen und andere. Wir haben im Februar allein 7000 Anfragen bekommen. Das ist für Österreich eine gewaltige Zahl. Wir haben im März ähnliche Zahlen. Im Moment ist das Büro damit beschäftigt, gerade den 15. Februar des Einganges an Anfragen aufzuarbeiten, und wir haben nun schon Mitte April. Das heißt, die Nachfrage ist enorm.

Und jetzt werden Sie mich wahrscheinlich fragen, wie ist die Aufklärung? Sie müssen sich vorstellen, daß viele Anfragen auch über Griechenland, über Belgien und über Frankreich usw. kommen, weil die Leute, trotz Öffentlichkeitsarbeit und Aufklärung im Fernsehen, im Radio, nicht genau unterscheiden.

Und Sie müssen noch etwas in Rechnung stellen: Bei besten Bedingungen könnten wir nur 50 Prozent der Schicksale aufklären, denn die andere Hälfte ist ja auf dem Weg zum Lager verstorben. Von denen können wir, können auch die Russen nichts haben. Das heißt, bei besten Bedingungen 50 Prozent. Jetzt nehmen Sie alle die Anfragen, die an und für sich gar nicht dazu gehören. Dennoch — wir sind im Moment bei der Aufklärungsquote von fast 25 %.

Das ist das erste Mal, daß ich diese Zahl öffentlich nenne. Wir haben keinen Vergleichswert, keine ähnlichen Instanzen unter solchen Bedingungen. Aber wir sind sehr zufrieden. Wir glauben, daß diese Aufklärungsquote hoch ist, und auch mit den phonetisch falsch geschriebenen Namen zusammenhängt.

25 Prozent aller Anfragen könnten beantwortet werden aus dieser Kartei, aus dieser Kartothek, die von den Russen geführt wurde, die von uns nach Österreich gebracht wurde. Und die Österreicher bekommen neben der Computerauskunft auch den Personalakt, die Kopie aus Rußland, ausgehändigt. Soviel wollte ich über meine Arbeit ganz kurz sagen.

3. Die Arbeit des DRK-Suchdienstes München

Klaus Mittermeier

Sie haben von Herrn Professor Karner gehört, wie die Situation für die Österreicher sich darstellt nach Öffnung der Archive, und ich glaube, Sie haben auch das Recht zu erfahren, wie es diesbezüglich mit den deutschen Verschollenen aussieht. Diese Archive sind uns nicht bekannt. Wir haben einen Vertrag seit 1957 mit dem Sowjetischen Roten Kreuz und arbeiten seit dieser Zeit mit diesen Archiven, über die wir gerade reden, zusammen. Allerdings ist das eine indirekte Zusammenarbeit. Wir konnten immer Suchanfragen dorthin richten, und zwar waren das 450 000 Anfragen nach verschollenen Soldaten der Deutschen Wehrmacht. Wir haben auf alle Anfragen eine Antwort bekommen und konnten das also verarbeiten.

Wir haben natürlich auch, als die Perestroika einsetzte, uns überlegt, ob wir nicht sehr schnell an diese Archivunterlagen und an weiterführende Materialien herankommen, und wir haben 1987 angefangen, intensiv jedes Jahr in Moskau nachzubohren. Aber wie das vorher schon angesprochen wurde, ist es offensichtlich schwieriger für eine Organisation dort reinzukommen und an die Materialien zu kommen, als vielleicht für eine Einzelperson. Noch 1989 hat Außenminister Gromyko unserem DRK-Präsidenten definitiv mitgeteilt: Ihr kommt niemals an diese Unterlagen heran. Denn es handelt sich um Personen, die unerwünschte Gäste in unserem Land waren. Ich habe selber im Oktober 1989 Gespräche mit dem Leiter der Archive, dem Herrn Protopenko geführt, und wir haben bis ins Detail besprochen, worauf es uns ankommt und welche Unterlagen wir benötigen, um noch möglichst viele Schicksale zu klären. Das wurde auch zugesagt. Trotzdem hat es sich immer verzögert aus archivinternen Gründen, und es ist nie so recht vorangegangen.

Bis wir 1991 dann eine Vereinbarung schließen konnten; und diese Vereinbarung sieht nun vor, daß wir etwa 380 000 Namen von deutschen Kriegsgefangenen erhalten, die in Lagern verstorben sind. Wir haben mittlerweile schon weit über Hunderttausend erhalten. Wir erhalten im Monat 15 000. Das ist der derzeitige Stand. Wir haben schon viele Familien benachrichtigt über das Schicksal ihres Verschollenen. Und sie müssen überlegen, es gibt doch Millionen von Angehörigen in Deutschland, die bis heute nicht wissen, wo sich das Schicksal vollzogen hat. Und die wissen wollen, wo er verstorben ist und wo vielleicht auch das Grab ist, um anläßlich einer Reise nach Osteuropa das Grab zu besuchen.

Wir haben auch derzeit Zehntausende von Nachforschungen laufen nach aktuellen Anschriften von Angehörigen. Das geht über Einwohnermeldeämter und Standesämter. Wir arbeiten hierbei sehr eng mit der Deutschen Dienststelle in Berlin — der ehemaligen Wehrmachtsauskunftsstelle — und mit dem Volksbund Deutsche Kriegsgräberfürsorge zusammen. Wir haben schon immer eng zusammengearbeitet, und wir versuchen auf diese Weise in vertretbarer Zeit sehr viele Schicksale zu klären.

Wir haben — und das als letztes vielleicht — darüber hinaus mittlerweile alle Unterlagen über die elf NKWD-Sonderlager in der ehemaligen sowjetischen Besatzungszone verfilmen können. Und sind gerade dabei, diese Papierberge, das sind Listen, ein 52 000-Blatt-Stapel, auf Computer zu bringen und damit auskunftswertig zu werden.

Es sollte nicht der Eindruck entstehen, daß von den einschlägigen deutschen Dienststellen, die hiermit befaßt sind, die ganze Sache verschlafen wurde. Ich muß sagen, wir waren schon sehr früh dran. Aber es ist in der Tat so, daß man als Einzelperson leichter reinkommt. Und ich möchte Ihnen noch eins sagen: Ich habe vor zwei Jahren ein Angebot bekommen von einem Mannheimer Geschäftsmann, mir authentisches Material aus den Archiven zu besorgen. Ich bin zum Schein darauf eingegangen. Ich habe ihm zehn Namen gegeben, die mir zum Teil bekannt und zum Teil unbekannt waren. Ich habe in kürzester Zeit authentische Unterlagen gehabt, Originalunterlagen. Ich habe die Auskünfte vom Archiv vorliegen gehabt und habe diese, mir bekannten, ihm noch einmal gegeben und für ihn beschaffen lassen. Ich habe den Mann, als er zu mir kam, um mit mir einen Geschäftsabschluß zu machen — er wollte 80 Dollar pro Namen und hat sich ein gigantisches Geschäft ausgerechnet — vierkantig rausgeschmissen beim Suchdienst in München. Denn die Sache ist zwischen den Regierungen und zwischen den Gesellschaften vereinbart — wird in diesen Bahnen abgewickelt, wie das nun seit 48 Jahren getan wird. Und wir machen das natürlich kostenlos. Ich glaube, wir sind das den Angehörigen schuldig, die jetzt 48 Jahre auf eine Nachricht gewartet haben.

4. Die Arbeit von MEMORIAL

Nikita Petrov

Ich arbeite am Zentrum für Forschung und Information der Gesellschaft Memorial in Moskau, das 1990 von der Moskauer Abteilung von Memorial gegründet wurde. Wir forschen vor allem über konkrete historische Themen. Schwerpunkt ist die Erforschung der Repression in der UdSSR.

Meine Rolle im Zentrum besteht in der Koordination des Programmes zur Geschichte der Repressionspolitik und der Repressionsorgane, darunter die Geschichte des NKWD und des KGB.

Die Mitarbeiter halten am Moskauer Institut für Archivierung und Geschichte, heute die Russische Staatliche Geisteswissenschaftliche Universität, Vorträge über die Geschichte der Organe der Inneren Sicherheit. Daneben bereiten wir einen Band über die Geschichte der Lager vor. Dort werden detailliert alle Lager der ehemaligen UdSSR aufgezeichnet, ihre Struktur und ihre geographische Lage, und zwar für die Jahre 1917 bis 1960.

Außerdem veröffentlichen wir eine Reihe von Aufsätzen sowie wichtige Dokumente in den russischen Zeitungen und Zeitschriften. Daunter gibt es Dokumente über die Repression, wie von der regierenden Partei der Terror organisiert wurde und mit dessen Hilfe das Land regiert wurde. Zwar befaßten wir uns schon länger mit diesen Fragen, der Zugang zu wichtigen Dokumenten und ihre Veröffentlichtung wurden jedoch erst nach dem Putsch im August 1991 möglich.

Wir arbeiten an einer Dokumentensammlung, die die Repression, die Strukturen der Organe der inneren Sicherheit, des Parteiapparates und dessen Rolle bei der Repression beschreibt. In diesem Jahr wird auch mit der Veröffentlichung der Listen der Erschossenen begonnen, die wir aus dem Ministerium der Inneren Sicherheit erhielten.

Im August 1991 sollten die Archive der KPDSU und des KGB auf Anordnung von Boris Jelzin der Regierung unterstellt werden, um sie vor Zerstörung und Mißbrauch zu bewahren und der historischen Forschung zugänglich zu machen.

Vertreter von Memorial, die eine unabhängige Organisation mit großem Ansehen darstellt, wurden in eine staatliche Kommission berufen, die sich mit den Archiven der Partei und des KGB befaßte. Eben zu diesem Zweck, die tatsächliche Geschichte unserer Gesellschaft zu erforschen und öffentlich zu machen, war Memorial ja ursprünglich gegründet worden. Neben mir wurden meine Mitarbeiter Nikita Ochotin und Arseni Roginski in die Kommission berufen, die beide wie ich im Zentrum arbeiten.

Nikita Petrov (Mitte), eingerahmt von Dr. Schober, AA (links), und Alexander Warkentin, Deutsche Welle, der als Dolmetscher einsprang

Die Kommission hatte folgendes Problem zu bearbeiten: Während nach dem Putsch die Archive der Partei tatsächlich beschlagnahmt, geöffnet und zugänglich gemacht worden waren, war dies für die Archive des KGB längst nicht klar. Das KGB arbeitete ja auch weiter. Die Regierung beabsichtigte zwar Reformen, wollte das KGB aber dabei erhalten. An desssen Archive zu gelangen war also wesentlich schwieriger. Wir sicherten einige Moskauer Archive, indem wir sie versiegelten. Dann aber traten noch weitere Probleme mit Archivalien auf, die noch vom KGB benutzt werden und daher noch nicht archiviert sind. Diese sind uns auch heute noch nicht zugänglich.

Die zentrale Aufgabe der Kommission war es, die Vernichtung der Akten zu verhindern. Aber 1989 und 1990 verordnete der Vorsitzende des KGB, Krjutschkow, Dokumente aus Archiven und der Verwaltung des KGB zu vernichten. Das betraf operative Angelegenheiten, sogenannte Dossiers sowie Auslands- und Agentenangelegenheiten. Diese Dokumente bezeugen, wie das KGB ungesetzliche Methoden im Kampf gegen Andersdenkende und Verteidiger der Menschenrechte anwandte.

Uns gelang es, eine Anordnung des neuen KGB-Leiters zu erzwingen, die die alte für ungültig erklärte und somit die Vernichtung der Dokumente verhinderte. Nun gibt es eine weitere äußerst schwierige Frage: Man muß herausfinden, wieviele und welche Dokumente erhalten sind und welche durch die Kommission der Regierung zu übergeben sind. Darum untersuchten wir eine Fülle von Archivmaterial. Im Januar 1992 entschieden wir, welche Materialen aus den KGB-Archiven genommen werden sollten. Hierbei geht es um Dokumente von 1917 bis 1977. Heute kann das KGB wie alle anderen Ministerien auch seine Dokumente nur 15 Jahre aufbewahren. Es soll einige Ausnahmen von dieser Regel geben, aber über diese ist noch nicht entschieden worden.

Die Kommission hat damals entschieden, in Moskau ein spezielles Archiv der KGB-Materialien zu begründen, das Historiker zugänglich sein sollte. Diese Entscheidung ist aber bis heute nicht verwirklicht worden, und die Archive des KGB sind bislang beim Ministerium für Innere Sicherheit verblieben.

Die Archive der Sowjetunion und Rußlands befanden sich immer in Gefahr, vernichtet zu werden, und sie wurden ja auch teilweise vernichtet, jeweils in Verbindung mit politischen Umbrüchen. Das ist ebenso in Zukunft möglich, und wir sehen heute nur die eine Möglichkeit, soviel Archivmaterial wie irgend geht zu veröffentlichen und dadurch allen bekannt zu machen.

5. Quellenlage zum Schicksal und zur Aburteilung deutscher Kriegsgefangener in der Sowjetunion in deutschen Archiven

Josef Henke

Die Hauptthese meines Referates lautet:

Zum Schicksal und zur Aburteilung der deutschen Kriegsgefangenen in der Sowjetunion und in den anderen Siegerstaaten können in deutschen Archiven zunächst nur sekundär einschlägige Archivalien vorhanden sein, nach Primärquellen wird man hingegen durchweg vergeblich suchen. Diese werden folgerichtig in den Archiven der jeweiligen Siegermächte bzw. Gewahrsamsstaaten verwahrt und waren demnach in den Jahren nach Kriegsende unzugänglich.

Das galt in ganz besonderem Maße, Sie alle wissen es, für die Archive des ehemaligen Ostblocks, für die Archive der Sowjetunion. An einen Zugang zu den Dokumenten der Kriegsgefangenen und Kriegsverurteilten war überhaupt nicht zu denken. Und insofern ist es für uns Archivare immer noch ein kleines Wunder, und vor wenigen Jahren noch völlig unvorstellbar, daß heute eine Session dieses Symposiums die Öffnung der Moskauer Archive zum Gegenstand hat. Es ist also begreiflich: die Primärquellen zum Gegenstand dieses Symposiums befinden sich aus ganz natürlichen Gründen in den Archiven der ehemaligen Sowjetunion. Im Vergleich zu deren Aussagewert sind die in west- aber auch in ostdeutschen Archiven befindlichen Archivalien zunächst als formal gesehen zweitrangig einzustufen; deren Auswertung noch dazu die Anlegung weitest-entwickelter quellenkritischer Maßstäbe voraussetzt. Denn natürlich ist eine am Tatort und Schauplatz oder im Gerichtssaal selbst entstandene Quelle ganz anders zu bewerten, als ein unter dem unmittelbaren Eindruck des Geschehens entstandener oder nachträglich abgefaßter Erlebnisbericht, oder die Weitergabe von Gerüchten oder Erkenntnissen vom Hörensagen unter ganz anderen Umständen nach der Befreiung bzw. nach der Heimkehr. Daß selbstverständlich auch die unter den besonderen Bedingungen eines totalitären Regime wie der Stalinherrschaft entstandenen Quellen besonderer, aber eben anderer quellenkritischer Interpretationsmethoden bedürfen, sollte besonders jenen einsichtig sein, die sich bereits mit den Dokumenten der Gestapo oder der NS-Konzentrationslager befaßt haben, die um die Problematik der Aussagekraft der Akten der Stasi in der Gauck-Behörde wissen.

Die Notwendigkeit quellenkritischer Methoden bei der Auswertung von Quellen zur Situation der Kriegsgefangenen jedweder Herkunft und in allen Fällen — dies will ich als meine zweite Hauptthese vorausschicken.

Also: Nur Sekundarquellen und noch dazu von relativierter historischer Aussagekraft in deutschen Archiven. Sie bildeten auf Jahrzehnte hierzulande die einzige schmale Quellengrundlage für einschlägige Forschungen zur deutschen Kriegsgefangenenfrage. Dies ist ein wenig zu erläutern. Das Bundesarchiv in Koblenz z.B.

verwahrt aufgrund gesetzlichen Auftrags die bei obersten und oberen Bundesbehörden, also vor allem bei Bundesministerien und Behörden im jeweiligen Geschäftsbereich entstandenen bzw. abgelegten, also dort „organisch“ erwachsenen Unterlagen.

Solange deren Kommpetenz und Wirksamkeit aber nicht ausreichte, sowohl ein verläßliches Bild vom Schicksal deutscher Kriegsgefangener im Gewahrsam der Siegermächte zu erhalten, geschweige denn aktiven Einfluß auf deren Geschicke zu nehmen, solange sind deren Akten kaum als aussagekräftige Quellen über die deutschen Kriegsgefangenen zu betrachten. Oder anders gesagt: die in den bundesamtlichen Quellen dokumentierten Erkenntnisse über die Leiden der Kriegsgefangenen und Kriegsverurteilten entsprachen dem jeweiligen Erkenntnisstand deutscher Behörden — nicht mehr, allerdings auch nicht weniger.

Daß dieser im Falle der Kriegsgefangenen in der Sowjetunion im besonderen Maße begrenzt war, brauche ich in diesem Kreis nicht eigens zu betonen. Einschlägige Quellen sind dem archivischen Provenienzprinzip entsprechend also in erster Linie in den Archivalienbeständen zu suchen, die von den für Vertriebene, Flüchtlinge, Heimkehrer und sonstige Kriegsgeschädigte zuständigen Behörden und Dienststellen auf Bundes-, Länder- und Kommunalebenen stammen.

Darüber hinaus: neben den Unterlagen des Bundesjustizministeriums zur rechtlichen Betreuung deutscher Kriegsverurteilter im Ausland, dokumentieren vor allem auch die Akten des Auswärigen Amtes die Bemühungen der Bundesregierungen, Licht in das Dunkel der Schicksale der Gefangenen und Vermißten zu bringen, den wegen Kriegsverbrechen Angeklagten rechtliche Betreuung zu gewähren, vor allem aber dem Ziel, ihre Heimkehr zu erreichen, näherzukommen. Daß es solche Akten in vergleichsweise reichem Umfang gibt, wird dann deutlich, wenn man bedenkt, welch hohen Stellenwert die Bewältigung der Kriegsfolgen, die Integration der Millionen von Vertriebenen und Flüchtlingen, aber auch die Sorge um die Kriegsgefangenen, die noch in den Lagern der Sowjetunion zurückgehalten wurden, in der Geschichte der frühen Bundesrepublik besaßen. Jeder, der die Nachkriegszeit und die fünfziger Jahre schon bewußt miterleben konnte, wird dem zustimmen können.

Also: Die in deutschen Archiven verwahrten amtlichen Akten dokumentieren primär deutsche Politik und Bemühungen deutscher Regierungen und Behörden um das Schicksal der deutschen Kriegsgefangenen, weniger aber sind es zunächst unmittelbare Spiegelbilder des Schicksals der Kriegsgefangenen selbst. Dies als dritte Grundsatzthese.

Im Jahre 1957 nahm eine vom Bundesministerium für Vertriebene, Flüchtlinge und Kriegsgeschädigte eingesetzte Arbeitsgruppe für die Dokumentation des Schicksals der deutschen Gefangenen des 2. Weltkriegs bzw. eine wissenschaftliche Kommission ihre Arbeit auf. Diese arbeitete seit Juli 1959 unter der Leitung von Erich Maschke und nannte sich ab 1.1.1962 Wissenschaftliche Kommission für deutsche Kriegsgefangenengeschichte. Die heute im Bestand B 205 des Bundesarchivs in der Freiburger Abteilung Militärachiv verwahrten Ausgangsmaterialien, darunter Schriftwechsel, Lagerzeitungen, Zeitungsausschnitte, aber auch Bilder und Tonträger, vor allem aber eine Sammlung von rund 2 000 speziellen Heimkehrerberichten, einschließlich der vom Caritasverband zur Verfügung gestellten Unterlagen, stammen weitgehend von den Verbänden, welche die heimkehrenden Gefangenen betreuten. Die Kommission erarbeitete die bekannten von Erich Maschke herausgegebenen 20 Bände und 2 Beihefte umfassende Publikation „Zur Geschichte der deutschen Kriegsgefangenen des Zweiten Weltkrieges“, die von 1962 bis 1974 erschienen. Dabei wurden die Themenbereiche gefangene Zivilisten, gesundheitliche Schäden und Völkerrecht, insbesondere auch die Prozesse wegen Kriegsverbrechen angeklagter Kriegsgefangenen, nicht berücksichtigt. Ende 1972 löste sich die Kommission auf. Bis 1974 wurde das Forschungsvorhaben abgewickelt. Eine Fortsetzung, etwa durch das MGFA in Freiburg, die insbesondere die Aburteilung deutscher Kriegsgefangener vor sowjetischen Tribunalen zum Gegenstand haben soll und vor allem aber die grundlegend geänderte Quellenlage mit einbezieht, wird derzeit diskutiert.

Dr. Josef Henke vom Bundesarchiv Koblenz

Neben diesen speziellen und aufgrund eigener Dokumentationstätigkeit entstandenen Spezialsammlungen existiert im Bundesarchiv aber auch ein eigener Provenienzbestand; dem für die Geschichte des Kriegsgefangenenwesens ganz allgemein, vor allem aber auch zum Themenbereich der deutschen Kriegsverurteilten besondere Bedeutung zukommt; — immer unter der Prämisse, daß es sich nicht um

Primärquellen handelt, und immer unter der Prämisse der angemessenen Quellenkritik. Es handelt sich um Unterlagen der Zentralen Rechtsschutzstelle, die 1988 vom Auswärtigen Amt an das Bundesarchiv abgegeben wurden, wo sie seitdem den Bestand B 305 bilden.

Zur Geschichte der Zentralen Rechtsschutzstelle sei hier nur angemerkt, daß Ende Mai 1949 zur Koordinierung der von mehreren staatlichen und kirchlichen Dienststellen seit April/Mai 1947 unternommenen rechtlichen und sonstigen Betreuung der Kriegsgefangenen auf Beschluß des Länderrats der amerikanischen Besatzungszone eine „Koordinierungsstelle zur Förderung des Rechtsschutzes für deutsche Gefangene im Ausland" geschaffen wurde, die ihren Sitz in Stuttgart hatte und einer doppelten Aufgabe diente:

Einmal sollte durch sie eine Doppelbearbeitung von Rechtsschutzfällen vermieden werden, d.h. jeder Einzelfall war der Stelle zu übergeben, für die der Betroffene sich entschieden hatte. Die weitere Aufgabe der Koordinierungsstelle war die Auswertung des umfangreichen Nürnberger Prozeßmaterials und die Beschaffung von anderen Beweisunterlagen und von Gutachten. Nach Gründung der Bundesrepublik beschloß der Deutsche Bundestag bereits am 1.12.1949, die Bundesregierung mit dem Rechtsschutz für deutsche Gefangene im Ausland zu beauftragen. Die Koordinierungsstelle wurde von Stuttgart nach Bonn verlegt und unter der neuen Bezeichnung Zentrale Rechtschutzstelle (ZRS) dem Bundesjustizminsterium angegliedert. Die Rechtsschutzstellen der Wohlfahrtsverbände blieben vorläufig bestehen, erklärten sich aber mit der Zentralisierung einverstanden und gaben ab Mitte 1950 zunehmend ihre Aufgaben an die ZRS ab.

Als am 15.3.1950 die ZRS ihre Tätigkeit aufnahm, war im BMJustiz bereits ein „Generalreferat Rechtsschutz für im Ausland angeklagte Deutsche" geschaffen worden. Dieses hatte sich mit allgemeinen Fragen zu befassen, die sich aus der Verteidigung und der Forderung des Rechtsschutzes überhaupt ergaben. Quellen zu entsprechenden Problembereichen sind demnach auch in den Akten des BMJustiz, Bestand B 141 im Bundesarchiv, zu suchen.

Am 1.12.1953 wurde die ZRS dem Auswärtigen Amt angegliedert. 1970 wurde sie in das die Federführung in der Rechtsschutzarbeit innehabende Referat V 4 integriert. Als selbständige Organisationseinheit hatte die ZRS aufgehört zu bestehen und erscheint seitdem als solche nicht mehr im Organisationsplan des Auswärtigen Amtes. Auf die einschlägigen Akten des Auswärtigen Amtes habe ich bereits hingewiesen.

Neben der ZRS gab es für Gefangene, die durch Besatzungsgerichte in den westlichen Zonen wegen Kriegsverbrechen verurteilt worden waren, seit 1953 drei „Gemischte Beratende Ausschüsse" als Einrichtungen der Westalliierten, die zur Vorlage von Gnadenempfehlungen an die Hohen Kommissare berechtigt waren, aber nicht selbst Begnadigungen vornehmen konnten. An deren Stelle trat 1955 mit Inkrafttreten des Überleitungsvertrages der „Gemischte Ausschuß" Im Unterschied zu den „Gemischten Beratenden Ausschüssen" konnte das Auswärtige Amt die erforderlichen Unterlagen für die Fertigung der Gesuche zur Verfügung zu stellen. Auch die Unterlagen der Gemischten Ausschüsse befinden sich im Aktenbestand der Zentralen Rechtsschutzstelle.

Die Registratur der ZRS gliedert sich in drei Schriftgutkomplexe:

1. Generalakten, also Unterlagen über die Wahrnehmung und Durchführung des Rechtsschutzes allgemein, über politische Grundsatzfragen und Beschaffung von Prozeßunterlagen für Gerichte.

2. Einzelfallakten (Einzel- und Gruppenprozesse)

3. Dokumentationen.

Von zwei Einzelprozessen (Eichmann und Merten) abgesehen, ist nur die Gruppe der Generalakten durch ein archivisches Bestandsverzeichnis erschlossen, während die Einzelfallakten über umfangreiche Karteien zugänglich sind. Die Generalakten gliedern sich in folgende Themenbereiche:

1. Rechtshilfe und Kriegsverbrecherprozesse allgemein

2. Alliierte Haftanstalten in Deutschland: Landsberg, Spandau, Werl und Wittlich

3. Haftfälle im Ausland (nach Ländern geordnet)

4. Teilbestände: Deutsches Rotes Kreuz, Gemischter Ausschuß, Rechtsanwaltsbüro Walters. Dabei handelt es sich um fremde Provenienzen, die zwar nach der Zentralisierung der Rechtsschutzarbeiten die ZRS abgegeben, dort aber nicht mehr weitergeführt wurden. Sie enthalten durchweg die eben aufgeführten Einzelthemenbereiche, sind also bei allen Recherchen, z.B. zu den Haftfällen im Ausland, ebenfalls heranzuziehen.

5. Wichtige Einzel- und Gruppenprozesse als Anhang.

Nur karteimäßig erfaßt, wie gesagt, bleiben bislang die über 13 000 Nummern umfassenden Nur-Einzelfälle (nämlich auch die Generalakten umfassen in den Länderserien neben „Allgemeines" auch zahlreiche Einzelfälle). Sie bilden den schriftlichen Niederschlag der individuellen Betreuung der ZRS. In der Kartei sind lediglich Aktenzeichen, Name und Verwahrungsort der Kriegsverurteilten festgehalten. Eine inhaltliche Erschließung, die insbesondere maschinell erstellte Namensindizes umfassen müßte, steht noch aus.

Zu den allgemeinen Aspekten der Verurteilung deutscher Kriegsgefangener in der Sowjetunion liegen in B 305 Generalakten in über 20 Bänden vor. Sie dokumentieren neben allgemeinen Aspekten auch zahlreiche Einzelfälle, enthalten Transportlisten, Namenslisten der Verurteilten, detaillierte Berichte von Heimkehrern über das Schicksal von Verurteilten, und wieder zahlreiche Erlebnis- und Erinnerungsberichte. Auch die Generalakten des DRK enthalten vergleichsweise umfangreiches Material über Rußland-Heimkehrer und deren systematische Befragungen. Die durch Karteien zugänglichen Einzelfallakten enthalten neben einer umfangreichen Gruppe über Verurteilte des SMT in der Sowjetischen Besatzungszone bzw. DDR auch eine Gruppe Sowjetunion. Dabei handelt es sich vorwiegend um Heimkehrerberichte, in den wenigsten Fällen um unmittelbare Verfahrensdokumente bzw. Primärmaterialien. Anders als z.B. bei den Kriegsverbrecherprozessen im westlichen Ausland war die ZRS bzw. deren Beauftragte bei den Verfahren in der Sowjetunion wohl kaum unmittelbar oder auch nur indirekt präsent, sondern auf Informationssplitter, insbesondere auf die Berichte der Freigelassenen und Heimgekehrten angewiesen. Hinsichtlich der Aussagekraft dieser Quellen gelten die auch schon für die Sammlungen der „Ost-Dokumentation“ gemachten Feststellungen. Mögen sie auch für Beweissicherungen im rechtlichen Sinne, und für verläßliche statistische Aussagen nur unter ganz bestimmten Aspekten brauchbar sein, die harte, unsere heutige Vorstellungskraft häufig übersteigende grausam-unmenschliche Wirklichkeit der Verurteilungen und der Haft dokumentieren Quellen dieser persönlichen Art sehr viel eindringlicher als die dürre Sprache amtlicher und diplomatischer Akten. Ich gehe noch einen Schritt weiter: Nicht die präzise faßbare Qualität des Gesamtgeschehens, nicht der lückenlose Nachweis sämtlicher, auch des letzten Einzelfalls für amtliche Zwecke der Rehabilitierung, Entschädigung oder Wiedergutmachung, auch nicht die Dokumentation der administrativen politischen und rechtlichen Grundlagen der sowjetischen Intentionen, wohl aber die „Qualität“ des Geschehens, die konkreten Auswirkungen auf die Betroffenen, auf die Opfer, die von ihnen wahrnehmbare Wirklichkeit der Tribunale und Haftlager — dies wird nur in solchen Quellen in unnachahmlicher Art anschaulich. Für **diese** Aspekte der angestrebten Dokumenation handelt es sich bei Quellen dieser Art um Primärquellen, für die **anderen**, ebenfalls zu dokumentierenden Aspekte sind sie freilich unzureichend.

Erwähnenswert ist schließlich noch ein Bundesarchiv-Bestand mit Unterlagen mehrerer im Auftrag der ZRS tätigen Rechtsanwälte — vor allem Behling, Servatius, Luther, Schwinge, Heim und Gordan — aus Verfahren gegen Deutsche wegen NS-Verbrechen vor ausländischen Gerichten (All. Proz. 21). Aus den bereits genannten Gründen handelt es sich dabei freilich ganz überwiegend um Verfahren, die im westlichen Ausland stattfanden. Zum Themenbereich der deutschen Kriegsverurteilten in der Sowjetunion gibt es allenfalls periphäre Dokumente, vor allem zu allgemeinen Fragestellungen.

Damit bin ich am Ende meiner kleinen Tour d'horizon. Noch einmal unterstreiche ich: noch vor wenigen Jahren wäre den von mir erwähnten Beständen und Samlungen auch für die Dokumentation der deutschen Kriegsverurteilten in der Sowjetunion eine unvergleichlich höhere Bedeutung zugekommen und eine detaillierte Beschreibung angemessen gewesen. Es gab nicht viel besseres, und man mußte sich notgedrungen damit begnügen, was man hatte: mit den Quellen zweiter Hand, mit den Quellen der Erinnerung, mit all ihren erwähnten Vorteilen hinsichtlich der Dokumentation der Qualität des Geschehens, aber auch mit allen Mängeln hinsichtlich einer allen historiographischen und rechtswissenschaftlichen Ansprüche, aber auch politischen Bedürfnissen genügenden amtlichen Darstellung aller

Aspekte des Themenbereichs. Aber mit der Öffnung der weitgehend wohl intakten Archive in der ehemaligen Sowjetunion ist diese Quellenbasis grundlegend anders. Dort liegen zweifellos die Primärquellen, und entsprechend relativiert sich die ohnehin schon begrenzte Aussagekraft der Quellen in deutschen Archiven noch einmal. So viel steht fest:

Eine Weiterführung oder gar ein Neuansatz der Kriegsgefangenendokumentationen kann sich im Jahre 1993 mit dem deutschen Material keineswegs mehr begnügen. Im Vergleich mit den zugänglichen sowjetischen Quellen kommt ihm zwar weiterhin eine eigenständige Bedeutung zu, aber letztlich doch eine nur im Zusammenhang mit den amtlichen Quellen voll wirksame, die amtlichen Quellen ergänzende Bedeutung zu. Beide Quellengattungen werden aus archivfachlichen wie quellenkritischen Gründen als unverzichtbare Grundlage für eine ggf. vorzunehmende Dokumentation über Stalins Willkürjustiz gegen die deutschen Kriegsgefangenen zu gelten haben.

6. Ein möglicher Weg zur Dokumentierung der Stalinischen Willkürjustiz

Alexander Fischer

An sich bin ich von der Liste als derjenige vorgesehen als jener letzte, den die Hunde beißen. Aber wenn die Frage der Dokumentation hier zur Diskussion steht, denke ich, muß ich wohl als Historiker doch auch Stellung beziehen. Es ist ja hier im Laufe des Tages schon einiges an Kritik an unserer Zunft geübt worden, und ich will mich überhaupt nicht herausreden, auch wenn ich jetzt sozusagen Verantwortung übernehmen muß, für die ich mich nicht ganz zuständig fühle.

Aber es ist überhaupt nicht zu leugnen, daß die Zeitgeschichte diese hier diskutierten Probleme in den letzten Jahrzehnten sehr stiefmütterlich behandelt hat. Jedenfalls sind hier Fragen aufgetaucht, die eigentlich von uns geklärt werden müßten. Es ist also selbstkritisch festzustellen, daß wir möglicherweise — ich will hier mal ein fiktives Thema aufzeigen — über die Ergebnisse der Winterhilfswerksammlung in Castrop-Rauxel hervorragend informiert sind, aber eben über die Problematik der Kriegsverbrecherprozesse der 40er und 50er Jahre nicht.

Es ist allerdings darauf hinzuweisen, bei den Juristen klang das heute früh schon an, und vielleicht ist das einer der Gründe, daß man ja der Meinung sein konnte, diese Prozesse waren so grotesk, daß sie eigentlich für sich selbst sprachen. Diese Meinung ist lange Zeit so vertreten worden.

Mir ist aber in persönlichen Briefwechseln, auch in persönlichen Gesprächen, klar geworden, daß viele unter ihnen eine Rehabilitierung wollen. Hier sind die Enkel und Urenkel heute schon als Argument angesprochen worden. Ich denke, wir haben das ernst zu nehmen. Und von daher möchte ich eigentlich versuchen, das ist jetzt nicht unbedingt Sache des Historikers, wir sind ja eher rückwärts gewandte Propheten, hier mal diese Position zu verlassen und in die Zukunft blicken.

Ich denke, das ist nach all dem, was wir heute gehört haben, vielleicht auch die einzige Konsequenz. Und es geht hier ja, wie Wagenlehner vorhin deutlich sagte, um Konsequenzen. Ich denke, es muß versucht werden, einen Ausweg zu finden, zumal es für viele, oder sogar für alle überraschende Möglichkeiten gibt, daß wir wohl diese Möglichkeit, zusammen mit den russischen Kollegen, betreiben können.

Wenn Sie sich das Bild vorstellen, daß der Zug Europa bereits in Fahrt ist, und wenn ich diese Vision aufgreifen darf, vielleicht eines Tages oder eines Jahres der Wagen Rußlands oder der Russischen Föderation an diesen Zug gehängt werden soll. Und viele wünschen ja, daß das nicht in allzulanger Zukunft erfolgen soll. Ich denke, dann muß einiges von den Problemen der Vergangenheit aufgearbeitet sein. Und die große Chance besteht eben heute. Wir bangen ein bißchen, daß das auch so bleibt, aber im Moment besteht die Chance.

Die Chance hierzulande ist vielleicht von den materiellen Gegebenheiten geringer geworden. Das muß deutlich gesagt werden. Ich glaube nicht, daß die Möglichkeit besteht, die öffentliche Hand dafür zu interessieren.

Die Möglichkeiten, die staatlichen Ressourcen für dieses Problem anzugehen, schätze ich nicht sehr hoch ein, aus eigener Erfahrung im Moment mit den Problemen der Forschungsförderung durch das BMI. Ich würde aus meiner Sicht, und das wäre meine Konsequenz aus dieser Diskussion, auch mit dem einen oder anderen Gesprächspartner, mit Herrn Wagenlehner andere Lösungen versuchen.

Das ist hier ein, aus unserer Sicht des Wissenschaftlers, klassisches Drittmittel-Projekt. Wo das untergebracht wird, ob bei der deutschen Forschungsgemeinschaft oder bei VW oder der Thyssenstiftung, das vermag ich im Moment nicht zu sagen. Aber ich denke, hier liegt eine Lösung und vielleicht auch eine Lösung, die in einem begrenzten Zeitraum rasch erledigt werden kann.

Es müßte allerdings klar sein, wer ist zuständig, wer trägt sozusagen die Verantwortung. Welche Zielsetzung, das muß klar sein. Was sollte also unter dem Strich herauskommen. Die Situation in Österreich, um auf den Kollegen Karner zurückzukommen, ist etwas anders. Ich denke, was Karner im zweiten Teil angesprochen hat, diese Sozialgeschichte der Lager, ist eben in den 22 Bänden der Kriegsgefangenen-Dokumentation schon geleistet worden. Hier muß ich Maschke ausdrücklich in Schutz nehmen vor so mancher kritischen Anmerkung, die ich hier in Reden und Gesprächen gehört habe. Den dritten Teil, den Karner hier angesprochen hat, halte ich allerdings auch für eine zentrale Angelegenheit: Die Wiedereingliederung der Kriegsgefangenen in Politik, Wirtschaft und die Gesellschaft hierzulande. Es sollte dann klar sein, wer ist der Ansprechpartner oder wer sind die Ansprechpartner in Moskau. Hier muß — ich will das mal ganz drastisch formulieren — bis zur Telefon- und Telefaxnummer Klarheit herrschen.

Sie haben draußen diesen Antiquarius-Anschlag aus der MOSKAU-NEWS. Da bietet sich irgendjemand an mit Faxnummer — man sei in der Lage, alle möglichen Archivalien aus russischen Archiven zu besorgen. Wir haben diese Nummer getestet. Die Faxe sind nicht angekommen. Hier liegt ein Problem, das im technischen Bereich von vornherein geklärt werden muß.

Natürlich sollte auch klar sein, wer macht die Arbeit. Hier bietet sich aus meiner Sicht für die derzeitige problematische Situation unserer jüngeren Wissenschaftler, der jüngeren Historiker, eine Chance. Und ich denke, wir haben genug auch russisch sprechende jüngere Historikerinnen und Historiker, die diese Arbeit zu leisten vermögen. Die wissenschaftliche Verantwortung sollte auf mehrere Schultern verteilt werden. Das Problem der Finanzierung wäre zu klären. Wenn diese Fragen geklärt sind, und ich denke die Chance, daß das im Zusammenwirken etwa mit der Gruppe von Herrn Wagenlehner machbar ist, dann wäre eine Konsequenz gezogen, die diesem Symposium nicht den Rang einer Abschlußveranstaltung verschaffen würde, sondern von diesem Symposium ist eine Lösung ausgegangen. Dafür stehen — das kann ich doch wohl sagen — auch die Historiker bereit.

7. Das Militärgeschichtliche Forschungsamt und die Kriegsgefangenen-Dokumentation

Brigadegeneral Dr. Günther Roth, Leiter MGFA

Vor dem Hintergrund der weitgehend extemporierten Feststellungen der Herren Professoren Martin Fincke und Friedrich-Christian Schroeder über die rechtsphilosophischen und völkerrechtlichen Grundlagen und Problemstellungen, die sich aus der Stalinschen Willkürjustiz gegen die deutschen Kriegsgefangenen ergeben, stelle ich fest, daß nicht das Einzelschicksal des zu Unrecht verurteilten deutschen Kriegsgefangenen neu aufgerollt werden kann, so daß höchstens die Überprüfung des Einzelverfahrens und damit eine Klärung des Unrechts an dem jeweiligen deutschen Kriegsgefangenen zu einer allgemeinen politischen Annullierung der Verurteilten führen kann.

Die Frage der Dokumentation der entsprechenden Akten der deutschen Kriegsverurteilten erfordert die Bildung einer größeren Kommission, welche aus Mitgliedern

Prof. Dr. Alexander Fischer (links) aus Bonn/Dresden und Brigadegeneral Dr. Günther Roth, Leiter MGFA

mit allgemein juristischen, völkerrechtlichen und den unverzichtbaren Kenntnissen über das damals gültige sowjetische Strafrecht und nicht zuletzt über die russische Sprache verfügen. Diese nach dem Beispiel von Professor Karner/Universität Graz zusammengestellte Kommission müßte wenigstens 25 Personen umfassen, um zunächst auf der vorhandenen russischen Quellenbasis eine computergestützte Datenbank zu erarbeiten. Dies bedeutet, daß diese Kommission in den Archiven Rußlands bzw. anderen GUS-Staaten zu arbeiten hätte.

Ich weise auch darauf hin, daß eine solche Dokumentation bislang vom Militärgeschichtlichen Forschungsamt aus zweierlei Gründen nicht hat geleistet werden können:

Nämlich aus personellen Gegebenheiten wie auch aufgrund der Tatsache, daß erst frühestens seit dem Jahre 1990 die entsprechenden Sonderarchive der ehemaligen Sowjetunion für westliche Wissenschaftler zugänglich sind.

Ich darf herausstellen, daß das Militärgeschichtliche Forschungsamt über keine Wissenschaftler verfügt, die über die geforderten juristischen und völkerrechtlichen Kenntnisse verfügen, welche zwingend geboten sind, eine Dokumentation zu erarbeiten.

Ich stimme dem Vorschlag von Herrn Professor Dr. Alexander Fischer/Universität Bonn uneingeschränkt zu, daß er ggf. diese Dokumentation als ein „Drittmittelprojekt„ der Universität Bonn im Zusammenwirken mit der Volkswagen-Stiftung aufgreift. Auch sein weiterer Gedanke, diese Dokumentation möglicherweise dem neu gegründeten Hannah Arendt-Institut in Dresden, dessen Gründungspräsident Professor Fischer ist, zu übertragen, wird von mir uneingeschränkt geteilt.

Abschließend darf ich feststellen, daß bei der Dokumentation wie auch bei der Revidierung der Rechtsurteile gegen die deutschen Kriegsgefangenen nicht von Rehabilitierung gesprochen werden sollte, sondern eine generelle politische Annullierung und die damit verbundene Annullierung aller zu Unrecht erlassenen Urteile zwischen den entsprechenden Regierungen ausgehandelt und erreicht werden sollte.

VI. Rehabilitierung

1. Die Initiativen des VdH und des Bundeskanzlers

Der VdH hatte in den 70er Jahren einen kontinuierlichen Schriftwechsel mit den zuständigen Ressorts der Bundesregierung über die Frage der Bewertung der in der Sowjetunion verhängten Strafen gegen die Kriegsgefangenen und ihre Rechtsstellung.

Hinsichtlich der Wertung in der Bundesrepublik Deutschland galt, was der Bundesjustizminister nochmals am 15.4.1983 bekräftigte:

„Die sowjetischen Urteile gegen deutsche Kriegsgefangene wurden in der Bundesrepublik Deutschland nicht in das Strafregister eingetragen. Sie können deshalb auch nicht als Vorstrafe angesehen werden. Die durch sowjetische Gerichte verurteilten Kriegsgefangenen können sich daher in der Bundesrepublik Deutschland gegenüber jedermann, auch gegenüber Gerichten und Staatsanwaltschaften, als nicht vorbestraft bezeichnen."

Schwieriger war die Einschätzung der sowjetischen Haltung. Der VdH hatte eine Klärung mit dem BM der Justiz versucht, der am 7.11.1977 an den damaligen Geschäftsführenden Präsidenten des VdH, Werner Kießling, eine Stellungnahme der deutschen Botschaft wiedergab zu der Frage, ob die gegen die deutschen Kriegsgefangenen in der Sowjetunion verhängten Freiheitsstrafen erlassen (Amnestie) oder nur ausgesetzt sind:

„Zu der von Ihnen in Ihrem Schreiben vom 20. Juli 1977 aufgeworfenen Frage hat sich die deutsche Botschaft nunmehr geäußert. Nach ihrer Mitteilung war es ihr nicht möglich, anhand der vorhandenen Kenntnisse zu eindeutigen Schlußfolgerungen zu gelangen, da die Mehrzahl der deutschen Kriegsgefangenen vor Errichtung der Botschaft entlassen worden sind.

Sie äußerte jedoch die Vermutung, daß bei der Mehrzahl der in der Sowjetunion wegen angeblicher Kriegsverbrechen verurteilten und später entlassenen deutschen Kriegsgefangenen formal lediglich eine Aussetzung der Strafe vorliegt.

Im übrigen regt die Botschaft an, wegen dieser Angelegenheit auch mit dem Suchdienst des DRK Hamburg und dem Bundesminister des Inneren als Nachfolger des Bundesvertriebenenministeriums Verbindung aufzunehmen."

Der VdH forderte in seinen Verbandstagen wiederholt die Aufhebung der sowjetischen Urteile. Der Beschluß des 17. Verbandstages in Siegen 1982 wurde von Werner Kießling den zuständigen Ressorts zur Kenntnis gebracht. Der Bundesminister des Auswärtigen äußerte sich dazu grundsätzlich mit folgendem Schreiben:

Der Bundesminister
des Auswärtigen

Bonn, den 9. März 1983

Sehr geehrter Herr Kießling,

für Ihr Schreiben vom 18. Februar 1983, in dem Sie mich auf den Beschluß Ihres 17. Verbandstages zu den gegen deutsche Kriegsgefangene in der Sowjetunion gefällten Urteilen aufmerksam machen, danke ich Ihnen.

Die Frage einer Aufhebung dieser Urteile ist schon mehrfach an die Bundesregierung herangetragen worden.

Bereits während der Moskauer Konferenz vom 9. bis 13. September 1955 hatte sich der Bundeskanzler Dr. Adenauer in seinen Gesprächen mit der sowjetischen Regierung gegen die von der sowjetischen Seite verwendete Formulierung „Kriegsverbrecher" für inhaftierte deutsche Gefangene gewandt.

Die Bundesregierung hat auch in späteren Jahren nie einen Zweifel daran gelassen, daß die sowjetischen Pauschalverurteilungen deutscher Kriegsgefangener qualitativ nicht mit den Kriegsverbrecherurteilen und besatzungsrechtlichen Entscheidungen in Strafsachen der drei Westmächte zu vergleichen seien.

Die Frage der wegen Kriegsverbrechen Verurteilten konnte allerdings — im Gegensatz zu den drei Westmächten — mit der Sowjetunion vertraglich nicht geregelt werden. Auch heute besteht keine Aussicht, mit der Sowjetunion zu einer Vereinbarung in dieser Frage zu gelangen.

Die Aufforderung, die gegen deutsche Kriegsgefangene gefällten Urteile als erledigt zu erklären, würde von sowjetischer Seite mit an Sicherheit grenzender Wahrscheinlichkeit zurückgewiesen werden und ohne Ergebnis bleiben. Das Verhalten der sowjetischen Behörden bei der Entlassung der Masse der deutschen Kriegsgefangenen hat gezeigt, daß den Verurteilungen keine Bedeutung mehr beigemessen wurde.

Schließlich ist die unbehelligte Wiedereinreise ehemaliger pauschal verurteilter Kriegsgefangener in die Sowjetunion ein Zeichen dafür, daß aus den damaligen Verurteilungen — von Einzelfällen abgesehen — auch praktisch keine Konsequenzen mehr zu erwarten sind.

Inwieweit den Betroffenen bei Fragen nach Vorstrafen geholfen werden kann, ist eine Rechtsfrage, die Ihnen sicherlich der Bundesminister der Justiz beantworten kann.

Aus den vorgenannten Gründen halte ich Gespräche mit der sowjetischen Regierung zu diesem Thema leider nicht für erfolgversprechend.

Mit freundlichen Grüßen

Ihr
gez. Hans-Dietrich Genscher

Die Feststellung des Außenministers, daß Gespräche mit der sowjetischen Regierung derzeit nicht erfolgversprechend seien, änderte sich erst mit dem Amtsantritt Michail Gorbatschows als Generalsekretär der KPdSU im Februar 1985. Das sowjetische Verhältnis zum Westen besserte sich. Auch die deutsch-sowjetischen Beziehungen entwickelten sich zum Positiven. Inzwischen hatte VdH-Präsident Kießling mehrfach Gelegenheit, Bundeskanzler Helmut Kohl die Probleme der verurteilten deutschen Kriegsgefangenen zu erläutern. Der Bundeskanzler entschloß sich, dieses Thema bei seinem ersten Staatsbesuch in der Sowjetunion zur Sprache zu bringen und bat Werner Kießling, ihn im Oktober 1988 nach Moskau zu begleiten.

Zwischen VdH-Präsident und Bundeskanzler entwickelte sich ein kontinuierlicher Gedankenaustausch und Briefwechsel über die Frage der Rehabilitierung der in der Sowjetunion verurteilten deutschen Kriegsgefangenen. Wir dokumentieren aus dem Briefwechsel zwei Schreiben des Bundeskanzlers vom 28.6.1989 und 23.7.1990.

Bundesrepublik Deutschland
Der Bundeskanzler — Bonn, den 28. Juni 1989

An den
Präsidenten des
Verbandes der Heimkehrer, Kriegsgefangenen
und Vermißtenangehörigen Deutschlands e.V.
Herrn Werner Kießling
Konstantinstr. 17
5300 Bonn 2

Lieber Herr Kießling,

für Ihre Schreiben vom 26.4. und 26.5 1989 zur Frage der Rehabilitierung der strafrechtlich verurteilten Kriegsgefangenen in der Sowjetunion danke ich Ihnen sehr.

Die Bundesregierung steht bereits seit längerer Zeit mit der sowjetischen Seite im Gespräch, um eine Lösung für das von Ihnen angesprochene Problem der Rehabilitierung von in der Stalin-Zeit willkürlich verurteilten Deutschen zu finden. Es zählt zu den Fragen, auf die ich mich in meiner Regierungserklärung vom 16. Juni bezog, als ich feststellte, ich habe gegenüber Generalsekretär Gorbatschow auch die offenen Fragen und persönlichen Anliegen vieler Mitbürger ansprechen können.

In der Sowjetunion hat die Aufarbeitung der eigenen Geschichte inzwischen begonnen, und es sind sowjetische Opfer der Stalinzeit politisch und rechtlich rehabilitiert worden. Dabei werden zwangsläufig auch die schrecklichen Taten in Erinnerung gerufen, die in deutschem Namen an den Völkern der Sowjetunion verübt worden sind. Die so wieder aufgerissenen Wunden machen es der sowjetischen Seite nicht leicht, sich auf den Gedanken einzulassen, daß während der Stalin-Ära, sowohl während des Krieges als auch in der Nachkriegszeit, auch Deutsche — Zivilisten wie Kriegsgefangene — Opfer ungerechtfertigter, willkürlicher staatlicher Übergriffe waren und Anspruch auf Rehabilitierung besitzen.

Ich habe mit Generalsekretär Gorbatschow über diese Thematik ausführlich gesprochen. Dieser hat Prüfung zugesagt. Sie werden sicherlich verstehen, daß Probleme dieser Tragweite nicht während eines Staatsbesuches gelöst werden können. Ich bin jedoch zuversichtlich, daß dieser Besuch im Verhältnis unserer beiden Staaten ein Klima geschaffen hat, das eine positive Regelung in der Zukunft erleichtern wird.

Ich werde mich persönlich dafür einsetzen, daß diese Frage in unseren weiteren politischen Gesprächen mit der sowjetischen Führung auf der Tagesordnung bleibt.

Mit freundlichen Grüßen
gez. Kohl

BUNDESREPUBLIK DEUTSCHLAND
DER BUNDESKANZLER

Bonn, den 23. Juli 1990

An den
Präsidenten des
Verbandes der Heimkehrer, Kriegsgefangenen
und Vermißtenangehörigen Deutschlands e.V.
Herrn Werner Kießling
Konstantinstr. 17
5300 Bonn 2

Sehr geehrter Herr Präsident, lieber Herr Kießling,

für Ihr Schreiben vom 21. Juni d.J., in dem Sie die Frage der zu Unrecht verurteilten deutschen Kriegsgefangenen in der Sowjetunion anschneiden, danke ich Ihnen.

Wie Sie wissen, habe ich mich wiederholt bei meinen sowjetischen Gesprächspartnern für die Rehabilitierung dieses Personenkreises eingesetzt. Ich habe dieses Anliegen auch während meines letzten Besuches in Moskau und Stavropol vom 14. — 16. Juli 1990 im Rahmen eines vertieften Gesprächs über die gemeinsame Geschichte der beiden Völker angesprochen.

Ich will erreichen, daß die sowjetische Seite anerkennt, daß eine Rehabilitierung von zu Unrecht Verurteilten rechtsstaatlichen Grundsätzen entspricht.

Bislang hat die sowjetische Seite nur Schritte zur Rehabilitierung sowjetischer Opfer unternommen. Hinsichtlich ausländischer Opfer hält sie sich noch zurück.

Präsident Gorbatschow hat mir bei meinen Gesprächen in der Sowjetunion zugesichert, daß die Aufarbeitung der Geschichte der Stalin-Zeit in vollem Gange sei. In Zukunft wolle man sich noch verstärkt dieser Problematik zuwenden.

Das Thema wird auch weiterhin auf der Tagesordnung der hochrangigen deutsch-sowjetischen Begegnungen sowie der damit bereits befaßten humanitären Arbeitsgruppe bleiben.

Mit freundlichen Grüßen

Seit einigen Jahren war zur Ausarbeitung konkreter Texte eine „Deutsch-Sowjetische Arbeitsgruppe für die Zusammenarbeit in humanitären Fragen" eingesetzt worden, die jeweils im Wechsel in Moskau und in Bonn tagte.

Der VdH-Päsident wandte sich Anfang 1991 an den Bundeskanzler mit dem Antrag, Präsidialrat Dr. Wagenlehner in diese Arbeitsgruppe als Vertreter des VdH aufzunehmen.

Der Chef des Bundeskanzleramtes, BM Rudolf Seiters, reagierte positiv und bat am Schluß seines Schreibens vom 7.3.1991 an Werner Kießling:

„Zur Vorbereitung der nächsten Sitzung wäre es nützlich, wenn Herr Dr. Wagenlehner seine Vorstellungen für eine Lösung der Rehabilitierungsfrage und insbesondere zur Form und Inhalt einer offiziellen sowjetischen Erklärung schriftlich niederlegen und dem Auswärtigen Amt übermitteln könnte".

Diese konkreten Vorschläge für eine Erklärung des Präsidenten der UdSSR mit der entsprechenden Forderung wurden im April 1991 an das Bundeskanzleramt mit der Bitte um Weiterleitung an das Auswärtige Amt übermittelt.

Es vergingen noch Monate, bis das AA Dr. Wagenlehner als ständigen Gesprächspartner der Arbeitsgruppe akzeptierte. Dann aber begann ein intensiver Gedankenaustausch, der sich auch auf die russische Einstellung auswirkte.

So stimmte die russische Seite schließlich zu, die Urteile gegen deutsche Kriegsgefangene in die Prüfung der Rehabilitierung einzubeziehen.

Nachdem Boris Jelzin Präsident der Russischen Föderation geworden war, entschloß sich Werner Kießling im März 1992 zu einem konkreten Appell an Präsident Jelzin. Es bedurfte des Einsatzes von Bundeskanzler Kohl, um dieses Schreiben mit der russischen Übersetzung im Mai 1992 über die Deutsche Botschaft in Moskau an den Adressaten zu leiten:

Verband der Heimkehrer,
Kriegsgefangenen und
Vermißtenangehörigen Deutschlands e.V.

Bad Godesberg
Präsident
den 16.03.92

An den
Präsidenten der Russischen Föderation
Herrn Boris Jelzin
Kreml
Rußland-Moskau

Sehr geehrter Herr Präsident!

Eingedenk der direkten Gespräche zwischen Bundeskanzler Helmut Kohl und Präsident Michail Gorbatschow über die Annullierung der gegen die deutschen Kriegsgefangenen verhängten Strafen als Beitrag zur Aussöhnung zwischen unseren Völkern, wende ich mich als Präsident des Verbandes der Heimkehrer und zugleich als Generaldelegierter der Confédération Internationale des Anciens Prisonniers de Guerre (CIAPG) im Namen von Millionen Kriegsgefangenen des Zweiten Weltkrieges an Sie mit dem Ersuchen:

Führen Sie die deutsch-russische Aussöhnung konsequent weiter mit der Verfügung, daß alle nach Kriegsende gegen deutsche Kriegsgefangene von sowjetischen Gerichten verhängten Urteile mit sofortiger Wirkung annulliert werden, weil diese Urteile in Verfahren zustandekamen, die allesamt nach heutigem russischen Recht einer Prüfung nach rechtsstaatlichen Normen nicht standhalten würden.

Daß die Stalin-Justiz in diesen Fällen wie in anderen willkürlich und nicht rechtsstaatlich verfuhr, ist unbestritten und wird auch in Rußland so dargestellt. Diese Feststellung gilt für alle Verfahren. So ist auch eine generelle Regelung gerechtfertigt.

Der jüngste Anlaß für meine Bitte ist die gegen Ende des letzten Jahres erfolgte Rehabilitierung eines nach § 58 verurteilten deutschen Kriegsgefangenen. Er erhielt auf seinen Antrag vor zwei Jahren von der Botschaft der UdSSR in Bonn das beiliegende Schreiben vom 15.10.91.

Diese Rehabilitierung des ehemaligen deutschen Kriegsgefangenen Reinhold Soffner aus Neumünster hat unter den Tausenden von Kameraden mit ähnlichem Schicksal Aufsehen erregt. Die Sprecher der Lagergemeinschaften Stalingrad und Asbest haben in den letzten Tagen im Namen von 310 verurteilten Kameraden im Lager Stalingrad und 240 im ehemaligen Lager Asbest ähnliche Ersuchen an Sie, Herr Präsident oder an den Generalstaatsanwalt, gerichtet.

Wenn über die Antworten auf diese Ersuchen nachgedacht wird, erscheint mir der Vorschlag sinnvoll, die Antragsteller auf eine generelle Regelung hinzuweisen und diese auch herbeizuführen. Dies könnte in einem sinngemäß ähnlichen Erlaß erfolgen wie durch den Erlaß vom 4. März 1992 zur Rehabilitierung der Rußlanddeutschen. Möglich wäre auch eine entsprechende Erklärung im Rahmen der geplanten politischen Erklärung, wie sie noch im Dezember 1991 von der Deutsch-Sowjetischen Arbeitsgruppe zur Zusammenarbeit in humanitären Fragen besprochen wurde.

Lassen Sie mich noch darauf hinweisen, daß die deutschen Heimkehrer aus sowjetischer Kriegsgefangenschaft seit vielen Jahren ihren konstruktiven Beitrag zur Verständigung und Versöhnung leisten. Seit 1988 bestehen sehr positive Beziehungen zwischen dem Heimkehrerverband zu den sowjetischen Kriegsveteranen, dessen Komitee und Präsidenten, Marschall Silantjew. Wir haben 1990 in Deutschland und 1991 in Moskau deutsch-sowjetische Jugendwochen durchgeführt, weil vor allem die Jugend beider Völker den Gedanken der Versöhnung aufgreifen und weitertragen muß. Im August 1992 wird eine weitere Jugendwoche in Deutschland stattfinden.

Inzwischen haben sich in den letzten Wochen weitere Veteranenverbände in Rußland an uns gewandt. Gemeinsame Publikationen sind in Vorbereitung. Gemeinsame Gedenkstätten an die Gefangenschaft in Deutschland und Rußland werden errichtet.

Alle diese Aktivitäten benötigen Impulse. Die von uns angeregte Erklärung zur generellen Annullierung der Urteile gegen deutsche Kriegsgefangene ist ein solches Zeichen der Versöhnung für eine bessere Zukunft.

Mit meiner abschließenden Bitte um Ihren entscheidenden Beitrag dazu, verbleibe ich mit dem Ausdruck
meiner vorzüglichen Hochachtung
Ihr sehr ergebener
gez.
Werner Kießling

Wie der mit der Rehabilitierung befaßte Militäroberstaatsanwalt Valeri A. Wolin nachträglich im Juni 1993 feststellte, kam dieses Schreiben des VdH-Präsidenten zur rechten Zeit. Oberst der Justiz Wolin in seinem Vortrag auf dem Bautzen-Forum im Juni 1993:

„Bei der Vorbereitung auf dieses Forum war ich angenehm überrascht, als ich im ‚Spiegel' las, daß meine Ansichten bezüglich der Rehabilitierung deutscher Bürger völlig mit der Meinung von Herrn Werner Kießling übereinstimmen, der Präsident Boris Jelzin am 16. März 1992 einen Brief mit der Forderung nach einer Generalamnestie übersandte. Mag sein, daß die Mitarbeiter der Botschaft mit ihrem Hinweis recht haben, der Ton dieses Briefes an den Präsidenten sei nicht angemessen gewesen und daß man den Brief in höflicherer Form hätte abfassen sollen, aber die Idee selbst halte ich für richtig und zur rechten Zeit übermittelt.

Der Text einer Erklärung auf höchster Ebene ist zwischen VdH und AA im Verlaufe des Jahres 1992 wiederholt diskutiert worden. Es gab naturgemäß Einwände der Juristen gegen eine pauschale Rehabilitierung, denen Rechnung getragen werden mußte durch die generelle Rehabilitierung aus moralischen Gründen und der möglichen Einzelrehabilitierung nach Prüfung der Aktenlage.

Prinzipielle Einwände der russischen Militärs konnten durch die Zusammenarbeit zwischen den Veteranenverbänden und vor allem durch den einwöchigen Besuch des Marschall der Sowjetunion Viktor Kulikow Ende August 1992 überwunden werden.

Schließlich konnten die Texte so aufeinander abgestimmt werden, daß während des Besuches des Bundeskanzlers im Dezember 1992 in Rußland, am 16. Dezember die „Gemeinsame Erklärung von Bundeskanzler Dr. Helmut Kohl und Präsident Boris N. Jelzin über die Rehabilitierung unschuldig Verfolgter" verkündet wurde, erläutert durch den Kanzler in seiner Pressekonferenz, hier zusammengefaßt im Bulletin der Bundesregierung.

Besuch des Bundeskanzlers in der Russischen Föderation vom 14. bis 16. Dezember 1992

Bundeskanzler Dr. Helmut Kohl stattete der Russischen Föderation vom 14. bis 16. Dezember 1992 einen Besuch ab.

Aus der Erklärung des Bundeskanzlers vor der Presse in Moskau

Bundeskanzler Dr. Helmut Kohl gab auf einer gemeinsamen Pressekonferenz mit Präsident Boris N. Jelzin am 16. Dezember 1992 in Moskau folgende einleitende Erklärung ab:

Hinweisen möchte ich schließlich auf die von Präsident Jelzin und mir getroffene Gemeinsame Erklärung zur Rehabilitierung von zu Unrecht Verurteilten und Verfolgten. Diese moralische Rehabilitierung schließt aus deutscher Sicht sowohl zu Unrecht verurteilte deutsche Kriegsgefangene wie auch Opfer sowjetischer Militärtribunale in der früheren Sowjetischen Besatzungszone ein.

Gemeinsame Erklärung von Bundeskanzler Dr. Helmut Kohl und Präsident Boris N. Jelzin über die Rehabilitierung unschuldig Verfolgter

Deutschland und Rußland

— eingedenk der unheilvollen Abschnitte ihrer gemeinsamen Geschichte,

— als Ausdruck ihres Bekenntnisses zu Menschenrechten, Demokratie und Rechtsstaatlichkeit,

— in dem Wunsche, mit dieser Erklärung zur Aussöhnung zwischen dem deutschen und dem russischen Volk beizutragen,

stimmen überein:

Den unschuldigen Opfern von Willkür und Unterdrückung muß Gerechtigkeit widerfahren.

Sie anerkennen die Bemühungen, dem einzelnen Betroffenen Rehabilitierung zu verschaffen und sprechen sich für eine beschleunigte Fortführung dieser Bemühungen im Einzelfall aus.

Sie stellen fest, daß die zu Unrecht Verurteilten und unschuldig Verfolgten moralisch rehabilitiert sind.

Wer über diese Erklärung hinausgehend individuelle Rehabilitierung begehrt, kann diese in individuellem Verfahren verfolgen.

Sie sind sich darüber einig, daß Rehabilitierungsentscheidungen nicht als Grundlage für Forderungen dienen können, die zum geltenden Recht und zu den internationalen Verpflichtungen beider Seiten in Widerspruch stehen.

2. Der Gorbatschow-Erlaß vom 13. August 1990

Erlaß des Präsidenten der UdSSR über die Wiederherstellung der Rechte aller Repressionsopfer

„Moskau: — Hier wurde heute (13.8.) ein Erlaß des Präsidenten der UdSSR ,,über die Wiederherstellung der Rechte aller Opfer politischer Repressionen der 20er bis 50er Jahre“ verbreitet. Es folgt der Wortlaut des Erlasses:

,,Ein schweres Erbe der Vergangenheit stellen die Massenrepressionen, die Willkür und die Gesetzlosigkeit, die von der Stalinschen Führung im Namen der Revolution, der Partei und des Volkes verübt wurden. Die Mitte der 20er Jahre einsetzende Schmähung der Ehre und selbst des Lebens unserer Landsleute wurde mit grausamster Konsequenz über einige Jahrzehnte hinweg fortgesetzt. Tausende von Menschen wurden den moralischen und physischen Mißhandlungen ausgesetzt, viele von ihnen zugrunde gerichtet. Das Leben ihrer Familie und der ihnen Nahestehenden wurde in eine finstere Zeitspanne von Erniedrigungen und Leiden verwandelt.

Stalin und seine Umgebung eigneten sich eine praktisch grenzenlose Macht an, nachdem sie dem sowjetischen Volk die Freiheiten geraubt hatten, die in einer demokratischen Gesellschaft als natürlich und unerläßlich gelten.

Die Massenrepressionen wurden größtenteils durch außergerichtliche Verfahren mittels sogenannter Sonderkonferenzen, Kollegien, ,,Dreier-'' und ,,Zweiergruppen'' vorgenommen. Jedoch wurden auch in den Gerichten die elementaren Normen des Gerichtsprozesses mit Füßen getreten.

Die Wiederherstellung der Gerechtigkeit, die durch den 20. Parteitag der KPdSU eingeleitet worden war, wurde inkonsequent betrieben und im Grunde in der zweiten Hälfte der 60er Jahre eingestellt.

Eine Sonderkommission zur nachträglichen Untersuchung der Materialien im Zusammenhang mit den Repressionen rehabilitierte Tausende unschuldig Verurteilter; ungesetzliche Akte gegen Völker, die der Umsiedlung aus ihren angestammten Heimatorten unterworfen worden waren, wurden aufgehoben; die Beschlüsse der außergerichtlichen Organe — OGPU, NKWD bzw. MGB — aus den 30er bis 50er Jahren zu politischen Angelegenheiten wurden für ungesetzlich erklärt; es wurden auch noch weitere Akte verabschiedet, um die Rechte der Opfer der Willkürherrschaft wiederherzustellen.

Aber bis heute wurden Tausende von Gerichtsfällen nicht wiederaufgenommen. Das Mal der Ungerechtigkeit wurde bislang noch nicht von den sowjetischen Menschen genommen, die in der Zeit der Zwangskollektivierung unschuldig gelitten hatten, die verhaftet oder mit ihren Familien ohne Mittel zur Existenz, ohne Stimmrecht und sogar ohne Nennung der Dauer des Freiheitsentzuges in abgelegene Gebiete umgesiedelt worden waren. Rehabilitiert werden müssen Vertreter der Geistlichkeit und Bürger, die aus religiösen Gründen verfolgt wurden.

Wir alle, die ganze Gesellschaft, die den Weg zur moralischen Wiedergeburt, zu Demokratie und Gesetzlichkeit eingeschlagen hat, bedürfen der schnellstmöglichen Überwindung der Folgen von Gesetzlosigkeit und politischen Verbrechen.

Unter Ausdruck der prinzipiellen Verurteilung dieser Massenrepressionen und in der Ansicht, daß sie mit den Normen der Zivilisation unvereinbar sind, sowie auf der Grundlage von Artikel 127 (7) und 114 der Verfassung der UdSSR ordne ich an:

1. Alle Repressionen, die gegenüber den Bauern in der Zeit der Kollektivierung sowie gegenüber alle anderen Bürgern aus politischen, sozialen, nationalen, religiösen oder anderen Motiven in den 20er bis 50er Jahren verübt wurden, sind als ungesetzlich und im Widerspruch zu den grundlegenden bürgerlichen und sozialökonomischen Rechten des Menschen stehend anzusehen; die Rechte dieser Bürger sind vollständig wiederherzustellen.

Der Ministerrat der UdSSR und die Regierungen der Unionsrepubliken haben gemäß vorliegendem Erlaß den Legislativorganen bis zum 1. Oktober 1990 Verfahrensvorschläge zu unterbreiten, um die Rechte der Bürger wiederherzustellen, die unter den Repressionen zu leiden hatten.

2. Vorliegender Erlaß erstreckt sich nicht auf Personen, die während des Großen Vaterländischen Krieges sowie in der Vor- und Nachkriegszeit wegen der Verübung von Verbrechen gegen die Heimat und gegen die sowjetischen Menschen gerechtfertigterweise verurteilt wurden.

Der Ministerrat der UdSSR hat dem Obersten Sowjet der UdSSR den Entwurf eines legislativen Aktes zu unterbreiten, in dem ein Verzeichnis dieser Verbrechen aufzustellen und ein Verfahren festzulegen ist, mit dem festgestellt werden kann, welche der Personen, die wegen der Verübung solcher Verbrechen verurteilt wurden, aus Gründen, die im vorliegenden Erlaß vorgesehen sind, nicht unter die Rehabilitierung fallen.

3. Unter Berücksichtigung der politischen und sozialen Bedeutung der vollständigen Lösung aller Fragen im Zusammenhang mit der Wiederherstellung der Rechte der Bürger, die in den 20er bis 50er Jahren Opfer ungerechtfertigter Repressionen wurden, wird der Präsidialrat der UdSSR mit der Beaufsichtigung dieses Prozesses beauftragt.

Der Präsident der Union der Sozialistischen Sowjetrepubliken

M. Gorbatschow
Moskau, Kreml
13. August 1990“

(TASS/russ./13.8.90/1854/0814be2-3)

Gesetz der Russischen Föderation*

über Abänderungen und Ergänzungen zum Gesetz der RSFSR „Über die Rehabilitierung von Opfern politischer Verfolgung"

Artikel 1. Das Gesetz der RSFSR „Über die Rehabilitierung von Opfern politischer Verfolgung" (Gesetzblatt des Volksdeputiertenkongresses der RSFSR und des Obersten Sowjets der RSFSR, 1991, Nr. 44, S. 1428; Gesetzblatt des Volksdeputiertenkongresses der Russischen Föderation und des Obersten Sowjets der Russischen Förderation, 1992, Nr. 28, S. 1624) ist wie folgt abzuändern und zu ergänzen:

1. **Artikel 2** erhält folgende Fassung:

„Dieses Gesetz, soweit es das Rehabilitierungsverfahren betrifft, erstreckt sich auf:

Bürger der Russischen Föderation, Bürger der ehemaligen Unionsrepubliken der UdSSR, Ausländer und Staatenlose, die nach dem 25. Oktober (7. November) 1917 im Hoheitsgebiet der Russischen Föderation politischer Verfolgung ausgesetzt waren;

Personen mit ständigem Wohnsitz im Hoheitsgebiet der Russischen Föderation, die durch sowjetische Gerichts- und Verwaltungsorgane, welche außerhalb der UdSSR tätig waren, oder durch Militärtribunale, durch zentrale Gerichte der UdSSR und außergerichtliche Organe (das Oberste Gericht der UdSSR und seine Kollegien, das Kollegium der Allgemeinen Staatlich-politischen Verwaltung der UdSSR, das Sondergremium der NKWD/MGW/MWD der UdSSR, die Kommission des NKWD der UdSSR und der Staatsanwaltschaft der UdSSR für Ermittlungsangelegenheiten) verfolgt wurden;

Ausländer, die auf Beschluß von Gerichten der UdSSR oder außgerichtlicher Organe außerhalb der UdSSR wegen Handlungen gegen Bürger der UdSSR oder Interessen der UdSSR verfolgt wurden. Fragen der Rehabilitierung von Ausländern, die auf Beschluß von Gerichten der UdSSR oder außergerichtlicher Organe außerhalb der UdSSR aufgrund völkerrechtlicher Gesetze für Handlungen gegen die Interessen der Vereinten Nationen während des Zweiten Weltkrieges verfolgt wurden, werden nach Maßgabe internationaler Übereinkommen der Russischen Föderation mit interessierten Staaten geregelt."

2. **Artikel 9** ist durch einen dritten Teil folgenden Inhalts zu ergänzen:

„Verfahren, die unter Artikel 8 Teil 3 fallen und durch das ehemalige Oberste Gericht der UdSSR abgeschlossen worden sind, werden durch das Oberste Gericht der

---

* Auf die Wiedergabe des Gesetzes vom 18.10.1991 wurde hier verzichtet, weil dieses Gesetz nur Russische Staatsbürger betrifft. Die hier abgedruckte Ergänzung betrifft Ausländer und damit auch die verurteilten Kriegsgefangenen.

Russischen Föderation wiederaufgenommen: Die durch Gerichtskollegien des Obersten Gerichts der UdSSR abgeschlossenen Verfahren — durch die Gerichtskollegien des Obersten Gerichts der Russischen Föderation, die durch das Plenum des Obersten Gerichts der UdSSR abgeschlossen — durch das Präsidium des Obersten Gerichts der Russischen Föderation. Das Präsidium des Obersten Gerichts der Russischen Föderation kann ebenfalls Verfahren dieser Kategorie wiederaufnehmen, zu denen es selber bereits entschieden hat.“

3. In **Artikel 12:**

Der erste Teil erhält folgende Fassung:

„Rehabilitierte Personen werden in die sozial-politischen und Bürgerrechte, deren sie im Zusammenhang mit der Verfolgung verlustig gegangen sind, wieder eingesetzt sowie in militärische und anderweitige besondere Ränge; sie erhalten staatliche Auszeichnungen zurück, ihnen werden Vergünstigungen gewährt und Entschädigungen nach einem durch dieses Gesetz und andere normative Akte der Russischen Föderation festzulegenden Verfahren gezahlt.“;

Nach dem ersten Teil durch einen neuen Teil folgenden Inhalts zu ergänzen:

„Die Wiedereinsetzung von außerhalb der Russischen Föderation verfolgten, aber ständig in deren Hoheitsgebiet wohnhaften Personen in ihre Rechte, die Gewährung von Vergünstigungen und Auszahlung von Entschädigungen erfolgt in dem Fall, wenn die durch dazu bevollmächtigte Staatsorgane der früheren Unionsrepubliken der UdSSR getroffenen Rehabilitierungsentscheidungen der Gesetzgebung der Russischen Föderation nicht widersprechen.‘‘;

Teil 2 wird somit zu Teil 3.

4. **Artikel 15** ist durch einen Teil 4 folgenden Inhalts zu ergänzen:

„Das Verfahren der Auszahlung von Entschädigungen nach Maßgabe dieses Artikels erstreckt sich auf Personen, die außerhalb der Russischen Föderation verfolgt wurden, jedoch ständig in ihrem Hoheitsgebiet wohnhaft waren. Die Zahlung von Entschädigungen für diese Personen erfolgt aufgrund von Unterlagen über die Rehabilitierung und die Aufenthaltszeit in Orten des Freiheitsentzugs, die in ehemaligen Unionsrepubliken der UdSSR oder durch staatliche Organe der ehemaligen UdSSR ausgestellt worden sind. Eine Auszahlung oder Neuberechnung von Entschädigungen für Personen, die solche in ehemaligen Unionsrepubliken der UdSSR erhalten haben, erfolgt nicht.“.

5. In **Artikel 16:**

Der erste Teil erhält folgende Fassung:
„Rehabilitierte Personen und ihre Familienangehörigen haben das Recht auf vorzugsweise Zuteilung von Wohnraum in den Fällen, in denen sie im Zusammenhang

mit Verfolgung des Rechts auf den von ihnen genutzten Wohnraum verlustig gegangen waren und gegenwärtig einer Verbesserung ihrer Wohnbedingungen bedürfen, sowie in den in Artikel 13 genannten Fällen. In ländlichen Ortschaften wohnhaften rehabilitierten Personen wird das Recht auf ein zinsloses Darlehen und vorzugsweise Versorgung mit Baustoffen zum Zwecke des Wohnungsbaus gewährt.";

Teil 2 Absatz 1 lautet wie folgt:

„Personen, die politischer Verfolgung in Form des Freiheitsentzugs, der Verbannung, der Aussiedlung, der Einweisung in Sondersiedlungen, der Zwangsarbeit unter Freiheitsbeschränkung darunter in „Arbeiterkolonnen des NKWD" sowie anderweitigen Beschränkungen der Rechte und Freiheiten ausgesetzt waren, die unbegründet in psychiatrische Behandlungseinrichtungen eingewiesen und später rehabilitiert wurden, an Behinderungen leiden oder Rentner sind, haben das Recht auf:".

Artikel 2. Dieses Gesetz wird zum Zeitpunkt seiner Veröffentlichung in Kraft gesetzt.

Der Präsident der Russischen Föderation
B. Jelzin

Moskau, Haus der Sowjets Rußlands
22. Dezember 1992
Nr. 4185-I

3. Gesprächsrunde zum Thema REHABILITIERUNG

Den Abschluß des Symposiums am 23. April bildete die von Gerhard Löwenthal souverän geleitete Gesprächsrunde: „Die Konsequenzen: Rehabilitierung und Dokumentation“.

Die Referate von Nikita Petrov, Alexander Fischer und Günther Roth zum Thema Dokumentation haben wir in den Abschnitt V aufgenommen. Zum Thema Rehabilitierung hatten sich schon am Anfang die Juristen Schroeder und Fincke kritisch und zurückhaltend, wenn auch verständnisvoll geäußert. In der letzten Gesprächsrunde sprach zunächst zur allgemeinen Problematik Colonel Thomas Royals, USAF, Präsident des Internationalen Institutes für Kriegsgefangene in New York. Er begann mit den Worten:

„Guten Tag, liebe Kameraden!

Auch ich war Kriegsgefangener, gefangengenommen im Januar 1945 in Deutschland. Seit meiner Entlassung war ich 48 Jahre lang nicht in Deutschland. Damals wog ich nicht viel. Ich glaube, Deutschland und auch ich haben sich seit 1945 ein kleines bißchen verändert.“

Übersetzt von Professor Jürgen Rohwer, befaßt sich Präsident Royals mit seinem Institut. Berater aus 60 Ländern arbeiten im Rahmen des International Institute for Prisoners of War, 30 Länder wollen Mitglied werden. 11 Vertreter aus den USA, Philippinen, Australien, Canada, Finnland und Deutschland wurden in den Vorstand gewählt.

Als Sitz wurde bewußt New York, das Zentrum der Vereinten Nationen gewählt. Es geht um das Schicksal der Kriegsgefangenen aller Kriege. Für die USA ist die Aufklärung der Vermißten-Schicksale in Korea und Vietnam von besonderer Bedeutung. Nach wie vor erscheint der Vietnam-Krieg für die Amerikaner wie ein Tiger.

Es gibt viele Ähnlichkeiten in den Kriegsgefangenen-Schicksalen der USA und Deutschlands. Vorrangig wird sein, eine gemeinsame Datenbasis für alle Kriegsgefangenen zu schaffen. Als Koordinierungsstelle wird die Wiederbelebung der Kommission für Kriegsgefangene der UN (1950-57) angestrebt. Auch Deutschland wird seinen Platz entsprechend seiner Bedeutung in den Vereinten Nationen einnehmen müssen.

Als ehemaliger Kriegsgefangener richtet Colonel Royals am Schluß einen Appell an die Leidensgenossen in Deutschland und anderswo, nicht zu klagen, was jedem widerverfahren ist und in der Vergangenheit steckenzubleiben, sondern bei der Lösung der Probleme zusammenzuarbeiten und die Zukunft zu gewinnen.

Nach Oberst Royals sprach der Vorsitzende der Kommission des Obersten Sowjets der Russischen Föderation für die „Rehabilitierung der Opfer politischer Gewalt“,

Gesprächsleiter Gerhard Löwenthal; neben ihm Oberst der US-Luftwaffe a.D. und Präsident des Internationalen Institutes für Kriegsgefangene in New York, Thomas Royals mit Prof. Dr. Rohwer, der bei der Übersetzung half

Alexander Kopylov, Vorsitzender der Kommission des Obersten Sowjets der Russischen Föderation für die Rehabilitierung der Opfer politischer Gewalt (links) neben Hermann Kalff, der als Dolmetscher fungierte, und Dr. Eckehard Schober, Auswärtiges Amt in Bonn

Alexander Kopylov, Moskau über „Die gegenwärtige Praxis der Rehabilitierung in Rußland".

In seiner breit angelegten Einleitung stellte er die Prinzipien und Geschichte einschließlich der Viermächtebasis dieser Entwicklung dar. Er erläuterte den Erlaß von Präsident Gorbatschow vom August 1990 sowie das Rehabilitierungsgesetz vom 18.10.1991 mit seiner Ergänzung für Ausländer, beide im vorherigen Abschnitt dieser Dokumentation zitiert. Die Ausführungsbestimmungen für Ausländer wurden erst am 22.12.1992 erlassen. Auch von den genannten Zahlen her steht die Rehabilitierung der verurteilten deutschen Kriegsgefangenen erst am Anfang. Seit dem 1. April 1993 wurde eine Kommission für die Rehabilitierung nur der deutschen Antragsteller eingesetzt.

Der Vorsitzende der Kommission des Obersten Sowjets für alle Fragen der Rehabilitierung Kopylov zeigte sich kooperativ und auch zu künftiger Zusammenarbeit bereit.

Wir haben auf die Wiedergabe des Wortlauts seines Referates verzichtet, weil weniger die aktuelle Problematik behandelt wurde. Damit befaßte sich in geraffter Form — aus deutscher Sicht — der Vertreter des Auswärtigen Amtes, Dr. Eckehard Schober. Sein Vortrag wird im folgenden im Wortlaut dokumentiert.

Eckehard Schober

Ich bedanke mich zunächst für die Einladung und möchte gleich medias in res gehen.

Ich will hier dieses russische Gesetz von 1991/92, was uns erläutert worden ist mit seinen Ausnahmefällen, keineswegs verteidigen, nur darauf hinweisen, was Herr Kopylov gesagt hat, daß nämlich bisher kein einziger Antrag vorliegt, der unter diese Ausnahme fällt. Das scheint mir doch ganz interessant zu sein „kein einziger Rehabilitierungsantrag".

Wir haben insgesamt 1 300 Anträge über unsere Botschaft weitergeleitet. Da mag der eine oder andere Fall, der unter diese Ausnahme fällt, noch kommen. Aber das Problem als solches ist in Einzelfällen in der letzten Zeit nicht akut geworden. Das als unmittelbare Erwiderung hierauf schließt nicht aus, daß wir aufgrund dieses Vortrages von Herrn Kopylov und der Feststellung der Stimmung hier im Saal, diese Frage noch einmal detailliert prüfen und mit der russischen Regierung besprechen müssen.

Lassen Sie mich vielleicht in aller Kürze zum Thema der Rehabilitierung folgendes sagen: Das ist — glaube ich — als Zusammenfassung ganz interessant und wichtig. Ursprüngliche Grundlage der Rehabilitierung von zu Unrecht verfolgten deutschen Staatsangehörigen war eine Zusage von Präsident Gorbatschow bei den Gesprächen mit Bundeskanzler Kohl im Juni 1989, Einzelfälle einer Prüfung zu verzichten. Kriegsverurteilte waren zunächst ausgeschlossen. Und erst intensiver deutscher Interventionen war es zu verdanken, daß sich die russische Regierung im April 1992, also genau vor einem Jahr, bereit erklärte, auch Urteile gegen deutsche Kriegsgefangene in das Rehabilitierungsverfahren einzubeziehen. Ein vorläufiger Höhepunkt der deutschen Bemühungen ist bereits heute morgen erwähnt worden. Ich meine die gemeinsame Erklärung von Bundeskanzler Dr. Kohl und Präsident Jelzin vom 16. Dezember 1992. In dieser Erklärung — ich wiederhole das ausdrücklich noch einmal — stellten beide Seiten fest, daß die zu Unrecht verurteilten und unschuldig Verfolgten moralisch rehabilitiert seien.

Eine persönliche Rehabilitierung aufgrund von Einzelanträgen. Es sind ca. 1 300 Rehabilitierungsanträge von uns an die russische Seite weitergeleitet worden. Das entspricht in etwa den Zahlen, die wir hier gehört haben. 1 500 Anträge liegten dort vor. Da sind auch natürlich andere Nationalitäten dabei. Also 1 300 haben wir weitergeleitet. Der Prozentsatz der Anträge ehemaliger Kriegsgefangener an der Gesamtzahl dieser Anträge ist relativ niedrig und liegt unter zehn Prozent. Das Auswärtige Amt hat bisher lediglich von 40 erfolgten Rehabilitierungen Kenntnis erhalten und darunter sind weniger als zehn ehemalige Kriegsgefangene. Wir müssen also weiterhin mit Nachdruck auf eine Beschleunigung der Verfahren drängen. Das geschieht kontinuierlich und ist auch von Bundeskanzler Dr. Kohl bei seinem Besuch in Moskau im Dezember vergangenen Jahres deutlich angesprochen worden.

Warum sind bisher nur so wenige tatsächlich rehabilitiert worden? Herr Kopylov kommt auf 150. Wir haben 40 dokumentiert. Das liegt nach meiner Auffassung neben strukturellen Problemen und der Vielzahl von Zuständigkeiten auch an der Tatsache, daß das ursprüngliche Rehabilitierungsverfahren in Rußland aus dem Dezember 1992 stammt. Es ist also erst vier Monate alt und bis dahin geschah relativ wenig. Wir befinden uns in einer Phase, in der wir intensiv drängen müssen, in der wir bitten müssen, da die russischen Behörden die vorliegenden Einzelfälle jetzt beschleunigt bearbeiten.

Gerhard Löwenthal

Vielen Dank Herr Dr. Schober! (Beifall)

Ich glaube, es war interessant, gerade die Fakten, die Sie hier genannt haben und auch die Zahlen zu hören. Aus meiner Sicht zeigt das, daß noch ein ziemlich weiter Weg zurückzulegen ist. Und, daß die deutsche Regierung, daß die Bundesregierung noch eine ganze Menge zu tun hat, um immer wieder in Moskau darauf aufmerksam zu machen. Daß ja auch schon aus Gründen der Humanität, sprich des Alters der Betroffenen, hier also wirklich Eile geboten ist. Es ist ja nicht so, daß wir es mit jungen Leuten zu tun haben, wo man sagen kann, die können gut noch ein Jahr warten, sondern hier geht es ja wirklich darum, daß den Betroffenen Gerechtigkeit widerfährt. Denn wer einen individuellen Antrag gestellt hat über die generelle politische Rehabilitierung hinaus, dem liegt ja an einer solchen persönlichen Rehabilitierung sehr viel. Aus dem Grunde glaube ich, ist hier noch eine Menge zu tun.

Nachtrag des Herausgebers

1. Alexander Kopylov war kaum nach Moskau zurückgekehrt, meldet er sich telefonisch, daß sein Dolmetscher in Bonn, Hermann Kalff und etliche andere rehabilitiert worden sind.

2. In der folgenden Sitzung der Deutsch-Russischen Arbeitsgruppe für die Zusammenarbeit in humanitären Fragen am 25./26. Mai 1993 bat die russische Seite darum, künftig zur Vereinfachung des Verfahrens Anträge auf Rehabilitierung nur noch über das Auswärtige Amt und die Deutsche Botschaft in Moskau in der vereinbarten Form zu leiten.

4. Schlußwort am 23. April 1993 des Ehrenvorsitzenden der CDU/CSU-Fraktion im Deutschen Bundestag, Dr. Alfred Dregger, MdB

Verehrte Gäste!
Liebe Kameraden vom Heimkehrerverband!
Meine Damen und Herren!

Dieser Tag kann ein wichtiger Tag gewesen sein, sogar für die europäische Rechtsgeschichte, auf jeden Fall für die Kriegsgeneration in Deutschland und in Rußland und für das Verhältnis unserer Völker zueinander. Aber das wird nur so sein, wenn wir den heutigen Tag nur als einen Anfang begreifen. Ich wüßte nämlich nicht zu sagen, es wäre jetzt alles klar, was zu geschehen habe; oder es genüge, wenn die Verfahren, die dankenswerter Weise eingeleitet worden sind, zu Ende geführt würden.

Eine Tatsache ist doch wohl unbestritten, daß die Justiz Stalins eine Willkürjustiz gewesen ist, bei der Fehlurteile nicht die Ausnahme, sondern die Regel waren. Und wer diesen Film gesehen hat über das Schicksal deutscher Offiziere, die wegen des Katyn-Verbrechens Stalins als Unschuldige verurteilt und gehenkt worden sind, der weiß doch, daß das richtig ist, was einer der Professoren heute morgen gesagt hat, nämlich, daß unter Stalin die Justiz nicht die Aufgabe hatte, Gerechtigkeit zu verwirklichen, sondern daß sie Waffe war, um vermeintliche oder wirkliche innere und äußere Gegner zu vernichten.

Daß diese Terrorjustiz einen solchen Charakter hatte und daß die Betroffenen politisch und moralisch rehabilitiert sind, das haben der Präsident Rußlands und der deutsche Bundeskanzler übereinstimmend festgestellt. Was nun auch für die rechtliche Rehabilitierung in Erwägung gezogen ist, scheint mir außerordentlich problematisch zu sein.

Meine Damen und Herren, müssen dafür wirklich Anträge gestellt werden? Diejenigen, die tot sind, können keine Anträge mehr stellen (Beifall) und diejenigen, die noch leben, wollen ja die letzten Monate vielleicht oder Jahre ihres Lebens nicht damit verbringen, um ihre rechtliche Rehabilitierung zu kämpfen.

Es ist wirklich dankenswert, daß diese Archive jetzt geöffnet worden sind. Ein großes Verdienst der neuen demokratischen Führung Rußlands. Aber man wird doch anhand der Akten, die dort liegen, feststellen können, daß in der Mehrzahl der Fälle zweifelsfrei Fehlurteile vorliegen. Und wenn das der Fall ist, ist doch zu überlegen, ob diese Fehlurteile nicht annulliert werden können, auch wenn kein Antrag gestellt wird (starker Beifall) und das mitgeteilt wird.

Also ich meine, wir müssen den guten Willen der neuen demokratischen Führung Rußlands anerkennen. Und wir können auch nicht erwarten, daß dieses Problem

Dr. Alfred Dregger, MdB, Ehrenvorsitzender der CDU/CSU-Fraktion, bei seinem Schlußwort

jetzt leicht zu lösen wäre. Deswegen sollten wir auch nicht unzufrieden sein mit dem, was uns heute vorgetragen worden ist. Aber ich meine, der Heimkehrerverband als Initiator und die Deutsche Bundesregierung müssen nun die Dinge auswerten, um zu praktikablen Ergebnissen zu kommen.

Meine Damen und Herren, für die Zukunft Europas ist es von größter Bedeutung, wie das deutsche Volk und das russische Volk und die anderen Völker der früheren Sowjetunion zueinander stehen. Es sind die größten Völker Europas. Sie haben in beiden Weltkriegen die größten Verluste gehabt, die Russen und die Deutschen und auf der russischen Seite die anderen Völker der Sowjetunion. Sie haben beide menschenverachtende, totalitäre Regime gehabt, unter denen sie leiden mußten.

Und wenn es heute keine Vorbehalte mehr gibt zwischen dem deutschen und dem russischen Volk, und ich meine immer die anderen Völker der früheren Sowjetunion mit, dann liegt es vielleicht an der Gemeinsamkeit des Leidens, dem sie unterworfen waren, aufgrund ihrer Regime, aufgrund ihrer Lage. Und daß das so ist, das gilt es doch jetzt zu nutzen. Deutschland ist die Mitte Europas. Wir sind heute die verläßlichen Verbündeten des Westens und zugleich die gesuchten Partner des

Ostens. Das ist für ein Volk in der Mitte eine Traumkonstellation, die dem Bismarck-Reich nie vergönnt war. Und die Russische Föderation ist der größte und potentiell mächtigste Staat Europas. Großmacht ist Rußland seit dem 18. Jahrhundert. Alle europäischen Entscheidungen seitdem sind von Rußland mitentschieden worden. Und das wird so bleiben.

Wenn Rußland und Deutschland zu einem Verhältnis der Kooperation kommen und langsam wachsend auch der Freundschaft — wir reden vielleicht zu häufig von Freundschaft. De Gaulle hat einmal gesagt, „Nationen haben keine Freunde, sie haben Interessen." Aber das war ein rationaler Romane; ich glaube, daß Russen und Deutsche Gemeinsames haben, daß sie auch Gefühle haben; wenn es Gefühle der Freundschaft sind, dann könnte dies sie auch das Erreichen der nationalen politischen Ziel erleichtern und verbessern.

Das wollte ich gerne noch gesagt haben an die Adresse der Russen, die heute unter uns sind. Und daß sie unter uns sind, erfüllt mich mit Genugtuung.

Im übrigen möchte ich denen danken, die dieses Symposium vorbereitet und durchgeführt haben, dem Heimkehrerverband, seinem Präsidenten Werner Kießling, dem Initiator Dr. Wagenlehner, der mit unglaublicher Geduld (starker Beifall) und unglaublicher Einsatzbereitschaft dieses große Kapitel, das ja auch sein Schicksal ausmacht, aufgegriffen hat. Und ich meine, wir sollten ihn dabei unterstützen. Soweit ich das unterstützen kann im Deutschen Bundestag, tue ich das, und ich meine, daß meine Kolleginnen und Kollegen der anderen Unionsfraktion und wohl auch der anderen Fraktionen genauso denken. Ich halte das heute Erörterte für ein ganz bedeutendes Thema für die Zukunft Deutschlands, für die Zukunft Europas und damit auch für die Zukunft unserer europäischen Partner in Rußland, in der Ukraine, in Kasachstan und in den anderen Ländern der ehemaligen Sowjetunion.

Herzlichen Dank!

(Anhaltender Beifall)

Autorenverzeichnis

Dregger, Alfred, Dr. jur., MdB, Ehrenvorsitzender der CDU/CSU-Fraktion im Deutschen Bundestag

Fincke, Martin, Dr. jur., oUProf, Universität Passau

Fischer, Alexander, Dr. phil., o.UProf., Universität Bonn und Universität Dresden, Hannah-Arendt-Institut

Henke, Josef, Dr., WiOArchRat im Bundesarchiv Koblenz

Imelmann, Ehrhardt, Medienberater, Köln. Bis 1989 Direktor im Deutschlandfunk

Karner, Stefan, Dr. phil., oUProf., Universität Graz, Institut für Wirtschaft und Sozialgeschichte. Leiter des L. Boltzmann-Institutes für Kriegsfolgen-Forschung, Graz

Kießling, Werner, Präsident des Verbandes der Heimkehrer, Kriegsgefangenen und Vermißtenangehörigen Deutschlands e.V., Bad Godesberg

Kopylov, Alexander, Mitglied des Obersten Sowjets der Russischen Föderation, Vorsitzender der Kommission für die Rehabilitierung der Opfer politischer Gewalt, Moskau

Löwenthal, Gerhard, Journalist, Wiesbaden. Bis 1990 Leiter ZDF-Magazin

Mittermeier, Klaus, Leiter des DRK-Suchdienstes, München

Mühlen, Bengt von zur, Leiter der CHRONOS-Dokumentarfilm-Gesellschaft, Berlin

Petrov, Nikita V., Koordinator des wissenschaftlichen Programms „Die deutschen Kriegsgefangenen in den stalinistischen Lagern während der Jahre 1941-1956", MEMORIAL, Moskau

Roth, Günther, Dr. phil., Brigadegeneral, Leiter des Militärgeschichtlichen Forschungsamtes, Freiburg

Schober, Eckehardt, Dr. jur., Auswärtiges Amt, Bonn

Schroeder, Friedrich-Christian, Dr. jur., oUProf, Universität Regensburg, Leiter des Institutes für Ostrecht, München

Wagenlehner, Günther, Dr. phil., Direktor des Institutes für Archiv-Auswertung, Bonn, Generalsekretär „Association des Journalistes"

Sämtliche Fotos von Hans-Gerhard Schauen, VdH Bonn

Autorenverzeichnis